Hans Frei

Konkrete Architektur?

Über Max Bill als Architekt

Hans Frei

Konkrete Architektur?

Über Max Bill als Architekt

Verlag Lars Müller

Die vorliegende Arbeit wurde von der Philosophischen Fakultät I der Universität Zürich im Wintersemester 1989/90 auf Antrag von Professor Dr. Stanislaus von Moos als Dissertation angenommen.

Hans Frei
Konkrete Architektur?
Über Max Bill als Architekt

ISBN 3-906700-22-4
Printed in Switzerland

Datenkonvertierung/Umbruch:
PC-Satz R. Schnyder, Dietikon
Druck: Buchdruckerei AG Baden
Einband: Buchbinderei Burkhardt AG, Mönchaltorf

Der Verlag dankt für die grosszügige Unterstützung,
die die Veröffentlichung dieses Buches
in der vorliegenden Form ermöglicht hat:
Schweizer Kulturstiftung Pro Helvetia
Migros Genossenschafts-Bund
Stiftung der Schweiz. Landesausstellung 1939 Zürich
Emil und Rosa Richterich-Beck Stiftung, Laufen
PCW Portland Cement Werk, Würenlingen-Siggenthal AG
Rothpletz, Lienhard+Cie AG, Aarau
Pierre Rothpletz, Aarau

Das Ziel der Arbeit hat sich erst nach und nach ergeben. Beigetragen haben viele: Prof. Stanislaus von Moos, Prof. Nick H. Roericht, Cornel Näf und Martin Kieren, um nur die wichtigsten zu nennen. Ihnen und vielen andern hat der Autor zu danken.

Die Arbeit wurde vom Schweizerischen Nationalfonds unterstützt. Es handelt sich dabei um eine Erweiterung der Lizentiatsarbeit über die Bauten der Hochschule für Gestaltung (HfG) in Ulm. Max Bill, der Architekt und erste Rektor der Hochschule, lieferte dazu wichtige Informationen und Dokumente aus seinem Archiv.

Rückblickend erst wird erkennbar, zu welcher Einseitigkeit die verschiedenen Anregungen verarbeitet worden sind. Der Autor würde jedoch das Buch nicht dem Leser überlassen, wenn er nicht dazu stehen könnte, als wäre Einseitigkeit der Preis für Entdeckungen. Denn anders als dem Künstler geht es dem Historiker nicht um die Erschaffung von Werken, sondern um Eigenschaftsworte, die sie charakterisieren. Letztere ersetzen die Dinge nicht, sondern weisen stets von neuen Standorten, mehr oder weniger engagiert, auf sie hin.

Inhaltsverzeichnis

Teil 3
Max Bill als Architekt

Einleitung

Die Abhandlung gliedert sich in drei Teile, deren gemeinsamer Nenner Max Bill ist und in denen die drei folgenden Aspekte behandelt werden: die Bauten der «Hochschule für Gestaltung» (HfG) in Ulm (1950-1955), die Erweiterung der künstlerischen Konkretion, das architektonische Werk Bills. Der Grund für die Verkettung dieser Sachverhalte ergibt sich zum einen aus dem Anliegen, ein architektonisches Entwurfsverfahren exemplarisch vorzuführen und zum andern dieses ästhetisch zu definieren. Zuerst werden deshalb Prinzipien dieses Verfahrens am architektonischen Hauptwerk Bills, den Bauten der HfG in Ulm, entwickelt. Dann werden sie verallgemeinert und innerhalb der Kunstgeschichte lokalisiert. Und drittens geht es schliesslich darum, das Verfahren anhand weiterer Bauten Bills zu verifizieren.

Der Stand der Literatur zu Bills architektonischem Werk im allgemeinen und zu den Bauten der HfG im speziellen ist nicht umfangreich. Meistens handelt es sich um neutrale Beschreibungen oder Berichterstattungen aus einem aktuellen Anlass. Praktisch durchwegs wurde dieser Teil aus den kritischen Darstellungen über Bills Gesamtwerk ausgeklammert. Dies, obwohl Bill sich zuallererst als Architekt sieht, der in seiner Freizeit Kunst macht.[1]

Es ist erstaunlich, dass noch kaum darüber nachgedacht worden ist, was die von Bill vorgeschlagenen Präzisierungen der Konkreten Gestaltung bedeuten und was sie über den Bereich der sogenannten «freien Kunst» hinaus ermöglichen. In meinen Darlegungen im 2. Teil werde ich auf die Möglichkeit, eine Transversale zwischen der «freien» und «angewandten» Kunst zu legen, eingehen. Ich kann mich dabei teilweise auf so bedeutende Kunsthistoriker wie Herbert Read (1884-1968) und Max Imdahl (1922–1989) stützen. Die entscheidende Frage wird dabei lauten: kann ein- und dasselbe gestalterische Verfahren bei-

---

1 Bill: Interviewt von F. Albéra, 1974, S.25.

spielsweise für Kunstwerke und Telephonapparate gültig sein? Und unter welchen Bedingungen?

Die Literatur zur HfG, die im ersten Teil behandelt wird, wuchs in letzter Zeit beträchtlich an. Dies gilt besonders für die Gründungsphase der HfG bis 1957 - eine Phase also, die auch im Rahmen dieser Arbeit im Mittelpunkt steht. Grösseres öffentliches Aufsehen erlangte die 1987/1988 von Herbert Lindinger, einem ehemaligen Schüler und Dozenten der HfG, organisierte Ausstellung, die den verführerischen Untertitel trug: «Die Moral der Gegenstände».[1] Doch wiederholte sich hier nur eine Art notorische Besessenheit, die die HfG-Forschung auszeichnet. Seit nämlich ein anderer ehemaliger HfG-Schüler, der Berliner Design-Professor Nick H. Roericht, 1982 die erste Synopse zur HfG-Geschichte herausgegeben hat, haben sich praktisch alle Forscher gleich ihm einer leidenschaftlichen Sammelwut von Fakten hingegeben.[2] Daneben wurden thematische Aufarbeitungen eindeutig vernachlässigt. Die einzige Arbeit, die sich von dieser zugegebenermassen etwas summarischen Beurteilung abhebt, ist die Dissertation des Ostdeutschen Norbert Korrek, der die HfG und ihr gesellschaftliches BRD-Umfeld ausdrücklich nach marxistisch-leninistischer Methode untersuchte.[3] Übrigens ist Korrek bis heute der einzige HfG-Forscher, der auch auf amerikanische Archive zurückgriff. Meiner Meinung nach bedürfen vor allem die Rolle von Max Bill einerseits und die Bezüge zum ehemaligen Bauhaus andererseits einer ausführlicheren Darstellung. Dies kann auch für die formale Analyse der Bauten nützlich sein und die Einstellung schärfen. Deshalb schien es mir unerlässlich, auch die Gründungsgeschichte der HfG, differenzierter als sie bislang vorlag, zu behandeln.

---

1 Lindinger: *Hochschule für Gestaltung. Die Moral der Gegenstände,* 1987.

2 Heimbucher/Michels: *Bauhaus - HfG - IUP,* 1971; Seeling: *Geschichte der Hochschule für Gestaltung. 1953-68,* 1985; Zinkand: *Max Bill und die Ulmer Schule,* 1985; Eva von Seckendorff: *Die Hochschule für Gestaltung in Ulm. Gründung (1950-1953) und Aera Max Bill (1953-1957),* 1989; Stone: *The Ulmer Hochschule für Gestaltung: Ideology and Methodology,* 1989.

3 Korrek: *Die Hochschule für Gestaltung Ulm,* 1985.

Konkrete Architektur?

Über Max Bill als Architekt

Teil 1

Das Fallbeispiel:

Die Bauten der HfG in Ulm

Der Schweizer Architekt, Künstler und Produktgestalter Max Bill war diejenige Person, die das Programm der HfG ebenso wie die architektonische Gestalt ihrer Bauten bestimmte. Seine Devise vom «Weitersein-Wollen» bezüglich des Bauhauses brachte die Ulmer Initianten überhaupt erst auf Kurs einer Gestaltungsschule und erlaubte gleichzeitig, die Namen «Bauhaus» und «Gropius» als 'Korkenzieher' für eigene Vorstellungen zu benützen.

Am 2. Oktober 1955, dem offiziellen Eröffnungstag der Bauten der HfG, offenbarte sich aber unversehens eine tiefe Kluft zwischen HfG und Bauhaus. Die Diskrepanz zwischen den kultivierten Bauhaus-Bauten und dem «Betonbunker» auf dem Kuhberg sprach für sich. Was Bill zudem in seiner Eröffnungsrede unmittelbar nach Walter Gropius zu sagen hatte, hätte den Widerspruch nicht deutlicher unterstreichen können.

Wenn die Form der HfG-Bauten mit dem Programm der Schule etwas zu tun hat, dann beruht dies vor allem auf der mustergültigen Anwendung eines Entwurfsverfahrens, das an diesem Ort vermittelt werden sollte. Der dabei zugrundeliegende Werkbegriff geht davon aus, dass die zu gestaltende formale Einheit vollständig an das Treiben der inhärenten Mittel einer Aufgabe gebunden ist: «Weil das Ganze den Teilen dient, dürfen sich die Teile dem Ganzen fügen» (Schiller). Dieses Verfahren lässt sich mit der morphologischen Methode in Verbindung bringen, insofern allen Dingen «ihre ihnen eigene Form» zukommen und künstlerischer Selbstausdruck soweit als möglich ausgeschlossen werden soll.

Kapitel I

1 Von der VH zur HfG

Die Hochschule für Gestaltung verdankt ihre Existenz (1953–1968) den Bemühungen dreier unterschiedlich motivierter Parteien. Mögen diese dabei auch je eigene Ziele verfolgt haben, so gab es doch einen kleinsten gemeinsamen Nenner: die Absicht nämlich, im Nachkriegs-Deutschland einen Neu-Anfang zu wagen oder zumindest ein symbolisches Zeichen gegen die langsam spürbar werdenden restaurativen Tendenzen zu setzen.

Bei den drei Parteien handelte es sich um den «Ulmer Kreis» mit Inge Scholl und Otl Aicher, die amerikanischen Behörden bis hinauf zu ihrem ranghöchsten Vertreter John J. McCloy und schliesslich den Schweizer Architekten und Künstler Max Bill. Im folgenden sollen ihre Rollen beim Aufbau der künftigen Hochschule für Gestaltung kurz skizziert werden.

1.1 Der «Ulmer Kreis»

Die eine Wurzel der Hochschule für Gestaltung reicht zurück in die Zeit des nationalsozialistischen Deutschlands. An der Maximilians-Universität in München hatte sich anfangs der 40er Jahre unter dem Namen «Weisse Rose» eine Widerstandsgruppe gebildet. Als die deutsche Wehrmacht, vor Stalingrad eingekesselt, 1943 zur Kapitulation gezwungen wurde, riefen Mitglieder der Gruppe mittels Flugblättern zum Widerstand gegen das bestehende politische Regime auf.

Christoph Probst, Hans und Sophie Scholl wurden bei einer ihrer Aktionen in der Münchner Universität vom Hausmeister beobachtet und verzeigt. Nur wenige Tage später verurteilte sie das Münchner Volksgericht in einem Schauprozess zum Tode durch das Fallbeil. Otl (eigentlich «Otto») Aicher, der zum Freundeskreis der Geschwister Scholl zählte und der von den älteren Gesinnungsgenossen hoch geachtet war,[1] geriet ebenfalls in die polizeilichen Ermittlungen. Er wurde aber wieder freigelassen und leistete anschliessend in den beiden letzten Kriegsjahren Dienst bei der Wehrmacht. Nach der bedingungslosen Kapitulation Deutschlands begann er für eine neue, demokratisch orientierte Kultur zu arbeiten. Er war der erste Deutsche, dem die Amerikaner nach ihrem Einmarsch in Ulm am 24. April 1945 erlaubten, öffentliche Veranstaltungen zu organisieren und dafür auf selbstentworfenen kleinen Plakaten zu werben. Gleichzeitig schrieb sich Aicher an der Münchner Akademie im Atelier für Bildhauerei ein. Er brach das Studium jedoch bald danach wieder ab, weil – wie er später schrieb – die Strasse ihm wichtiger als das Museum, der Leitartikel wichtiger als das Kunst- und Literatenfeuilleton war.[2]

Die Veranstaltungen Aichers überschnitten sich mit solchen, die die Amerikaner ihrerseits zur Umerziehung der Deutschen vorsahen. Entsprechend ihren Plänen sollte auch in Ulm, wie überall in der amerikanischen Zone, eine Volkshochschule gegründet werden. Der im Juni 1945 von den amerikanischen Militärbehörden eingesetzte Oberbürgermeister Robert Scholl, der Vater von zwei der hingerichteten Mitglieder der «Weissen Rose», leitete diese Anregung an seine Tochter Inge weiter. Zusammen mit ihrem Freundeskreis, dem sogenannten «Ulmer Kreis», zu dem auch Aicher zählte, machte sie sich unverzüglich an die Formulierung eines Programms. Von Anfang an war klar, dass es mit dem Vorbild ihrer vom Staat ermordeten Geschwister verbunden sein sollte. So ging es ihr nicht nur um reine Wissensvermittlung, sondern auch darum, der Bevölkerung ein klares Bild der Lage und der moralischen Verpflichtung vor Augen zu führen. Inge Scholl zitierte diesbezüglich ihren Bruder Hans, der gesagt haben soll, dass die moralische Erneuerung in Deutschland nur durch Erziehung erreicht werden könne.[3]

Am 27. April 1946, nach etlichen Schwierigkeiten um die benötigte Lizenz, konnte die «Ulmer Volkshochschule» – die

---

1 Brief von Inge Aicher-Scholl an Hellmut Becker, 20. Mai 1951. (Bauhaus-Archiv Berlin)

2 Aicher: *Die Hochschule für Gestaltung. Neun Stufen ihrer Entwicklung.* 1975, S.13.

3 Time: *Germany. The Good … and the Bad,* 27. Februar 1950.

«vh», wie sie seit 1950 abgekürzt genannt wurde – in einem vorübergehend gemieteten Theatersaal eröffnet werden. An diesem Tag sprach Theodor Heuss, der nachmalige Bundespräsident, über das Thema «Die nationale Idee im Wandel der Zeit», und anschliessend war der Vortrag des katholischen Theologen Romano Guardini, mit dem der «Ulmer Kreis» in enger Beziehung stand, über «Sokrates in seiner und unserer Zeit» zu hören.

Die Idee, eine Volkshochschule im antifaschistischen Widerstand zu verankern, um darauf eine sozialistische und demokratische Kultur aufzubauen, war einmalig in dem von den westlichen Alliierten besetzten Teil Deutschlands. Deshalb war nach kurzer Zeit die Volkshochschule von Ulm bereits weitherum bekannt und wurde zur Anlaufstelle für viele, die mittellos aus Exil oder Kriegsgefangenschaft zurückkehrten. Ausserdem wurde ihr Erfolg häufig mit dem Charisma ihrer Leiterin erklärt. In der Tagespresse fanden sich positive Erwähnungen der Volkshochschule, so etwa im «Rheinischen Merkur» (Koblenz), in «Die Welt» (Hamburg) und in der «Rheinischen Post» (Düsseldorf). Auch Max Bill, von den Amerikanern 1948 auf eine Vortrags- und Inspektionsreise durch Deutschland geschickt, gab ein positives Urteil ab, sah er doch in der von Inge Scholl geleiteten Institution einen «Lichtblick» für die künftige Entwicklung Deutschlands.[1]

So wie die ersten privat organisierten Veranstaltungen nach dem Krieg, so wurden auch jene der Volkshochschule auf Plakaten von Aicher angekündigt. Sie waren an eigens für diesen Zweck entworfenen, langgestreckten 'Totempfählen' ausgehängt. Einige dieser Arbeiten fanden den Weg bis nach New York ins «Museum of Modern Art», versehen mit dem Hinweis «Künstler unbekannt».[2]

Während Inge Scholl eher als moralisches Aushängeschild diente, hatte Otl Aicher die intellektuelle Führung des «Ulmer Kreises» inne. Er war derjenige, der oft als einziger bei Diskussionen mit den Referenten mithalten konnte. 1947 gewann er

---

1 (o.N.): *Geschwister-Scholl-Hochschule. Eine aktive Schule für Kultur und Politik.* (Ulm: 1949/50), S.2-4. (Archiv Bill)

2 Eychmüller: *Das graphische Gesicht der vh,* 1956, S.22.

Inge Scholl

Otl Aicher

Plakate für die Volkshochschule Ulm von Otl Aicher

auch das erste Preisausschreiben der Volkshochschule zum Thema «Ulm im Jahre 2000».[1] In dem etwas schülerhaft geschriebenen Aufsatz liess er einen Vater im Jahre 2000 am Mittagstisch Geschichten vom verpfuschten Wiederaufbau Ulms und von seinen eigenen Alternativvorschlägen erzählen. Immerhin skizzierte er dabei Ideen, die den Entschlüssen des IV. Kongresses der CIAM, der berühmt-berüchtigten «Charta von Athen», sehr verwandt waren. Allerdings dürfte die Charta in der Realzeit von 1947 in Deutschland nur sehr wenigen Personen bekannt gewesen sein.[2]

Mit seiner Schrift steckte Aicher zugleich auch die Ziele der Gruppe «Städtebau» ab, die sich etwas später an der Ulmer Volkshochschule gebildet hatte. Diese erregte um 1949 in Ulm grösseres Aufsehen, als sie einen gegen die offizielle Stadtplanung gerichteten Wiederaufbauplan öffentlich ausstellte. Kritisiert wurde vor allem, dass der Wiederaufbau bloss die Rekonstruktion der Altstadt umfassen sollte, während die künftigen Industriezonen und neuen Wohnviertel ausgeklammert wurden.[3]

An der Volkshochschule entstanden in der Folge noch weitere Interessengruppen - solche, die Theater spielten, über Welt- oder Kommunalpolitik diskutierten, sich mit theologischen und philosophischen Fragen auseinandersetzten oder Probleme des Möbelbaus für Kleinstwohnungen studierten. Die wachsende Beliebtheit der Volkshochschule beruhte nicht zuletzt darauf, dass sich hier für manche Ulmerin und manchen Ulmer zum ersten Mal Gelegenheit bot, öffentlich über politische oder kulturelle Angelegenheiten zu debattieren. Weitere Gelegenhei-

---

1 Aicher: *Ulm im Jahre 2000,* 1947.

2 CIAM = Congrès internationaux d'Architecture Moderne = Internationale Kongresse für Neues Bauen. Der IV. Kongress fand 1933 auf einem Schiff zwischen Marseille und Athen statt. Ein Teil der Entschlüsse wurde erstmals von der Schweizer CIAM-Gruppe als Beilage zur Zeitschrift «Werk» publiziert, in: Weiterbauen: Nr.1/2, 1934. Eine von Le Corbusier veränderte Fassung der «Feststellungen» erschien 1943 in Paris unter dem Titel *La Charte d'Athène. Zur Editionsgeschichte der «Charta von Athen»* siehe: Steinmann: *Internationale Kongresse für Neues Bauen,* 1979, S.160/161.

3 Vergleiche: Brief von Otl Aicher an Max Bill vom 21. November 1949. (Archiv Bill).

ten dazu ergaben sich auch jeweils anschliessend an die legendären «Donnerstags-Vorträge», wenn sich die Referenten mit den Zuhörern zusammensetzten.

Treffend schilderte Inge Scholl die damalige Stimmung, wenn sie die Volkshochschule - Hannah Arendt zitierend - mit einem unsichtbaren Tisch verglich, um den man sich versammelt habe.[1] Tatsächlich musste der Idealismus der Beteiligten viele Mängel in finanzieller und institutioneller Hinsicht überdecken. Trotz des kargen Lohnes liess sich viel Prominenz aus Politik und Wissenschaft für einen Vortrag an der Volkshochschule engagieren: so Politiker wie der bereits erwähnte Theodor Heuss; Philosophen und Naturwissenschaftler wie Carl Friedrich von Weizsäcker, Werner Heisenberg, Konrad Lorenz, Adolf Portmann. Andererseits standen auffallend viele Literaten am Vortragspult der Volkshochschule: Ilse Aichinger, Ingeborg Bachmann, Werner Bergengruen, Heinrich Böll, Wolfgang Hildesheimer, Walter Jens, Hans Magnus Enzensberger, Hans Werner Richter u.a.m.. Aufgrund des attraktiven Angebots an Vorträgen kann es nicht überraschen, dass die Volkshochschule schon in den unmittelbaren Nachkriegsjahren 2500–3000 Mitglieder zählte, die immerhin knappe fünf Prozent der damaligen Einwohnerzahl Ulms ausmachten. Dieses Publikum blieb ihr treu, auch als die Leute nach der Währungsreform im Juni 1948 zusehends lieber zu Hause blieben, um für neue Möbel, neue Kleider oder das erste Auto zu sparen.

Stimuliert durch den Erfolg, begann man sich innerhalb der Leitung der Volkshochschule Gedanken darüber zu machen, wie der Wirkungsgrad vergrössert werden könnte. Von ersten Versuchen in dieser Richtung zeugt eine Serie von fünf Programmen, die Werner Zinkand als «erste Gruppe» von Schulentwürfen zusammengestellt hat.[2] Sie entstanden alle unmittelbar vor oder nach der Währungsreform vom 20. Juni 1948 und zielten vorerst auf eine Institution, die man sich in der Form einer «Tagesvolkshochschule» vorzustellen hat.[3] Neuerdings standen moralisches Engagement und Bezüge zur politischen Linie der

---

1 Inge Scholl zit. nach Zuckmayer: *Es war nicht umsonst,* 22. Februar 1950.

2 Zinkand: *Max Bill und die Ulmer Schule,* 1985, S.60-62.

3 Inge Scholl zitiert in: Heimbucher/Michels: *Bauhaus - HfG - IUP,* 1971, S.62.

«Weissen Rose» im Mittelpunkt, nun angereichert durch die an der Volkshochschule gesammelten Erfahrungen. Mit Nachdruck wurde betont, dass die zu gründende Institution im absoluten Gegensatz zur elitären akademischen Ausbildung stehen müsse. Aicher schrieb in einem Programm, das aus der Zeit unmittelbar vor der Währungsreform datiert, dass die Grundlagen einer wirklich demokratischen und humanen Gesellschaft nur dann geschaffen werden könnten, wenn das ganze Volk angesprochen werde.[1] Zu diesem Zwecke hätten einige fest eingerichtete Studios in einem jener Forts untergebracht werden sollen, mit denen Ulm im 19. Jahrhundert umgeben und zur «Bundesfestung» ausgebaut worden war. Aicher wollte die architektonische Planung selbst übernehmen und durch Volkshochschüler ausführen lassen. Dass er auch in dieser Beziehung nicht ganz unerfahren war, beweisen seine erfolgreiche Mitarbeit im Architekturbüro von Hans Frieder Eychmüller[2] und die aussergewöhnliche, sehr filigrane Einrichtung seines Grafik-Ateliers, wo die Regale mittels von der Decke herunterhängender Drahtseile an «Märklin»-Schrauben befestigt wurden – eine Idee, die übrigens Aldo van Eyck 1947 beim Umbau eines Turmzimmers in Zürich vorweggenommen hatte.

Eine wichtige Position innerhalb des «Ulmer Kreises» nahm auch der Schriftsteller Hans Werner Richter ein. 1946 aus amerikanischer Kriegsgefangenschaft entlassen, gab er zusammen mit Alfred Andersch die Zeitschrift «Der Ruf» heraus. Richter behandelte an der Ulmer Volkshochschule Themen neuerer deutscher Literatur, innerhalb der er später als Gründer der «Gruppe 47» selbst Geschichte machen sollte. Als Prototyp eines engagierten Literaten betrachtete auch er die deutsche Kapitulation als moralische Verpflichtung und trat, konsequenter als andere, für einen radikalen politischen Neubeginn ein. Mit solchen Ansichten kollidierte er jedoch bald mit den Interessen der Amerikaner, die ihm bereits im April 1947 die Lizenz für die Zeitschrift wieder entzogen. Demgegenüber fand Richters politische Konzeption im Kreis der Volkshochschule umso

---

1 Otl Aicher: *fangen wir an.* Ulm: 16. Juni 1948. Zitiert in: Zinkand: *Max Bill und die Ulmer Schule,* 1985, S.62.

2 Henning: *Wettbewerb Deutschhausgelände Ulm, 1951.*

grösseren Anklang. Bezüglich der Erweiterungspläne wurde er sogar als der eigentliche «Hauptinitiator des noch phantastisch erscheinenden Projekts» angesehen.[1] Die unmittelbare Vergangenheit, so Richter in einem Gespräch, zeige deutlich genug, wie sehr alle einschlägigen kulturellen Institutionen versagt hätten. Seiner Meinung nach sollte der Stoff, statt wie gewohnt in Vorlesungen dargereicht, in diskursiver Form erarbeitet werden. Ausserdem sollten die «längst überholten Reeducationsversuche» als «Aufpfropfen von fremden Einflüssen und Gedanken» endlich aufgegeben werden. Um seine damaligen Vorstellungen rückblickend zu verdeutlichen, benutzte Richter das Schlagwort von der Erziehung einer «demokratischen Elite», die auf alle möglichen öffentlichen Aufgaben hätte vorbereitet werden sollen, um einen eigenen Kurs zwischen den grossen ideologischen Lagern einzuschlagen.[2]

Von den Persönlichkeiten, die den «Ulmer Kreis» von aussen unterstützten, ist zunächst vor allem der Schriftsteller Carl Zuckmayer zu erwähnen. Zuckmayer kehrte 1946 im Auftrag der amerikanischen Regierung nach Deutschland zurück und lernte bald darauf Inge Scholl und ihren Verlobten Otl Aicher kennen.[3] Er unterstützte ihre Pläne mit Empfehlungen und Bettelbriefen und blieb der Sache bis Mitte 1950 verbunden. Entscheidend für den «Ulmer Kreis» sollte sein, dass er seine Bekannten auf den geplanten Ausbau der Volkshochschule aufmerksam machte. So erfuhr unter anderen das Verlegerehepaar Brigitte und Gottfried Bermann-Fischer, das während des Krieges ebenfalls in Amerika lebte, erstmals von diesen Plänen. Frau Bermann-Fischer ihrerseits stellte dann den Kontakt zu den höchsten amerikanischen Stellen her.

In der Zwischenzeit hatte der Delegierte der norwegischen Europahilfe, Arne Torgersen, im November 1949 beim «Ulmer Kreis» das erste Fünklein Hoffnung auf Realisierung der Pläne entzündet. Er war bereit, 20000 Mark in die geplante «Tagesvolkshochschule» zu investieren, falls das Geld dort notleidenden Künstlern zugute komme. Gleichzeitig wie Torgersen

---

1 Neu-Ulmer Zeitung: *Erhält Ulm eine Volksakademie?,* 1. Februar 1950.

2 Richter: *Von Erfahrungen und Utopien,* 1981, S.104.

3 Zuckmayer: *Aufruf zum Leben, 1976, S.86.*

hörte auch Shepard Stone, der Leiter der Informationsabteilung der amerikanischen «Hohen Kommission in Deutschland» (HICOG)[1], vom Ulmer Projekt. Er war spontan begeistert und organisierte kurz vor Weihnachten, am 22. Dezember 1949, ein erstes Treffen zwischen dem Hochkommissar John J. McCloy und Inge Scholl. Diese berichtete über das Ereignis wie folgt:

«Er (Shepard Stone, A.d.V.) arrangierte eine Einladung bei McCloy in seinem Privathaus in Bad Homburg, und lud dazu mehrere einflussreiche Leute von Public Affairs und Erziehung ein. Sie fragten, ich gab Antwort - es war eine tolle Stimmung da und am Schluss sagten mir die Leute, das sei eine wundervolle Sache und ich könnte mir die grössten Hoffnungen auf finanzielle Hilfe machen.»[2]

Unmittelbar nach dieser Zusammenkunft, spätestens Anfang Januar 1950, entstand das erste umfassende Programm einer zweiten Gruppe von Schulentwürfen, welches wegen seines Deckblatts auch das «gelbe Programm» genannt wird[3]. (Vergl. Anhang 2). Mit den bescheidenen Plänen einer «Tagesvolkshochschule» war es nun vorbei. So wie sich der Kreis möglicher Gönner erweiterte, wuchsen auch Umfang und Anspruch des Programms. Das neue Ziel, das nun dem «Ulmer Kreis» vor Augen lag, war eine Institution im Range einer Universität und hätte den Namen «Geschwister-Scholl-Hochschule» tragen sollen. Die Räume hätten teils in, teils über den Ruinen eines Forts eingerichtet werden sollen. Für diese Zwecke wurde nun das Fort auf dem Kuhberg ausgewählt, das an einem flachen Abhang unmittelbar westlich der Stadt Ulm liegt. Neben den Studios und Werkstätten waren auch Unterkünfte für rund 100 Studenten vorgesehen.

---

1 HICOG = HIgh COmmission of Germany», so der Name der zivilen amerikanischen Aufsichtsbehörde, die 1949 unter der Leitung des Hochkommissars John J. McCloy die Geschäfte der Militärverwaltung unter General Lucius D. Clay übernahm und bis zur offiziellen Anerkennung der Bundesrepublik im Jahre 1952 tätig war.

2 Brief von Inge Scholl an Max Bill, 26. Januar 1950. (Archiv Bill)

3 (o.N.): *Geschwister-Scholl-Hochschule. Eine aktive Schule für Kultur und Politik.* (Ulm: 1949/1950), S.17. (Archiv Bill)

Die Vergrösserung des 'Kalibers' der Schule wurde wahrscheinlich direkt durch McCloy veranlasst, indem er auch in Ulm, wie zugleich in andern Städten Deutschlands, eine Hochschule für Politik anregte. Dem entsprach, dass sich im «gelben Programm» unter den insgesamt acht Abteilungen eine «Abteilung für Politik» befand. Darüber hinaus verwerteten die Ulmer aber auch weitere Anregungen, ungeachtet ihrer eigenen Möglichkeiten. Mit Richter sind vielleicht die beiden literarischen Fächer – «Journalismus» und «Rundfunk» - zu verbinden. Die übrigen fünf Abteilungen waren alle auf gestalterische Disziplinen ausgerichtet – nämlich «Film», «Photographie», «Werbung», «Industrielle Formung» und «Städteplanung». Dafür hätten Otl Aicher, Max Bill, mit dem die Ulmer seit 1947 Kontakt hatten, oder aber eine Gruppe von Bauhäuslern Pate gestanden haben können.

Selbst nach Einschätzung der Verfasser sagte das solchermassen zusammengestückte Programm der Geschwister-Scholl-Hochschule auf insgesamt 32 Seiten «so gut wie nichts Konkretes» aus.[1] Die einzige inhaltliche Klammer, die die verschiedenen Abteilungen hätte zusammenhalten sollen, bestand darin, dass man all jene Berufe erfassen wollte, die «in grossem Masse die Oeffentlichkeit formen und beeinflussen», jedoch von den traditionellen Ausbildungsstätten nicht abgedeckt wurden.[2]

Der grösste Teil der Broschüre war mit Überlegungen zur Pädagogik angefüllt, die auf Erfahrungen an der Volkshochschule aufbauten. Diesbezüglich wurden neuerdings zwei Punkte mit besonderer Schärfe herausgestrichen. Erstens wurde das amerikanische Umerziehungsprogramm rundweg als «misslungen» bezeichnet, weil die gutgemeinten Inhalte, vom Katheder herab vermittelt und «mit dem Stock der Siegerautorität bewaffnet», ungewollt ins Licht propagandistischer Aktivitäten gerückt würden und so die an sich richtigen Bemühungen ins Gegenteil verkehrten. Zweitens wurde festgestellt, dass eine wirkliche Schulreform fehle und die Universitäten bereits wieder «zu

---

1 Brief von Inge Scholl an Hellmut Becker, 26. September 1950. (Bauhaus-Archiv, Berlin)

2 (o.N.): *Geschwister-Scholl-Hochschule. Eine aktive Schule für Kultur und Politik.* (Ulm. 1949/1950), S.17. (Archiv Bill)

Zellen einer neuen Reaktion» geworden seien.[1] Diese pointierte Kritik an der kulturellen Entwicklung seit dem Zweiten Weltkrieg ist insofern erstaunlich, als die Broschüre vor allem zuhanden amerikanischer Stellen geschrieben worden ist, die für die erwähnten Missstände – sollten die Vorwürfe zutreffen – in erster Linie verantwortlich waren.

Freilich war in den Programmen der Geschwister-Scholl-Hochschule nie von einem bestimmten politischen System die Rede. Die Ulmer forderten von den Besatzungsmächten bloss mit aller Deutlichkeit das Selbstbestimmungsrecht der Deutschen. Des weiteren wurden die Hoffnungen auf eine bessere Zukunft davon abhängig gemacht, in welcher Form man mit den Problemen der Isolierung des Inidividuums einerseits und der Kollektivierung andererseits als Folge der industriellen Entwicklung umzugehen wisse. Innerhalb des «Ulmer Kreises» wurde Politik aber nicht bloss als Organisation dieses technischen und wirtschaftlichen Fortschritts verstanden. Diesbezüglich sind der katholische Theologe Romano Guardini und der Philosoph Martin Heidegger zu nennen, die beide auf den «Ulmer Kreis» einen nachhaltigen Einfluss hatten.[2] Auf je eigenen Argumenten aufbauend, entzogen beide dem Menschenwerk, und mithin auch der Technik, jenes optimistische Vertrauen, das ihm seit der Aufklärung oft allzu vorbehaltlos entgegengebracht wurde. Guardini war ausserdem für Otl Aicher und Inge Scholl eine Art persönlicher Seelsorger[2] und wurde 1950 ins Kuratorium der Hochschule für Gestaltung berufen. Die Beziehungen zu Heidegger waren demgegenüber nicht persönlich, doch gibt es verschiedene Hinweise darauf, dass Otl Aicher dessen Werke gelesen hat und sich von ihnen anregen liess. Interessanterweise brachte er sogar einmal die Gedanken Heideggers in Beziehung mit der Gestaltungstheorie von Bill. Er schrieb: «Ihm (Heidegger, A.d.V.) ist, glaube ich, in der Philosophie eine ähnliche Revolution gelungen wie Sie auf dem Gebiet der Kunst

---

1 Ebenda: S. 9.

2 Vergleiche: Guardini: *Das Ende der Neuzeit,* 1950; Heidegger: *Bauen Denken Wohnen,* 1952.

3 Brief von Inge Scholl an Hellmut Becker, 20. Mai 1951. (Bauhaus-Archiv Berlin)

in Ihrer Formulierung von der Form als Funktion liegt.»[1] Trotz oder gerade wegen dieses fundamentalistischen Ansatzes muss man feststellen, dass es den Ulmern nicht gelungen ist, aus ihren allgemeinen Vorstellungen ein adäquates pädagogisches Programm zu entwickeln. Dieses blieb letztlich in ziemlich unverbindlichen, allgemeinen Formulierungen stecken. Das Beharren auf dem Prinzipiellen war auch dadurch bedingt, dass ausser Richter niemand aus dem «Ulmer Kreis» wirklich in der Lage gewesen wäre, eine praktische Lehrtätigkeit zu übernehmen.[2]

Die Zeit zwischen der Abfassung des «gelben Programms» im Januar und dem 25. April 1950, als an einer Cocktailparty bei Shepard Stone neue Voraussetzungen für die weitere Entwicklung des Schulprojekts geschaffen wurden, verstrich ohne nennenswerte Ereignisse. Es wurde weiter an den pädagogischen Voraussetzungen einer Geschwister-Scholl-Hochschule gedeutelt. Die einzigen handfesten Modifikationen am »gelben Programm» betrafen das Budget. Gingen die Ulmer Initianten anfänglich von einem gesamten Aufwand von 400 000 Mark aus, für den Deutsche und Amerikaner 'halbe-halbe' aufkommen sollten, so wurde er im Februar 1950 an einer Besprechung in Meersburg am Bodensee gleich auf das Fünffache, auf insgesamt 2 Millionen Mark, geschätzt.[3] Darin allerdings waren neben den reinen Baukosten auch Zuschüsse für die ersten fünf Betriebsjahre eingerechnet. Aus diesem Grund wurde nun auch die zusätzliche Beteiligung der Bundesrepublik in der Höhe eines Drittels der Gesamtkosten erwartet. Mitnichten jedoch war diese massive Korrektur die letzte. Symptomatisch ist, dass Bill, der an der Meersburger Besprechung teilgenommen hatte, bereits tags darauf sich eines Bessern besann und das Budget gleich nochmals hätte aufstocken wollen.[4]

---

1 Brief von Otl Aicher an Max Bill, 18. März 1949. (Archiv Bill) Aicher bezog sich dabei auf einen Vortrag, den Bill an der Tagung des Schweizerischen Werkbundes (SWB) 1948 gehalten hatte, der jedoch erst in der August-Nummer 1949 der Zeitschrift «Werk» erstmals publiziert worden ist.

2 Brief von Otl Aicher an Max Bill, 3. März 1950. (Archiv Bill)

3 Anlage zum Brief von Inge Scholl an Max Bill, 20. März 1950. (Archiv Bill)

4 Brief von Max Bill an Inge Scholl, 17. Februar 1950. (Archiv Bill)

1.2 Das Engagement der Amerikaner

Für die Amerikaner ergaben sich aus dem Projekt des «Ulmer Kreises» durchaus Möglichkeiten, eigene Anliegen mitzuverfolgen. Erstens hätten sie mit ihrer Re-education-Politik nichts erreichen können, wären nicht Teile der deutschen Bevölkerung zum Mitmachen bereit gewesen. Zweitens benötigten sie angesichts des heraufbeschworenen Kalten Krieges ein über alle Zweifel erhabenes, weil eindeutig anti-faschistisches Vorzeige-Objekt, an dem sich die Gesinnung, auf der ihre Politik basierte, weiterhin glaubhaft demonstrieren liess.

Das Meersburger-Budget war für die Ulmer Initianten ein Test, inwiefern sich die Anzeichen einer für sie günstigen Wendung in der amerikanischen Deutschland-Politik in klingende Münze umsetzen liessen. Bis vor Kriegsende hatte sich die amerikanische Politik noch am sogenannten «Morgenthau-Plan» orientiert, der vorsah, Deutschland in einen Agrarstaat zurückzuverwandeln. Die Amerikaner gingen damals von der These aus, dass Faschismus als eine Art Krankheit zu betrachten ist, die den deutschen Volkskörper befallen hatte und aus der kulturellen wie philosophischen Tradition dieses Landes erklärt werden kann. Auch der neue amerikanische Präsident Harry S. Truman, der von 1945–1953 im Amt war, machte sich zunächst die «Kollektivschuld»-These zu eigen, mässigte sich aber in den praktischen Konsequenzen. Man begnügte sich, den Aufbau neuer Industrieanlagen zu blockieren und Entnazifizierungskampagnen durchzuführen, in deren Verlauf zwar kleinere Mitläufer zuhauf vorübergehend ihre Stellen verloren, aber nur wenige Hauptverantwortliche – auch aus Wirtschaftskreisen – vor das Nürnberger Kriegsgericht gestellt wurden. Die Kontrolle über das öffentliche Leben in der von den Amerikanern besetzten Zone wurde nicht zuletzt dank des Einsatzes ehemaliger Exilanten möglich, die als amerikanische Offiziere nach Deutschland zurückkehrten, wie zum Beispiel Carl Zuckmayer oder Hans Habe (letzterer wurde Chefredaktor von «Die Neue Zeitung», die 1945 in München als erste Zeitung im amerikanischen Sektor herauskam). Des weiteren sind in diesem Zusammenhang auch die sogenannten «Amerikahäuser» und Volkshochschulen zu erwähnen, die auf Anregung und mit Unterstützung der Amerikaner überall in ihrer Zone entstanden. Gerade bei den Volkshochschulen handelte es sich aber – wie wir im Zusammenhang mit der Ulmer Volkshochschule gesehen haben - um umstrittene und auch als demütigend empfundene Massnahmen, die vielen wie eine öffentliche Gehirnwäsche vorkamen.

Ein Zeichen dafür, dass die Amerikaner unter Präsident Truman noch weiter von ihrer bisherigen, letztlich anti-deutsch gestimmten Haltung abzurücken bereit waren, war die Währungsreform vom 20. Juni 1948. Damit wurden die wirtschaftlichen Voraussetzungen für eine separate Entwicklung der von den Westmächten besetzten Zonen geschaffen. Ein weiterer Schritt in diese Richtung erfolgte ein knappes Jahr später, als das Grundgesetz der Bundesrepublik verabschiedet wurde. Die drei westlichen Zonen bildeten in der Folge zusammen einen eigenen, gegen die sowjetische Ostzone gerichteten Staat. Schon 1948 trat zudem der «Marshallplan»[1] in Kraft, ein Entwicklungshilfe-Programm für Europa, wodurch die letzten wirtschaftlichen Beschränkungen, die noch über Westdeutschland verhängt waren, dahinfielen. Der Aufbau der westdeutschen Wirtschaft wurde nun plötzlich zum verlässlichsten Garanten eines freien Europas, das vereint dem kommunistischen Druck widerstehen, ja diesen sogar – im Sinne der Strategie des «roll-back» – zurückdrängen sollte. Und nicht zuletzt dank dieser Entwicklung konnte Mitte 1949 der bisherige amerikanische Militär-Gouverneur, General Lucius D. Clay, zurückberufen und durch den ersten zivilen «Hohen Kommissar», John McCloy, abgelöst werden.

Dass die Industrialisierung definitiv nicht mehr als primäre Ursache des Faschismus gebrandmarkt wurde, wirkte sich unmittelbar auf die Behandlung einiger in Nürnberg abgeurteilter Wirtschaftsfunktionäre aus. Sein «untrügerisches Gerechtigkeitsgefühl», so vermerkte Marion Gräfin Dönhoff unlängst in ihrer Wochenzeitung, habe McCloy veranlasst, die Urteile von Nürnberg überprüfen zu lassen.[2] Damit allerdings können

1 Der «Marshallplan» ist nach seinem Initianten, dem damaligen Aussenminister George C. Marshall, benannt; offiziell hiess er «European Recovery Program» (ERP).

2 Dönhoff: *Ein fairer Freund der Deutschen,* 29. März 1985

Zweifel an der Rechtmässigkeit von McCloys Umgang mit ehemaligen Nationalsozialisten wohl kaum restlos entsorgt werden.[1] Aufsehen erregte vor allem der Fall des 1947 zu sieben Jahren Haft verurteilten Managers Friedrich Flick, der 1950 nicht nur begnadigt wurde, sondern dem McCloy auch das gesamte konfiszierte Vermögen zurückerstatten liess.

Den Verantwortlichen für eine liberalere Deutschland-Politik musste ein eisiger Schauder durch die Glieder gefahren sein, als 1949 mit Wolfgang Hedler ein rechtsextremer Politiker ins Bonner Parlament einzog. Die New Yorker «Time» erklärte dies als Folge des neuen Vertrauens, das logischerweise auch «dem Bösen» mehr Spielraum gewährt. Dem Bösen aber stünden «die Guten» gegenüber, die in diesem Artikel ausdrücklich durch Inge Scholl und ihre Volkshochschule vertreten waren.[2]

Man kann sich des Verdachts nicht erwehren, dass die tolerantere Politik gegenüber der faschistischen Vergangenheit und die teilweise Restauration der wirtschaftlichen Macht, auf der schon das nationalsozialistische Regime aufgebaut hatte, den ziemlich düsteren Hintergrund dafür abgegeben hatte, vor dem die Amerikaner sich umso grosszügiger um Institutionen wie die Geschwister-Scholl-Hochschule bemüht zeigten. Sie liessen sich diese 'Kompensationsgeschäfte' denn auch einiges kosten: die «Freie Universität» (FU) in Berlin etwa, die das teuerste kulturelle Prestigeprojekt überhaupt darstellte und mit deren Aufbau bereits vor McCloys Amtszeit begonnen wurde, erhielt zwischen 1948 und 1954 insgesamt 11,4 Millionen Mark allein aus der öffentlichen Haushaltskasse der USA.[3]

Für die neuen Projekte schlug McCloy eine andere Taktik ein. Die finanzielle Unterstützung sollte dementsprechend auf möglichst viele Projekte verteilt werden. Hauptsächlich interessierten ihn Hochschulen, die auf politische Bildung ausgerichtet waren. Schon im Juli 1949 war er an der Wiedereröffnung des früheren «Instituts für Sozialforschung» in Frankfurt beteiligt.

---

1 Dazu: Seckendorff: *Die Hochschule für Gestaltung in Ulm,* 1989, S.60.

2 Time: *Germany. The Good ... and the Bad,* 27. Februar 1950; Deutsche Studenten-Zeitung: *Die Hochschule entlässt ihren Schöpfer,* 8. Mai 1957, S.3.

3 von Bergmann: *Die Hilfe der USA für die Freie Universität Berlin,* 1963.

Zur Förderung spezieller kultureller Projekte richtete er 1950 den sogenannten «McCloy-Fund» ein, der aus zurückbezahlten Krediten des Marshallplans gespiesen wurde. Auf diese Weise sind in der amerikanischen Zone Deutschlands insgesamt 50 Millionen Mark auf etwa 230 verschiedene Projekte, darunter 50 Schulen, verteilt worden.

Die entscheidenden Gründe, warum ausgerechnet das Ulmer Projekt von allen Schulen den grössten finanziellen Beitrag erhielt, lassen sich dem vielbeachteten Rechenschaftsbericht entnehmen, den McCloy in Boston vor dem «United Council of World Affairs» am 26. Januar 1950, also kurze Zeit nach Inge Scholls erstem Besuch, ablieferte. McCloy sagte in seiner Rede über das Ulmer Projekt:

«I should like to add the story of an individual. (...) It is the story of a girl, her inspiration and her work. (...) Back in 1943, when Hitler's ruthless control in Germany was uncontested, a small group of students at the university of Munich decided that they must take their stand against Hitlerism. (...) Among them where a brother and a sister from Ulm. (...) These two martyrs left behind a sister. In the name of the dead so near to her, the sister is now devoting her life to enlightening the German people. (...) Last week this girl with a mission came to my house near Frankfurt. At the dinner table she told us about her plans to expand the school to a day institution, where students would be welcomed from the rest of Germany. I have not the power to describe her voice and her manner.»[1]

McCloys Rede war rhetorisch brillant. Er knüpfte sein Vertrauen in die freiheitlichen Tendenzen der Bundesrepublik an zwei Geschichten, die beide auf unterschiedliche ideologische Werte der amerikanischen Politik hindeuteten. Das erste Beispiel bezog sich auf den Durchhaltewillen der West-Berliner Bevölkerung während der Blockade von 1948/1949, die die sowjetische Besatzungsmacht über die Westsektoren der Stadt als Antwort

---

1 Geschwister-Scholl-Hochschule: *An active school for science, art and politics in Germany. A project.* (Ulm: 1950), S.2. (HfG-Archiv Ulm)

auf die Währungsreform verhängte. McCloy sah darin eine kollektive und zugleich fundamental anti-kommunistische Haltung der Deutschen. Die andere Geschichte, jene der Inge Scholl, vermochte andererseits die Tatkraft einzelner Individuen aufzuzeigen. Sie war zudem, insofern folgte McCloy der Darstellung des «Ulmer Kreises», mit dem antifaschistischen Widerstand in Deutschland verbunden und bewies in seiner Sicht eine diesbezügliche Tradition in Deutschland.

McCloy nahm die beiden Geschichten als Indiz dafür, dass die Deutschen nicht von Grund auf schlecht sind und dass die ideologische Aussaat der «Re-education» in Deutschland offenbar auf fruchtbaren Boden gefallen war. Die Berliner erhielten als Lohn für ihre vorbildliche Standhaftigkeit die «Amerika-Gedenkbibliothek» im Wert von 5 Millionen Mark,[1] und Inge Scholl wurde für ihr antifaschistisches Erinnerungs-Projekt mit einem Scheck in der Höhe von einer Million Mark belohnt.

Der Umstand, dass das Programm der Ulmer Hochschule in der Zeit bis Mitte 1952 noch wesentlich verändert wurde und dass schliesslich im neuen Konzept nicht einmal Platz für eine «Abteilung für Politik» vorhanden war, vermochte McCloys Wohlwollen nicht mehr zu erschüttern. Wie Inge Scholl die Situation schon 1950 vollkommen richtig einschätzte, war das Projekt «ein solches Lieblingskind der entscheidenden Leute» geworden, dass bei etwas diplomatischem Geschick seitens der Ulmer kaum mehr etwas schiefgehen konnte, wenigstens was die Bereitwilligkeit der Amerikaner anbelangte.[2] Die Schenkungsurkunde überreichte McCloy am 23. Juli 1952 persönlich im Ulmer Rathaus mit den Worten, dass ihn nichts in seiner zu Ende gehenden Amtszeit mehr befriedige als eben diese Stiftung.[3]

Wahrscheinlich hatte McCloy die Kursänderung, die ab Mitte 1950 in den Programmen immer offensichtlicher wurde, nicht einmal zur Kenntnis genommen, sandte er doch 1955 zur

---

1 Moser: *Ein Denkmal freiheitlichen Geistes,* 1964.

2 Brief von Inge Scholl an Hellmut Becker, 9. November 1950. (Bauhaus-Archiv Berlin)

3 Süddeutsche Zeitung: «*Keine bessere Tradition als die der Geschwister Scholl*», 24. Juni 1952.

Eröffnung der durch seine Schenkung ermöglichten Bauten ein Telegramm mit herzlichen Glückwünschen für die «Hochschule für Politik».[1] Die Ulmer verstanden es ausgezeichnet, seine Fixierung auf die politische Pointe der Nazi-Scholl-Geschichte auszunützen, umso mehr als sie wussten, dass McCloy von Kunst nicht viel verstand und sich einen Deut um «alberne Advertiser» und «unwichtige Designer» scherte.[2] Mit Kalkül strichen sie ihm gegenüber deshalb immer wieder die politische Bedeutung ihrer Hochschule hervor und unterdrückten dabei die kulturelle. Dies geht insbesondere aus den Antwortvorgaben hervor, die die Ulmer 1952 an Walter Gropius schickten, um ihn auf ein mögliches Treffen mit dem Hochkommissar vorzubereiten.

Hinter McCloy stand jedoch ein Stab von Mitarbeitern, die sich um die Details kümmerten, d.h. insbesondere die politische Zweckmässigkeit aus amerikanischer Sicht beurteilten und dafür zu sorgen hatten, dass das Geld nicht in die Hände von Amateuren floss. Gegenüber den kritischeren Fragen der weniger hochgestellten Persönlichkeiten war es vor allem Max Bill, der das Vorhaben auf eine solide Grundlage stellte.

1.3 Max Bill

Die Rolle von Max Bill entsprach zunächst der eines Beraters, wie etwa seine Beiträge bezüglich des Budgets zeigen. Es gelang ihm jedoch in der Folge, ein Programm vorzulegen, das ethisch anspruchsvoll genug war, um die Ulmer anzusprechen, und das zugleich den Amerikanern politisch opportun erschien. Unter den gegebenen Konstellationen witterte Bill die Chance, in Ulm seine Vorstellung einer Gestaltungsschule zu realisieren, die die Tradition der Kunstschul-Reform fortsetzen und ausserdem verstärkt auf die Alltagskultur wirken würde.

---

1 Brief von Inge Scholl an Walter Gropius vom 2-6-1956. (Bauhaus-Archiv Berlin). Denselben Eindruck bestätigte Shepard Stone in einem Gespäch, das ich im Oktober 1986 mit ihm in Berlin führte.

2 Brief von Inge Scholl an Walter Gropius vom 17. März 1952. (Bauhaus-Archiv, Berlin)

Wahrscheinlich wurde Otl Aicher durch einen Artikel in der Zeitschrift «Werk» auf Bill aufmerksam. Dieser erschien im Mai 1946 und trägt den Titel »Erfahrungen bei der Formgestaltung von Industrieprodukten».[1] Es handelt sich um einen Text, in dem Bill erstmals die Konzeption eines reinen Funktionalismus direkt kritisierte und auch formale Kategorien für die Gestaltung industrieller Produkte gelten liess. Die gestalterische Problematik veranschaulichte er anhand der Beispiele einer Schreibmaschine und einer Indirektleuchte. Er definierte seine Vorgehensweise als eine «ästhetische Gestaltung der funktionellen Form». In diesem Zusammenhang heisst es:

«Aber schon bei diesen beiden Objekten ist alles das, was wir als reinen Funktionalismus schätzten oder was dann 'technischer Stil' getauft wurde, weit in den Hintergrund gerückt, ohne allerdings seine grundlegende Bedeutung zu verlieren. Das Hauptinteresse geht jedoch um die ästhetische Gestaltung der funktionellen Form, oder vielleicht noch eher um die Gestaltung einer Form, die nicht funktionswidrig ist, sondern möglichst praktisch und möglichst schön sein soll. Es sind Erfahrungs- und Ermessensfragen; es geht um die harmonische Führung einer Kurve, die genaue Ausbalancierung von Proportion und Volumen, die eben so wichtig sind wie die reine Funktion.»[2]

Es mag sich um einen blossen Zufall handeln, dass gleich bei der ersten Verbindung zwischen dem «Ulmer Kreis» und Bill ein Thema auftauchte, das für das Programm und die erste Phase (bis 1957) der Hochschule für Gestaltung bestimmend bleiben sollte. Dieses Thema drehte sich um die Dialektik der Gestalt, um Beziehungen zwischen einer einheitlich gestalteten Form einerseits und der Vielzahl funktioneller wie materieller Anforderungen, wie sie bei Aufgaben der 'angewandten' Künste (Produktform, Architektur) üblich sind, andererseits.

Als im Mai 1948 eine Delegation der Ulmer Volkshochschule in die Schweiz fuhr, um an einem Kurs für Volksschullehrer auf dem Herzberg bei Aarau teilzunehmen, kam es zur

---

1 Bill: *Erfahrungen bei der Formgestaltung von Industrieprodukten,* Mai 1946.

2 Ebenda, S.170.

ersten persönlichen Begegnung zwischen Max Bill, Inge Scholl und Otl Aicher. Die Ulmer versuchten damals ihren Gastgeber in Zürich als Referenten für die Volkshochschule zu gewinnen. Tatsächlich reiste Bill noch im gleichen Jahr, allerdings im Auftrag der Amerikaner, nach Deutschland und machte unter anderem auch in Ulm halt. Zwar kam es bei dieser Gelegenheit zu keinem Vortrag an der Volkshochschule, doch festigte Bills Gegenbesuch in Ulm die Bekanntschaft und löste eine Reihe gemeinsamer Unternehmungen aus.

So wurde die Wanderausstellung »Die gute Form» im Herbst 1949, ein halbes Jahr nachdem sie Bill für den Schweizerischen Werkbund (SWB) an der Basler Mustermesse realisiert hatte, auch in Ulm gezeigt. Die Ausstellung bestand aus grossformatigen Phototafeln, auf denen Beispiele der «guten Form» aus allen möglichen Gebieten des täglichen Bedarfs, der Technik und der Architektur gezeigt wurden. In der Einleitung des Ausstellungskatalogs wird darauf hingewiesen, dass zwischen der rein ästhetischen Form der Kunstwerke und der rein zweckhaften Form der technischen Gegenstände, zwischen diesen beiden Extremen also, die meisten Produkte liegen, denen die ganze Aufmerksamkeit der Ausstellung gewidmet sei. Daran anschliessend folgt ein Versuch, die «gute Form» als Resultat eines Verfahrens zu definieren, welches im Grunde heterogen bestimmt ist und eine Dominanz weder technisch-funktioneller noch ästhetisch-formaler Aspekte zulässt:

> «Unter einer guten Form verstehen wir eine natürliche, aus ihren funktionellen und technischen Voraussetzungen entwickelte Form eines Produktes, das seinem Zweck ganz entspricht und das gleichzeitig schön ist.»[1]

Neuerdings wurde in diesem Zusammenhang das Thema des «Werk»-Artikels von 1946 aufgegriffen. Für diesen Fall hat Bill selbst bestätigt, dass die Werkbundaktion «Die gute Form» eng mit dem Vorhaben der Ulmer Hochschule zusammenhing.[2]

---

1 Ausstellungskatalog: *Die gute Form.* 1949, S.1.

2 Notizen eines Gesprächs von Marcella Quijano und Nick H. Roericht mit Max Bill, 7. Mai 1983. (Archiv Roericht)

Des weiteren wurde Bill von Aichers Vater mit der Projektierung eines Geschäfts- und Wohnhauses beauftragt, das schliesslich wegen der Währungsreform nicht gebaut werden konnte. Währenddessen suchte ihn der junge Aicher zur Mitarbeit in der Gruppe «Städtebau» zu bewegen. Die Folge davon war, dass Bill seinerseits an einer »städtebaulichen Vision» für die Wilhelmshöhe in Ulm zu arbeiten begann.[1] Möglicherweise hing diese Studie mit Vorbereitungen für die CIAM zusammen, an deren 7. Kongress in Bergamo er 1949 als offizielles Mitglied teilnahm.

Dass Bill zudem weiterhin für einen Einsatz an der Volkshochschule vorgesehen war, geht aus dem von ihr herausgegebenen Wochenkalender für das Jahr 1949 hervor. Die Blätter dieses Kalenders waren je einem Mitarbeiter gewidmet. Auf jenem der 25. Woche war Bill abgebildet, begleitet von einem Text, in dem der Schweizer in überschwänglicher Weise den Ulmer Volkshochschülern vorgestellt wurde.[2]

Dies alles lässt vermuten, dass Bill über die Projekte des «Ulmer Kreises» rund um die Erweiterung der Volkshochschule bestens orientiert sein musste, bevor Ende 1949 die Amerikaner ins Spiel kamen. Als Inge Scholl im Januar 1950 das «gelbe Programm» der Geschwister-Scholl-Hochschule an Bill abschickte, konnte sie deshalb im begleitenden Brief bemerken, dass ihm der Inhalt des Exposés aus Diskussionen bereits bekannt sei.[3] Gleichzeitig tönte sie an, dass sie Bills Erfahrungen sowohl als Architekt wie auch als pädagogischer Berater in Anspruch nehmen möchte. Es ist anzunehmen, dass die Abteilung «industrielle Gestaltung», wenn nicht auch jene für «Werbung» oder sogar jene für «Städteplanung», speziell wegen Bill überhaupt erst ins «gelbe Programm» aufgenommen worden sind.

Es ist unter diesen Umständen müssig zu spekulieren, wer als erster die Anregung gemacht haben könnte, in Ulm das Bauhaus wieder zu eröffnen. Laut dem «gelben Programm» und Aichers späteren Ausführungen kommt diese 'Ehre' einer Gruppe von Bauhäuslern zu, die 1949 gemeinsam in München

1 Brief von Max Bill an Otl Aicher vom 10. August 1949. (Archiv Bill)

2 Volkshochschule Ulm: *Der Geist weht wo er will,* 1948.

3 Brief von Inge Scholl an Max Bill, 26. Januar 1950. (Archiv Bill)

37 **Max Bill, 1949**

ausstellten.[1] Man sollte daraus aber nicht den Schluss ziehen, dass die Anregung, von welcher Seite auch immer ausgehend, vor 1950 ernsthaft überdacht worden wäre. Sie diente vorerst im «gelben Programm» nur dazu, die bunte Liste der Ausbildungsfächer zu erweitern. Hätte man sich damit auseinandergesetzt, so wäre nichts naheliegender gewesen, als Bill diesbezüglich um Rat zu fragen. Denn erstens war Bill ein ehemaliger Schüler des Bauhauses - von 1927–1929 - und zweitens war er ja mit den Plänen des «Ulmer Kreises» im Grunde vertraut.

Bill wurde erstmals im Februar 1950 offiziell zu einer Besprechung der Ulmer Aufbaugruppe in Sachen Hochschul-Projekt eingeladen. Der Ort der Beratungen ist möglicherweise wegen Bill nach Meersburg am Bodensee verlegt worden. Haupttraktandum der Besprechung war das Budget der geplanten Hochschule.

Die Sache mit dem Bauhaus wurde erst konkreter, als im Anschluss an das Meersburger Budget eine Satzung der Schule ausgearbeitet werden sollte. In diesem Zusammenhang wurde Bill um detaillierte Informationen über die Organisation des Bauhauses gebeten.[2]

Er aber antwortete, das Bauhaus sei im Gegensatz zum eigenen Projekt eine staatliche Institution gewesen und deshalb seien Informationen dazu überflüssig. Er fügte jedoch hinzu, dass er es phantastisch fände, wenn man, statt in organisatorischer, in programmatischer Hinsicht ans Bauhaus anknüpfen könnte. Bezeichnenderweise verband er damit auch den Wunsch, «dass man dann auch den Willen hat, 20 Jahre weiter zu sein als das 'Bauhaus' (aber nicht weiter hinten, sondern weiter vorn!)».[3] Was mit dieser Formulierung genau gemeint war, liess Bill einstweilen offen. Deswegen konnten sich auch Inge Scholl und Otl Aicher damit irgendwie einverstanden erklären. Allerdings fassten sie wohl «Weitersein» eher in dem Sinn auf, dass die Bauhaus-Konzeption um die politisch-literarische

---

1 (o.N.): *Geschwister-Scholl-Hochschule. Eine aktive Schule für Kultur und Politik.* (Ulm: 1949/1950), S.12. (Archiv Bill). Ebenso: Aicher: *Die Hochschule für Gestaltung. Neun Stufen ihrer Entwicklung.* 1975, S.12.

2 Brief von Inge Scholl an Max Bill vom 21. Februar 1950. (Archiv Bill)

3 Brief von Max Bill an Inge Scholl vom 6. März 1950 (Archiv Bill)

Konzeption, für die Hans Werner Richter und Carl Zuckmayer standen, erweitert werden müsse.

Auf jeden Fall galt Hans Werner Richter noch bis Ende April 1950 als 'rector designatus'. Nach wie vor auch enthielt die Geschwister-Scholl-Hochschule eine Melange von Absichten, welche vom staatsbürgerlichen Unterricht bis hin zur Wirtschaftshilfe für Ulmer Unternehmen reichte. Und nach wie vor schrieb Carl Zuckmayer salbungsvolle Bettelbriefe, die Bill «beinahe zum Kotzen» fand.[1] Obwohl Bill zusehends mehr Druck auf programmatische Klarheit und personelle Entscheidungen ausübte, blieb alles so, wie es schon im «gelben Programm» unverbindlich angedeutet worden war. Dies änderte sich erst grundlegend, als die Ulmer Initianten am 25. April 1950 von Shepard Stone in Bad Homburg zu einer Cocktail-Party eingeladen wurden.

Trotz des informellen Rahmens einer Cocktail-Party erwartete man, dass die Amerikaner eine definitive Entscheidung bezüglich ihres Engagements in Ulm bekanntgeben würden. In einem Hotel in Frankfurt trafen sich die verschiedenen Mitarbeiter der Ulmer Aufbaugruppe und waren bei dieser Gelegenheit zum ersten Mal vollzählig versammelt. Neben Inge Scholl und Otl Aicher erschienen Hans Werner Richter, Max Bill sowie der Jurist Hans Jürgen Söhring. Zunächst liessen die Amerikaner mitteilen, dass sie nicht so viele Deutsche sehen wollten. So fuhren Inge Scholl und Otl Aicher alleine nach Bad Homburg und konferierten mit einer ganzen Reihe von Spezialisten der HICOG, vor allem solchen aus der Erziehungsabteilung. Die Verhandlungen kamen ins Stocken, als die beiden Ulmer erklärten, dass sie eine Hochschule für Politik im Sinne McCloys nicht übernehmen könnten. An deren Stelle möchten sie jedoch eigene Pläne entwickeln, die gleichfalls von grosser politischer Relevanz seien. Daraufhin wurde auch Bill nach Bad Homburg gerufen, da Shepard Stone bereits eine telegraphische Nachricht von Walter Gropius besass, worin dieser Bill gegenüber sein volles Vertrauen aussprach. Er kam hinter Inge Scholl und Otl Aicher zu sitzen und wurde von ihnen unvermittelt gefragt, ob er bereit wäre, den Aufbau und die Leitung der

1 Brief von Max Bill an Inge Scholl, 22. März 1950. (Archiv Bill)

Schule zu übernehmen. Mit Bills ebenso spontaner Zusage begann ein neues Kapitel in der Gründungsgeschichte, und ein anderes – das mit Hans Werner Richter an der Spitze – endete. Die Aufbaugruppe musste danach bis auf den Kern um Inge Scholl, Otl Aicher und Max Bill neu gebildet werden.

Die Entscheidung der Amerikaner für Bill und damit indirekt gegen Richter hing zweifelsohne mit der politischen Position des letzteren zusammen, der ihnen als Herausgeber von «Der Ruf» schon zuvor unangenehm aufgefallen war. Zu bedenken ist aber auch, dass Bill als Künstler ein international beachtetes Werk vorlegen konnte. Zusätzlich hielt er mit Gropius als Referenz einen alles übertreffenden Trumpf in der Hand. Ausschlaggebend waren jedoch für die auf künstlerischem Gebiet eher unbedarften amerikanischen Behörden weniger inhaltliche Bezüge zum Bauhaus, als vielmehr, dass Gropius und Bill eine Institution vertraten, die unter den Nazis geschlossen wurde und die nun wieder zurückzuholen einiges an politischem Prestige bedeuten und zur Nazi-Scholl-Geschichte ausgezeichnet passen würde.

1.4 Überarbeitung der Programme

Die ab Mitte 1950 entstandenen Programme der geplanten Hochschule in Ulm lassen sich danach ordnen, wie Schritt für Schritt jene Ausbildungsfächer eliminiert wurden, die nichts mit Gestaltung zu tun haben. Mit Walter Gropius, dem Gründer des Bauhauses, nahm Bill unmittelbar nach der Cocktailparty bei Stone Kontakt auf und bat ihn, ein Gutachten über das beiliegende Exposé einer Hochschule für Gestaltung abzufassen und dem Kuratorium beizutreten.[1] Eine entsprechende Anfrage erhielt auch Henry van de Velde, der 1906 jene Kunstgewerbeschule in Weimar gegründet und bis 1914 geleitet hatte, die Gropius nach dem Ersten Weltkrieg (übrigens auf van de Veldes Vorschlag hin) übernahm und ins legendär gewordene Bauhaus umwandelte.

1 Brief von Max Bill an Walter Gropius, 2. Mai 1950 (Bauhaus-Archiv Berlin)

In seinem begleitenden Brief an Gropius kam Bill nebenbei auch auf das Bauhaus zu sprechen, dessen Erbe von der Ulmer Hochschule übernommen werden soll. Anschliessend aber wandte er sich dem spezifischen Charakter des neuen Projektes zu:

«entscheidend wichtig ist für uns und auch für die amerikanischen stellen die politische schulung neben den technischen und geisteswissenschaftlichen fächern. wir haben uns auf den standpunkt gestellt, dass es heute notwendig ist, in deutschland einige wenige menschen mit allen mitteln auszustatten, die es ihnen ermöglichen auf demokratischer basis politisch wirksam zu sein.»[1]

Das neue Exposé trug schon Züge einer ersten Billschen Nachbearbeitung. Das Gewicht der Ausbildung verlagerte sich deutlich in Richtung einer Schule für Gestaltung. Statt der bisher acht Ausbildungsfächer sind nur noch sieben aufgeführt, obwohl gleichzeitig mit der Abteilung für Architektur ein neues Fach hinzukam. Dafür wurden «Presse» und «Rundfunk» ebenso wie «Film» und «Photographie» zu je einer Abteilung zusammengeschaltet. Ausserdem sollte für die Begabtesten ein Atelier für «plastic arts» eingerichtet werden.

Die beiden Pioniere der Kunstschulreform, Gropius und van de Velde, reagierten grundsätzlich positiv – zumindest äusserte keiner der beiden Bedenken, ins Kuratorium berufen zu werden. Van de Velde im besonderen würdigte das Vorhaben als etwas, das alles überbiete, was er oder Gropius zuvor versucht haben. Denn in Ulm würden, falls das Programm verwirklicht werden sollte, zum ersten Mal die produktivistischen Aspekte der Gestaltung zu «Grundpfeilern» einer gestalterischen Ausbildung gemacht. Van der Velde schrieb wörtlich:

«Das Programm, das Sie lieber Bill mir unterbreitet haben, schliesst aus, was überholt ist, erweitert das Frühere, bereitet sich vor, neue Etappen zu erreichen und verschiebt die Grenzen, die weder Gropius noch ich überschreiten konnten.

1 Brief von Max Bill an Walter Gropius, 2. Mai 1950. (Bauhaus-Archiv Berlin)

Der grosse Weitblick und die Klarheit, die in der Auffassung dieses Programms zum Ausdruck kommen, bilden die beste Garantie für die Festigkeit der Grundlagen, auf denen sich die Berufsausbildung und die moralische Erziehung der neuen Schule aufbauen wird. (...) Wohl ist das Prinzip der Unterordnung sozialer und kultureller Faktoren unter die beruflichen und handwerksmässigen Faktoren schon von früheren Schulen angewandt worden; hier wird es jedoch zum ersten Mal als Grundpfeiler betrachtet, auf den sich die 'Lebensanschauung' stützt, die diesem Prinzip entspricht.»[1]

Van de Velde kam damit auf einen Punkt zu sprechen, der für den eigenständigen Charakter der HfG von überaus grosser Bedeutung sein wird und der gleichzeitig eine kritische Distanzierung zum Bauhaus markierte. Der Kerngedanke seiner oben zitierten Feststellungen besagt mit andern Worten ausgedrückt: die Gestaltung habe sich unabhängig von sozialen und kulturellen Inhalten einzig und direkt auf die Konstruiertheit des Gegenstandes zu beziehen. Zu dieser doch sehr weitgehenden Interpretation wäre van de Velde wohl nicht gekommen, wenn er sich einzig an den Wortlaut des Exposés hätte halten müssen. Van de Velde jedoch wohnte seit dem Ende des Zweiten Weltkriegs in Oberägeri in der Schweiz, in einem von Alfred Roth entworfenen Holzständerbau, und wurde dort öfters von Bill besucht. Es ist anzunehmen, dass er sich weitere Informationen über die geplante Ulmer Hochschule im persönlichen Gespräch mit seinem «Freund Bill» besorgt hatte.[2] So dürfte es für Bill auch nicht ganz überraschend gewesen sein, wenn der alte Meister am Ende seines Gutachtens Bedenken sowohl gegen die Abteilung «Politische Methodik» als auch «Rundfunk/Presse» äusserte, weil diese seiner Meinung nach nicht in den Rahmen einer Gestaltungsschule gehörten.

An der gleichen Stelle setzte auch Walter Gropius mit seiner Kritik an. Er machte hingegen seine diesbezüglichen Vorbehalte zum Ausgangspunkt grundsätzlicher Bedenken:

---

1 Übersetzung des in französischer Sprache abgefassten Briefes von Henry van de Velde an Max Bill vom 26. Juni 1950. (HfG-Archiv Ulm)

2 Ebenda.

«Je mehr ich mich mit dieser Frage beschäftige desto mehr gewinne ich den Eindruck, dass die Initiative von politischem Interesse kommt und nicht von der künstlerischen Gestaltung. Ich glaube nicht, dass es richtig wäre, wenn die letztere als ein Anhängsel aufgebaut würde. Die Entwicklung künstlerischer Gestaltung muss vollkommen frei sein. Politik, Presse, Publizität sind ihr unterzuordnen, nicht umgekehrt. (...) Bitte verstehen Sie mich nicht miss. Kunst kann nicht in den leeren Raum gebaut werden; wir brauchen das ganze Leben als Hintergrund, aber ich würde nicht in einem Institut den politischen und den künstlerischen Menschen mischen, weil wir noch nicht in einem solchen Stadium sind, wo diese beiden Gebiete sich direkt miteinander vertragen.»[1]

Anders als van de Velde sah Gropius im Projekt für die Ulmer Hochschule die Gefahr, dass politische Fächer die gestalterischen dominieren. In dieser Hinsicht mögen ihn persönliche Erfahrungen sensibilisiert haben. Nachdem Gropius im Jahre 1925 das Bauhaus wegen politischen Verunglimpfungen von Weimar nach Dessau verlegt hatte, hielt er sich aus jeder politischen Auseinandersetzung heraus. Bevor sich Hannes Meyer als Nachfolger am 1. April 1928 in das – so Gropius – «gemachte Bett» legen durfte, musste er sich auf eben diesen politisch neutralen Kurs verpflichten. Gropius warf Meyer später Verrat vor, weil er sich nicht an sein Versprechen gehalten und dadurch das Bauhaus dem Untergang preisgegeben habe.[2]

Es war insofern nur konsequent, wenn Gropius nun auch den Ulmern empfahl, das vorgesehene Fächerangebot so zu strukturieren, dass die gestalterischen Fächer an erster Stelle liegen. Als Vorbild verwies er auf das «New Bauhaus», das von László Moholy-Nagy 1937 in Chicago gegründet und 1944 ins «Institute of Design» verwandelt worden ist. Gropius zufolge ist «die Verteilung von Studien in Soziologie, Geschichte und Ökonomie (...) dort richtig vorgenommen» worden.[3]

---

1 Brief von Walter Gropius an Max Bill, 28. Mai 1950, (Bauhaus-Archiv Berlin)

2 Brief von Walter Gropius an Maldonado vom 24. November 1963. (Abgedruckt in: Schnaidt: *Hannes Meyer,* 1965, S.120.)

1 Brief von Walter Gropius an Max Bill, 28. Mai 1950. (Bauhaus-Archiv Berlin)

Aus taktischen Gründen kamen die beiden Gutachten Bill sehr gelegen, zumal er selbst nicht besonders an einem Fach wie «politische Methodik» hing. In seinem Antwortschreiben an Gropius signalisierte er die Möglichkeit, das Fach «Politik» bloss als Modell einer Schüler-Selbstverwaltung aufzufassen, in der die Regeln basisdemokratischen Verhaltens praktisch geübt werden können.

Dank Gropius und van de Velde gelang es Bill in der Folge tatsächlich, das Gewicht der gestalterischen Fächer zu erhöhen und die politisch-literarischen Abteilungen auszuschliessen. Schritt für Schritt konnte er den Vollzug der vor allem von Gropius angeregten Änderungen nach Harvard melden. Darüber hinaus wartete er auch mit der Beteuerung auf, dass sich das Programm «mehr und mehr dem bauhaus-programm» annähere.[1] Auffallend ist, mit welch militärisch gefärbter Ausdrucksweise er diese Vorgehensweise beschrieb: das Fach «Politik» habe er «torpediert»[2], andere Dinge seien «herausmanövriert» oder «liquidiert» worden.[3] Trotz allem verwahrte sich Bill gegen den Eindruck, als gäbe es innerhalb der Aufbaugruppe zwei völlig verschiedene Lager. Wenn es zu Auseinandersetzungen gekommen sei, «so wegen der Unerfahrenheit der Ulmer Initianten, aber nie im Grundsätzlichen»; das Ziel seiner Bemühungen bestehe darin, den «Schwulst» einzudämmen.[4]

Die Anknüpfung ans Bauhaus wurde auch öffentlich ausgeschlachtet und diente als werbewirksames Mittel, da dieser Name damals in Deutschland wieder «einen magischen klang» besass.[5] Für die Ulmer Hochschule wurde der früher vorgesehene Name «Geschwister-Scholl-Hochschule» auf Betreiben Bills durch «Hochschule für Gestaltung» (HfG) ersetzt. Dieser Name stammt direkt vom Bauhaus in Dessau, das ihn im Untertitel führte. Ausserdem blieb bis zur Eröffnung der Bauten im Oktober 1955 offen, ob die Hochschule nicht in «Bauhaus Ulm» umbenannt werden sollte. Gropius hatte dazu prinzipiell

---

1 Brief von Max Bill an Walter Gropius, 16. März 1951. (Bauhaus-Archiv Berlin)

2 Brief von Max Bill an Walter Gropius, 17. August 1950. (Bauhaus-Archiv Berlin)

3 Brief von Max Bill an Walter Gropius, 9. März 1951. (Bauhaus-Archiv Berlin)

4 Brief von Max Bill an Walter Gropius, 16. März 1951. (Bauhaus-Archiv Berlin)

5 Brief von Max Bill an Walter Gropius, 9. März 1951. (Bauhaus-Archiv Berlin)

seine Einwilligung gegeben, wenn er auch zu bedenken gab, dass es vielleicht besser sei, einen eigenen Weg einzuschlagen, als sich mit einem inzwischen schon etwas abgenützten Etikett zu schmücken. Er verwies dabei wiederum auf Erfahrungen von Moholy-Nagy, der sein «New Bauhaus» in Chicago 1944 aufgrund ähnlicher Überlegungen in «Institute of Design» umbenannt hatte.

Es lohnt sich, die offen angesprochene und oft hervorgekehrte Annäherung der Hochschule für Gestaltung ans Bauhaus etwas genauer unter die Lupe zu nehmen. Dazu mag das definitive Programm der HfG dienen, wie es Ende 1952 veröffentlicht wurde und bis etwa 1957 gültig war[1]. (Vergleiche Anhang 4.) Auch in diesem Zusammenhang ist neuerdings die Rede von einer «Weiterführung des 'Bauhauses' (Weimar – Dessau – Berlin)».

Als offensichtlichstes Indiz für eine Weiterführung kann die Übernahme des einjährigen Vorkurses betrachtet werden. In Ulm in «Grundlehre» umbenannt, wurde dieses wohl bedeutendste pädagogische Instrument des Bauhauses gleichsam wie ein 'Fertiggericht' mitsamt den Lehrern übernommen. Die ersten drei Kurse zwischen 1953 und 1956 wurden neben Bill abwechslungsweise von Josef Albers, Walter Peterhans, Johannes Itten und Helene Nonné-Schmidt bestritten. Als hauptamtliche Leiter der Grundlehre waren Walter Peterhans und Herbert Bayer im Gespräch. In allen diesen Fällen handelte es sich um Personen, die als Schüler oder Lehrer am Bauhaus tätig gewesen waren. Albers und Peterhans wurden für ihre ein- bis zweimonatigen Seminarien an der HfG eigens aus Amerika, wo sie an Universitäten lehrten, nach Ulm eingeflogen. Andere Dozenten, die nicht vom Bauhaus her kamen wie etwa Otl Aicher, waren bloss für ergänzende Übungen verantwortlich.

Ebenso wie am Bauhaus spaltete sich die anschliessende dreijährige Ausbildung in verschiedene Fachrichtungen. Im Sinne des «Weitersein-Wollens» sind in Ulm jedoch gegenüber dem Bauhaus neue Aufgabenbereiche hinzugekommen. Gemäss dem Schulprospekt von 1952 sollten sie auf die «Verwirklichung

---

1 (Geschwister-Scholl-Stiftung:) *Hochschule für Gestaltung Ulm (Donau).* (Ulm: 1952) (Erste gedruckte Broschüre, Archiv Voltz)

von sozial bedeutenden Gestaltungsaufgaben» konzentriert sein. Stellt man die Fächerangebote des Bauhauses und der HfG einander gegenüber, zeigt sich überraschenderweise, dass es in Ulm schliesslich nur gerade eine einzige Abteilung gab, die auch schon am Bauhaus existiert hatte: die Abteilung für Architektur. Diese war zudem am Bauhaus erst 1927, also im letzten Jahr von Gropius' Direktorat und mit Hannes Meyer als Leiter, eingeführt worden. Zudem gingen die für die HfG zentralen Fächer «Produktform» und «Visuelle Kommunikation» in ihrer grundsätzlichen Zielsetzung weit über die vergleichbaren Ansätze des Bauhauses mit seinen Abteilungen für «Inneneinrichtung» und «Reklame» hinaus. Was die Abteilung «Stadtbau» betrifft, so wurde sie am Bauhaus erst 1928 unter dem neuen Direktor Hannes Meyer eingeführt. In Ulm war sie zwar von Anfang an vorgesehen, wurde aber nie in Betrieb genommen. Und schliesslich: während es am Bauhaus nie eine Abteilung «Information» gegeben hatte, wies das Ulmer Programm seinerseits keine Entsprechungen zur Abteilung «Bühne» und zu den «Seminarien für frei plastische und malerische Gestaltung» auf. Ein Atelier für «plastic arts», das Bill 1950 noch in einem Exposé erwähnte, figurierte später nicht mehr im Angebot der HfG. Im Gegensatz zur «Grundlehre» stammte der weitaus grösste Teil der Fachdozenten, die laut einer Liste von 1951 für die HfG in Frage gekommen wären, nicht aus Bauhaus-Kreisen.[1]

---

1 Der Lehrkörper für Architektur, Stadtbau und Produktform hätte einem Lehrplan aus dem Jahre 1951 zufolge aus folgenden Kandidaten zusammengestellt werden sollen:

- Architektur: M. Bill; L. Bombelli-Tiravanti, Paris; A. Roth, Zürich; R. Schwarz, Köln; Otto Bartning, Neckarsteinach; C.W. Voltz, Darmstadt; Jacquelin Tyrwitt, London.
- Architektur und Stadtbau: H. Bernoulli, Basel; Hans Doecker, Stuttgart; Gustav Hassenpflug, Hamburg; André Sive, Paris; Alvar Aalto, Helsinki; Werner Taesler, Stockholm; Lester P. Wiener, New York.
- Architektur und Produktform: Ernesto N. Rogers, Mailand-Amsterdam; Eduard Neuenschwander, Zürich-Helsinki.
- Produktform: Otto Kolb, Chicago-Zürich; Walter Zeischegg, Wien; Carl Auböck, Wien; Hugo Weber, Chicago-Basel.

In: Geschwister-Scholl-Stiftung: *Lehrplan.* (Ulm: 1951). (HfG-Archiv Ulm)

Darüber hinaus kam auch eine fundamental andere Auffassung von Gestaltung und ihren ästhetischen Kategorien zum Ausdruck. Am Bauhaus war die Leitung jeder Abteilung zwischen einem «Formmeister» und einem «Werkmeister» aufgeteilt. An der HfG dagegen war vorgesehen, die Werkstätten wie Dienstleistungsbetriebe zu organisieren und unabhängig von den Abteilungen in einem eigenen Institut - dem «Institut für Produktform» - zusammenzuschliessen. Der Vorsteher einer Abteilung vertrat demzufolge nicht bloss die formal-ästhetischen Belange, sondern personifizierte die möglichst objektive Verkettung formaler und materieller Kategorien. Bezeichnend dafür war Bills Seminar im Studienjahr 1953/1954. Arbeiten von Studenten wie Dozenten sollten in diesem Rahmen von den Verfassern vorgestellt und begründet werden. Ähnlich wie Albers im Vorkurs am Bauhaus, ging es Bill dabei um den Lösungsweg, das heisst, das Aufdecken von Entscheidungen.

Die Entsprechungen zum Bauhaus entpuppen sich bei näherer Betrachtung keineswegs als so eindeutig und so entscheidend für das Programm der Hochschule für Gestaltung, wie selbst die Initianten allenthalben verlauten liessen. So kann man, gestützt auf die verbalen Äusserungen im definitiven Programm der HfG, in mehrerer Hisicht klare Abgrenzungen gegenüber dem Bauhaus herauslesen, ohne dass allerdings dessen historische Verdienste in Abrede gestellt worden wären.

Die Namen «Bauhaus» und «Gropius» dienten je nachdem entweder als 'Korkenzieher', um öffentliche Unterstützung zu erlangen, oder aber als 'Prügelstock', um unliebsame Fächer aus dem Programm zu vertreiben. In diesem Sinne und ebenso als pädagogisches Vorbild vor allem für die Grundlehre kann man den Einfluss des Bauhauses ausmachen. Damit aber ist der programmatische Kern der HfG keineswegs vollständig getroffen. Für die Eigenständigkeit der HfG spricht ferner, dass ihr Fächerangebot auf rein pragmatische, zeitbedingte Umstände ausgerichtet war und dass es jeden Anflugs utopischer Spekulationen entbehrte.

Statt des originalen Bauhauses war es vielmehr dessen Nachfolgeinstitution in Chicago - zuerst «New Bauhaus», dann 1944 «Institute of Design» genannt -, mit welcher sich die Struktur des Ulmer Lehrplans vergleichen liesse. Bill kannte das New

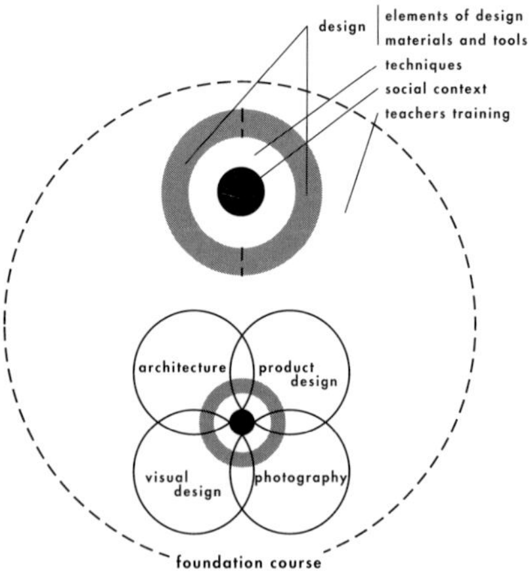

Ausbildungskonzeption des Institute of Design in Chicago

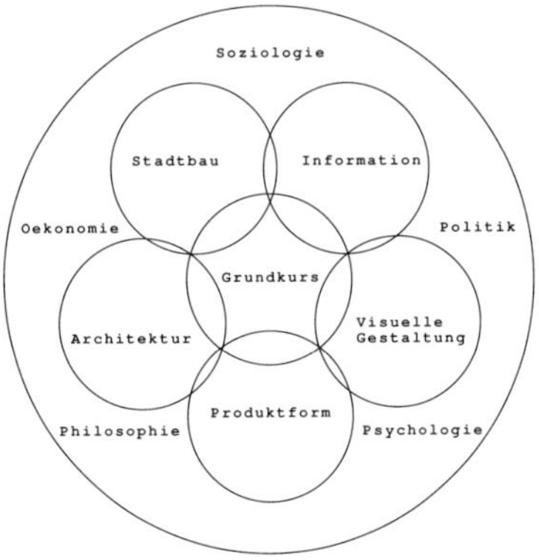

Ausbildungskonzeption der HfG in Ulm

Bauhaus zumindest seit Beginn der 40er Jahre, als ihm Moholy-Nagy einen Lehrauftrag in Chicago angeboten hatte. Die Hinweise von Gropius auf die Chicagoer Schule mögen schliesslich bestätigend und verstärkend auf die bereits vorhandenen Intentionen gewirkt haben. Bei der Ausarbeitung des HfG-Programms jedenfalls wurde der Lehrbetrieb in Chicago genau analysiert.[1] Das Schema des Curriculums, womit Serge Chermayeff, der die Nachfolge des 1946 verstorbenen Moholy-Nagy angetreten hat, den Aufbau seines Instituts darstellte, wurde offensichtlich als Grundlage für eine entsprechende Darstellung der HfG verwendet. Genauer: es wurde die Darstellung des «foundation course» übernommen und auf den gesamten HfG-Betrieb übertragen. Darüber hinaus stimmten die Fachrichtungen, die die beiden Institutionen anboten, weitgehend überein. Sowohl in Chicago wie in Ulm gab es eine Abteilung für «Architektur» (architecture), «Produktform» (product form) und «visuelle Gestaltung» (visual design). In Ulm wurden zusätzlich Abteilungen für «Stadtbau» und «Information» angeboten, während es in Chicago eine für «Photographie» gab, die in Ulm gestrichen worden ist.[2] Nicht zu Unrecht konnte deshalb Hannah Weitemeier schreiben, dass das geistige Vermächtnis Moholys, wie es postum 1947 in «Vision in Motion» veröffentlicht worden ist, «am wirkungsvollsten durch die Ulmer Hochschule für Gestaltung (...) weitergeführt» worden ist.[3]

---

1 Handschriftliche Notiz überschrieben mit: *Illinois Chicago.* (HfG-Archiv Ulm)

2 Chermayeff: *L'architecture au «bauhaus» de chigaco,* 1950.

Vergleiche dazu: von Seckendorff: *HfG. Ausser Bauhaus nichts gewesen?,* 1987.

3 Weitemeier: *Laszlo Moholy-Nagy.* 1974, S.19.

Kapitel II

Der Marsch durch die Instanzen

Die Bostoner Rede McCloys im Januar 1950 hatte das Projekt des «Ulmer Kreises» schlagartig in der Oeffentlichkeit bekannt gemacht. Die ersten Meldungen in der deutschen Presse erschienen in «Die Neue Zeitung» und «Der Spiegel».[1] Die lokalen Zeitungen zeigten sich irritiert ob des Anspruchs als auch ob der Geheimnistuerei seitens der Initianten. Man warf Inge Scholl vor, die zuständigen Stellen nicht informiert zu haben, obwohl vorauszusehen sei, dass ein Stück der Verantwortung - und damit auch der Kosten - von der lokalen Bevölkerung getragen werden müsse.[2] In der Tat waren alle amerikanischen Versprechungen an die Bedingung geknüpft, dass die Deutschen zumindest für die Hälfte des Budgets aufkommen.

2.1 Stellungnahmen zum Gesuch

Nach dem ungewollten und nicht überaus positiven Auftritt des «Ulmer Kreises» vor der Oeffentlichkeit war es erst recht fraglich, ob eine für damalige Verhältnisse enorme Geldsumme aus privaten Spenden für den Counterpart aufgetrieben werden konnte. Während die Unterstützung von privater Seite Anfang 1950 noch auf 200 000 Mark geschätzt wurde, kletterten die Erwartungen innerhalb Jahresfrist bereits auf 300 000 Mark, obwohl gleichzeitig auch mehr Geld von den Amerikanern und den deutschen Behörden erwartet wurde.

Die Spendenaktion war anfänglich allein Aufgabe von Inge Scholl und Otl Aicher. Sie wurden dabei von einem Juristen

---

1 Die Neue Zeitung: *Ein Mädchen - Symbol für Deutschland,* 29. Januar 1950. Der Spiegel: *Inge Scholl,* 2. Februar 1950.

2 Neu-Ulmer-Zeitung: *Erhält Ulm eine Volksakademie?,* 1. Februar 1950; Ulmer Nachrichten: *Volksuniversität in Ulm?* vom 4. Februar 1950 und *Wird Fort Oberer Kuhberg neue Hochschule?* vom 11. Februar 1950.

beraten, den ihnen das Verleger-Ehepaar Bermann-Fischer unentgeltlich zur Verfügung stellte. Nach der entscheidenden Sitzung bei Stone vom 25. April 1950 übernahm Hellmut Becker, der Sohn eines preussischen Kultusministers aus der Zeit der Weimarer Republik, die rechtliche Betreuung. Erst ein Jahr später, Mitte 1951, stiessen fünf weitere Personen dazu. Es handelte sich dabei um den Architekten und Neufert-Schüler C.W. Voltz, der vorwiegend den Materialbedarf für die Bauten und Kostenvoranschläge zu berechnen hatte; um Walter Zeischegg, einen an der Wiener Akademie ausgebildeten Bildhauer, der mit Otl Aicher zusammen eine Materialspende-Aktion leiten sollte; Marcia Kahn, die eingestellt wurde, um eine entsprechende Aktion in Amerika vorzubereiten; die Schriftstellerin Ilse Aichinger, die als Sekretärin wirkte, und schliesslich um Peter Stadelmayer, der für das Ressort «Information» zuständig war, jedoch in dieser Funktion nie in Erscheinung getreten ist.[1]

Obwohl die Ulmer Aufbaugruppe seit der Cocktailparty ein neues Schulprojekt zu entwickeln begann, das entschieden von den amerikanischen Wunschvorstellungen abwich, gaben sich die vorprüfenden Instanzen der Erziehungsabteilung der HICOG unter der Leitung von John P. Steiner äusserst korrekt und tolerant. Sie steckten die eigenen politischen Absichten weitgehend zurück und versuchten nurmehr herauszufinden, was die von den Ulmern vorgeschlagene Konzeption über die Nazi-Scholl-Geschichte hinaus für den »Wiederaufbau eines freien und demokratischen Volkes» zu leisten vermöge.[2]

Für die Beurteilung des Unterstützungsgesuchs verlangten die Amerikaner detaillierte Unterlagen sowohl über das Programm der Schule wie über die projektierten Bauten. Als am 12. Juli 1950 in Stuttgart eine Sitzung der amerikanischen Erziehungsbehörden mit der Ulmer Aufbaugruppe stattfand, präsentierte Max Bill zum ersten Mal einen Entwurf der baulichen Anlage auf dem Kuhberg. Anwalt Becker realisierte sofort, dass er den Rahmen des bisher ins Auge gefassten Budgets sprengen

1 Geschwister-Scholl-Stiftung: *Hochschule für Gestaltung. Forschungsinstitut für Produktform.* (Ulm: Mai 1951). (Archiv Voltz)

2 Brief von John P. Steiner (Leiter der Erziehungsabteilung des HICOG) an Inge Scholl, 27. April 1950. (Bauhaus-Archiv Berlin)

würde. Bill gestand dies wohl zu, argumentierte aber, dass man etwas 'Rechtes' planen sollte, wenn die Amerikaner schon zu investieren bereit seien. Entsprechend wurde schliesslich beschlossen, das Gesuch dem Vorprojekt anzupassen und eine Unterstützung in der Höhe von einer Million Mark zu beantragen.

Das offizielle Gesuch mit den geforderten Unterlagen erhielt der »Resident-Officer» in Ulm, John F. Capell, am 8. August 1950. Capell leitete es jedoch nicht unverzüglich an seine Vorgesetzten innerhalb der HICOG weiter, sondern er tat dies erst, nachdem er aufgrund von Nachforschungen eine eigene Stellungnahme verfasst hatte.[1] Dabei bezog er sich vorwiegend auf Meinungen der Ulmer Bevölkerung und liess dreizehn lokale Persönlichkeiten zu Worte kommen. Zusammenfassend kam er zum Schluss, dass die Initianten nicht mit offenen Karten spielten und ihre pädagogischen Ideen bisher nur innerhalb einer kleinen «Clique» von Gleichgesinnten diskutiert hätten, nie jedoch mit anerkannten Fachleuten. Ueber ihr Projekt sei allgemein zu wenig bekannt, als dass dazu eine detaillierte Kritik möglich wäre.

Die beigefügten Ausschnitte aus Gesprächen, die Capell mit Ulmer Persönlichkeiten führte, geben ein überaus bezeichnendes Stimmungsbild vom Stil der öffentlichen Auseinandersetzungen um das Hochschul-Projekt. So erfährt man etwa, mit welch unerschütterlichem Selbstbewusstsein beispielsweise Paul Laepple, ein der CDU nahestehender Bankier, schlicht behaupten konnte, eine neue Hochschule sei nicht notwendig, die Initianten seien zudem nicht genügend qualifiziert und würden sich nur wichtig machen wollen. Er verstieg sich sogar zum Verdacht, bei der Gruppe handle es sich um rot angehauchte «Edelkommunisten»». Ein weiterer Befragter, der CDU-Gemeinderat Franz Wiedemeier, benutzte in seiner Stellungsnahme jenes Motto, das sich generell wohl am erfolgreichsten gegen mögliche Versuche eines Neuanfangs bewährt hatte und das da lautete: »keine Experimente». Insgesamt fielen die Voten der von Capell Befragten mit 10:3 deutlich gegen das Hochschul-Projekt aus.

1 John F. Capell (Resident Office Ulm): (Gutachten) vom 28. August 1950. (Bauhaus-Archiv Berlin)

Auch wenn politische Opportunität später das Stimmungsbarometer vorübergehend zugunsten der HfG ausschlagen liess, vor allem etwa im Juni 1952, als McCloy persönlich in Ulm den Scheck in der Höhe von einer Million Mark überreichte, blieb die Hochschule innerhalb des Ulmer Kulturbetriebs ein exotischer und stets argwöhnisch beobachteter Fremdkörper. Zwar setzte sich der oben genannte Wiedemeier 1953 als Landrat im Stuttgarter Parlament massgeblich für die Sache der HfG ein. Aber letztlich blieben doch Zweifel hängen, ob sich der Staat eine weitere Hochschule überhaupt leisten solle und ob er damit nicht eigene Einrichtungen grundlos selbst konkurrenziere. In diesem Sinne sollen sich auch gemäss einem Bericht in den »Ulmer Nachrichten» verschiedene Universitäten Deutschlands skeptisch bis ablehnend geäussert haben.[1] Überhaupt kehrte nach der Euphorie über die Millionen-Spende McCloys schnell wieder der Alltag zurück («aller Tage ist kein Sonntag»), und manch einer der verantwortlichen Politiker begann zu rechnen, wer denn wohl wieviel von der Zeche zu bezahlen habe.[2]

2.2 Der Counterpart

Nur zu gut kann man sich vorstellen, dass es für Inge Scholl und Otl Aicher unter solchen Voraussetzungen überaus schwierig wurde, den Counterpart zur Million der Amerikaner aufzutreiben. Es erwies sich als Glücksfall, dass sie sich schon in früheren Verhandlungen ein Grundstück gesichert hatten, für welches sie nichts zu bezahlen brauchten und das sie doch auf ihrer Seite der Bilanz verbuchen konnten. Es handelte sich um ein westlich der Stadt auf dem «Oberen Kuhberg» gelegenes Fort, inklusive umliegendem Schussfeld, dem sogenannten «Glacis». Wie alle Anlagen der ehemaligen deutschen Wehrmacht war auch diese seit 1945 ohne Eigentümer. Schon im November 1949 hatten sich der neue Ulmer Oberbürgermeister Theodor Pfitzer und Stadtbaurat Max Guther gegenüber Inge Scholl bereit erklärt, das Fort der damals noch geplanten Tagesvolkshoch-

1 Riester: *Kann in Ulm eine Hochschule errichtet werden?,* 14. Dezember 1950.

2 Müller-Schöll: *Zwischen Hochstimmung und rauher Wirklichkeit,* 26. Juni 1952.

schule zu überlassen. Mitte 1950 war dann auch der Sachbearbeiter für ehemaliges Wehrmachtseigentum soweit gebracht, obwohl das Militär gerade wieder Morgenluft witterte und sich für die alten militärischen Anlagen zu interessieren begann.[1]

Die Ulmer Aufbaugruppe konnte sich also mit Recht als Grundstück- und Hausbesitzer betrachten und dafür einen fiktiven Wert von 300 000 Mark als Teil des Counterparts abbuchen. Infolgedessen mussten bloss noch 700 000 Mark gesammelt werden, wovon man 300 000 Mark von privater Seite und den Rest (400 000 Mark) aber aus öffentlichen Kassen zu erhalten hoffte. Für die pauschale dreijährige Betriebsgarantie, die die Amerikaner ebenfalls zur Bedingung machten, sollte das Bundesland Württemberg-Baden, wie es noch bis 1952 hiess, aufkommen.

Erst zum Jahresende 1950/1951 bestätigten die amerikanischen Stellen ihre Schenkungs-Absicht in schriftlicher und damit verbindlicher Form. Daran waren die erwähnten Bedingungen geknüpft, die bis zum 30. Juni 1951 hätten erfüllt werden sollen. Inge Scholl und Otl Aicher blieben folglich nur knappe sechs Monate, um die nötigen 700 000 Mark aufzutreiben. Ein hoffnungsloses Unterfangen, wenn man bedenkt, dass es zudem noch des amtlichen Nachweises der »erweiterten Gemeinnützigkeit» bedurfte, um die Spendenaktion überhaupt mit einiger Aussicht auf Erfolg zu starten. Denn erst nachdem diese vorlag, war es den Spendern möglich, ihre Beiträge für die HfG von den Steuern abzuziehen.[2]

Mit der Gründung der «Geschwister-Scholl-Stiftung» (GSS) als rechtlicher Trägerin der Hochschule wurde am 5. Dezember 1950 die erste Voraussetzung für die erweiterte Gemeinnützigkeit geschaffen. Die von Anwalt Becker ausgearbeitete Satzung legte den unabhängigen und privaten Status der Hochschule für Gestaltung – wie die Schule nun auch offiziell in Anlehnung an den Untertitel des Bauhauses in Dessau heissen sollte – fest. Es blieb im wesentlichen bei der schon vom früheren Anwalt entworfenen Gewaltentrennung zwischen folgenden Gremien: dem Kuratorium, das durch die klingenden Namen seiner Mitglieder das Vertrauen der Oeffentlichkeit gewinnen

---

1 Brief von Inge Scholl an Max Bill, 20. März 1950. (Archiv Bill)

2 Hellmut Becker: Aktennotiz vom 28. September 1950. (Bauhaus-Archiv Berlin)

sollte und dem ausschliesslich repräsentative Pflichten oblagen;[1] zweitens dem Direktorium als regierender Instanz, der Inge Scholl, Otl Aicher und Max Bill angehörten; und schliesslich drittens dem Verwaltungsrat der Stiftung in der Funktion eines gesetzgebenden Gremiums.[2]

Da die erweiterte Gemeinnützigkeit und damit die besondere Steuerbegünstigung vom Gesetzgeber nur jenen Unternehmungen zugebilligt wurde, deren Tätigkeit in der Forschung lag – («unsinnig aber ist so»)[3], musste der geplanten Schule zusätzlich ein «Forschungsinstitut für Produktform» angegliedert werden. So kam die Geschwister-Scholl-Stiftung aus steuertechnischen Gründen zu einer zweiten Funktion als Trägerin eines Instituts, dessen Leitung dem Oesterreicher Walter Zeischegg anvertraut wurde. Für die programmatische Ausrichtung wie auch für den späteren Schulbetrieb hatte dies allerdings keinerlei Konsequenzen, weil Bill seit seiner Machtübernahme ohnehin plante, die Werkstätten von den eigentlichen Abteilungen abzutrennen und den Werkmeistern zu unterstellen.

Nachdem nun die Bedingungen für die Steuerbegünstigung seitens der Geschwister-Scholl-Stiftung gegeben waren, lief ein langwieriges bürokratisches Verfahren an, das den Beginn der

---

1 Dem Kuratorium gehörten an: Hermann J. Abs (Präs. der Wiederaufbaubank, Frankfurt), Otto Bartning (Präs. des BDA), Walter Gropius (Chairman des Dep. of Architecture an der Harvard University, Cambridge), Romano Guardini (Prof. für Theologie, München), Odd Nansen (Oslo), Herbert Read (Kunsthistoriker, London), Ignazio Silone (Schriftsteller, Rom), Henry van de Velde (Architekt, Oberägeri), Carl Friedrich von Weizsäcker (Universität Göttingen) und Carl Zuckmayer (Schriftsteller, Oberstdorf). In: Geschwister-Scholl-Stiftung: *Programm.* Ulm: (1950/1951), S.10. (HfG-Archiv Ulm)

2 Vom Juni 1951 bis April 1953 gehörten dem Verwaltungsrat folgende Personen an: Hellmut Becker, Brigitte Bermann-Fischer (Verlegerin), Helmut Cron (Chefredaktor der «Deutschen Zeitung»), Karl M. von Hellingrath (Präs. der Bayer. Staatsbank München), Karl Klasen (Präs. der Landszentralbank Hamburg), Otto Pfleiderer (Präs. der Landeszentralbank Stuttgart), Werner Plappert (Heidenheim), Arthur Roth (Direktor der Margirus-Werke Ulm), Roderich Graf Thun (Fabrikant). Geschwister-Scholl-Stiftung: *Hochschule für Gestaltung. Forschungsinstitut für Produktform.* (Ulm: Mai 1951), S.1. (Archiv Voltz).

3 Brief von Hellmut Becker an Inge Scholl, 17. Okt. 1950. (Bauhaus-Archiv Berlin)

Spendenaktion um weitere Monate verzögerte. Denn erstens musste die Stiftung durch den »Kultminister» (sic) des Landes Württemberg-Baden genehmigt werden, was aussergewöhnlich speditiv noch im Jahre 1950 geschah. Zusätzlich jedoch war die Zustimmung der elf Steuersachverständigen der Bundesländer notwendig, die ihrerseits eine Vorlage auszuarbeiten hatten, die vom Bundeskabinett und schliesslich vom Bundesrat beraten werden musste. Nachdem auch dies positiv verlaufen war und der Entscheid im «Bundesanzeiger» publiziert wurde, galt die Steuerabzugsfähigkeit als rechtmässig besiegelt. Dies geschah im Falle der Geschwister-Scholl-Stiftung am 6. Juni 1951, einen knappen Monat also vor dem Termin, an dem die an den Counterpart geknüpften Bedingungen hätten erfüllt sein sollen.

Wie zu erwarten war, verlief aber die Spendenaktion selbst nicht sonderlich erfolgreich. Die Ulmer Aufbaugruppe war deshalb gezwungen, nicht nur die erste von den Amerikanern gesetzte Frist, sondern auch alle weitern verlängern zu lassen. Als McCloy trotzdem den Scheck in der Höhe von einer Million Mark am 23. Juni 1952 im Ulmer Rathaus persönlich überreichte, lagen weder Counterpart noch Betriebsgarantien vor. Die Urkunde wurde deshalb mit einer entsprechenden Klausel versehen, worin festgehalten war, dass die Spende erst mit Erfüllung aller Forderungen verfügbar würde. Gleichzeitig wurde der Geschwister-Scholl-Stiftung jedoch gestattet, einen einmaligen Betrag in der Höhe von 75000 Mark abzuheben, um laufende Löhne und Spesen zu decken.

Definitiv konnte man schliesslich erst Mitte 1953 sagen, dass die 700000 Mark des Counterparts und die jährlichen Unterstützungsgelder verbindlich zugesichert vorlagen. Zu diesem Zeitpunkt hatte die GSS den Angaben des ersten Verwaltungsdirektors, Günther Schlensag, zufolge 205000 Mark auf ihrem Bankkonto. Der Betrag setzte sich zusammen aus privaten Spenden (150000 Mark), der zweckentfremdeten Zuwendung der norwegischen Europahilfe (20000 Mark)[1] und

1 Die norwegische Spende sollte notleidenden Künstlern zugute kommen. Die Amerikaner beanstandeten die nicht rechtmässige Umleitung der Spende auf das Konto der HfG. Vergleiche dazu: Notiz von Hellmut Becker über eine Besprechung mit Glenn G. Wolfe von der HICOG vom 11. September 1951. (Bauhaus-Archiv Berlin)

Übergabe des Schecks in der Höhe
von 1 Million Mark am 23. Juni 1952
im Ulmer Rathaus;
von links: Oberbürgermeister Theodor
Pfitzer, Inge Scholl, Ellen McCloy und
der amerikanische Hohe Kommissar
John J. McCloy

den inzwischen aufgelaufenen Zinsen sowohl für die amerikanische Spende wie für die übrigen Beiträge. Zudem lagen rechtsverbindliche Zusagen für Materialspenden im Werte von 50000 Mark vor. Insgesamt ergab dies einen Betrag von 255000 Mark an privaten Unterstützungsbeiträgen.[1] Man blieb mit diesem Resultat um rund 100000 Mark (ohne Zinsen gerechnet) hinter den an die Privatwirtschaft geknüpften Erwartungen zurück.

Dieses eher bescheidene Resultat ist auch damit zu erklären, dass zu Beginn der Sammelaktion die Zeit des deutschen Wirtschafts-Wunders noch nicht angebrochen war. Vor allem aber genügte ein vager Hinweis, jemand könnte kommunistisch beeinflusst sein, um einen unkonventionellen Vorschlag wie den der Hochschule für Gestaltung ernsthaft zu gefährden. Das vernichtende Votum, das führende Ulmer Persönlichkeiten gegenüber dem Resident Officer abgegeben hatten, war harmlos im Vergleich zu dem, was die Ulmer Initianten sonst noch an Verdächtigungen hinnehmen mussten. Die folgende Episode möge dies belegen.

Im August 1951 meldete sich Inge Scholl auf einer ihrer Betteltouren bei der «Wirtschaftsvereinigung Eisen und Stahl» in Düsseldorf.[2] Der herzliche Empfang wurde damit unterstrichen, dass man Inge Scholl eine grössere Spende an Stahl in Aussicht stellte. Im Ulmer Planungsbüro führte dies sofort zu fieberhaften Bemühungen, das von Bill nur schematisch entworfene Projekt auf einen Stahlbau hin zu konzipieren. Während nun die verantwortlichen Manager, Emmendörfer und Harten, Inge Scholl glauben liessen, die Eisenbahnwaggons stünden schon bereit, warnten sie hintenherum die Mitglieder ihrer Vereinigung vor der Geschwister-Scholl-Stiftung, weil sie kommunistisch unterwandert sei. Die Herren in Düsseldorf stützten sich dabei auf 'Informationen' eines gewissen Dr. Riester, den Inge Scholl von früher her kannte und der

---

1 Brief von Günther Schlensag an Hellmut Becker, 8. August 1953. (Bauhaus-Archiv Berlin)

2 (Geschwister-Scholl-Stiftung): *Betr.: Entwicklung der Beziehungen der Geschwister-Scholl-Stiftung zur Wirtschaftsvereinigung Eisen- und Stahlindustrie in Düsseldorf.* (Ulm): 29. November 1952. (Bauhaus-Archiv Berlin)

«schon bei der Verfolgung der Geschwister Scholl im Jahre 1942/43 als Agent der Gestapo mitgewirkt hatte».[1]

Auch wenn sich der Verdacht schliesslich entkräften liess, verursachte er Verzögerungen von fast einem Jahr und damit entsprechende Unkosten. Es war McCloy, der durch die persönliche Scheckübergabe am 23. Juni 1952 ein Zeichen des Vertrauens setzte und damit überhaupt die Planungen erst wieder in Schwung brachte. Die Vertreter der Wirtschaftsvereinigung versprachen darauf ihrerseits, den Schaden durch eine angemessen erhöhte Spende wiedergutzumachen. Sie änderten allerdings ihre Meinung nochmals, verwahrten sich gegen den angeblichen Erpressungsversuch seitens der Geschwister-Scholl-Stiftung und erledigten den Fall, indem sie 2000 Mark nach Ulm schickten. Damit konnten die durch sie verursachten Unkosten bei weitem nicht gedeckt werden.

Dass Inge Scholl nach solchen Erfahrungen überhaupt noch Energie aufbrachte, um mehr als 200000 Mark von privater Seite lockerzumachen, ist eine der grossen individuellen Sonderleistungen, deren es bedurfte, damit die HfG überhaupt entstehen konnte. Verglichen damit war die Tatsache, dass man das Stahlprojekt wieder aufgeben und sich einer andern Konstruktionsvariante zuwenden musste, nur von geringer Bedeutung.

2.3 Hitchcock-Finale im Landtag

Mehr als eigentlich eine unabhängige private Institution vertragen kann, hing die Verwirklichung der HfG von staatlichen Subventionen ab. Der bereits zitierten Auflistung von Schlensag zufolge stammten 445000 Mark des Counterparts ebenso wie alle Betriebszuschüsse aus öffentlichen Kassen.

Als erster Beitrag war derjenige der Stadt Ulm gesichert. Bereits im Juli 1951 empfahl die Hauptabteilung des Gemeinderates dem Gemeinderat, die Geschwister-Scholl-Stiftung mit 245000 Mark zu unterstützen und des weiteren die jährlich anfallenden Kosten für Heizung, Wasser, Gas und Strom zu

1 Ebenda

übernehmen.[1] Der finanzielle Beitrag war für die Stadt insofern schmerzlos, als er an die Erschliessung des Grundstücks gebunden war. Diese Aufgabe hätte laut Stadtbaurat Max Guther sowieso im Hinblick auf die Erschliessung neuer Wohngebiete am Kuhberg demnächst in Angriff genommen werden müssen. Dazu kam, dass der Antrag an den Gemeinderat auch davon abhängig gemacht wurde, dass es der Stadt gelinge, für dieses Vorhaben ein zinsgünstiges Darlehen aufzunehmen. Der Ulmer Gemeinderat behandelte die Anträge der vorberatenden Kommission im Januar 1953 und folgte ihnen einstimmig.[2]

Harziger verliefen dagegen die Verhandlungen mit den verschiedenen Bundesministerien in Bonn, die reihenweise angesprochen wurden, so das Ministerium für Wirtschaft, jenes für Wohnungsbau, für Finanz, des Inneren und des «ERP».[3] Am 12. Juli 1951 setzte sich in Bonn ein «Achter-Ausschuss» zusammen, in dem die angesprochenen Ministerien sowie drei Bundestagsabgeordnete vertreten waren. Der Abgeordnete Arno Henning, der zwar nicht im Ausschuss sass, jedoch die Gespräche für die Ulmer verfolgte, kam zur entmutigenden Feststellung, dass die Sache auf eindeutigen Widerstand stosse und kaum ein positives Ergebnis zu erwarten sei. Für Henning war es unverständlich, warum die Bundesregierung nicht nach eigenem Ermessen und auf eigene Verantwortung handle. Es sei kaum anzunehmen, dass die Parteien sie bei einem solchen Vorgehen, das mehr als Verwaltungsakt anzusprechen sei, im Stich lassen würden.[4]

---

1 Protokoll der Sitzung der Hauptabteilung des Gemeinderats am 24-7-1951: *§ 800 – Geschwister-Scholl-Stiftung; Unterstützung ihrer Pläne zur Errichtung eines Forschungsinstituts für Produktform und einer Hochschule für Gestaltung.* (Stadtarchiv Ulm)

2 Protokoll der Sitzung des Gemeinderats vom 16-1-1953: § *2: Beitrag an die Geschwister-Scholl-Stiftung.* (Stadtarchiv Ulm)

3 Aktennotiz von R(ösner) betreffend eines telephonischen Gesprächs mit Hellmut Becker, 23. August 1951. (Bauhaus-Archiv Berlin) ERP = «European Recovery Plan», auch «Marshallplan» genannt. Das ERP-Ministerium verwaltete die Gelder des Marshallplans für Deutschland.

4 Brief von Arno Henning (MdB) an Inge Scholl, 16. Juli 1951. (Bauhaus-Archiv Berlin)

Warum diese buchhalterische Vorsicht einem Projekt gegenüber, das doch von amerikanischer Seite mit soviel Bereitwilligkeit gefördert wurde? – In Rundbriefen der Geschwister-Scholl-Stiftung stellte Inge Scholl dies als Versagen der verantwortlichen Beamten hin: die eine Instanz sei erst dann bereit gewesen, das Projekt zu unterstützen, nachdem die andere ihre Unterstützung schriftlich bestätigt hatte usw.[1] Entscheidender jedoch dürfte gewesen sein, dass einzig das ERP-Ministerium über finanzielle Mittel verfügte, die direkt und 'à fonds perdu' zur Unterstützung eines Schulprojekts eingesetzt werden konnten. Alle andern Ministerien besassen wohl die Kompetenz, finanzielle Beiträge für den Betrieb, nicht jedoch für die Errichtung einer Schule zu gewähren. Deshalb bezogen sich ihre Zusagen stets auf Leistungen, die später bei der HfG bestellt werden sollten, und nicht auf die Erstellung ihrer Infrastruktur. Beispielsweise waren die ursprünglich vom Wohnungsbauminister versprochenen Gelder an einen noch näher zu definierenden Forschungsauftrag gebunden und nicht, wie die Geschwister-Scholl-Stiftung glauben wollte, für die Erstellung der Wohnbauten auf dem Kuhberg.[2]

Statt der 400000 Mark, die man sich anfänglich aus Bonn erhoffte, trafen schliesslich nur jene 200000 Mark aus der Kasse des «ERP»-Ministeriums ein – also ebenfalls Mittel, die aus amerikanischen Quellen stammten, doch im Gegensatz zur McCloy-Schenkung von der Bundesrepublik innerhalb von 20 Jahren zinslos zurückbezahlt werden mussten. Die gegenüber dem Budget fehlenden 200000 Mark der Bundesregierung und das Defizit aus den privaten Spenden waren jedoch in der Zwischenzeit einerseits durch die (allerdings zweckgebundene) Unterstützung aus der Ulmer Stadtkasse und andererseits durch die aufgelaufenen Zinsen gedeckt.

Schliesslich folgten als letzte die Beratungen des regionalen Landesparlaments über die jährlichen Betriebszuschüsse, die zu einem echten 'Hitchcock-Finale' wurden. Im Meersburger

---

1 Rundschreiben von Inge Scholl an die Freunde der Geschwister-Scholl-Stiftung Ulm, 9. April 1952, S.3. (Bauhaus-Archiv Berlin)

2 Brief von Dr. Zinkahn (Bundesminister für Wohnungsbau) an die Geschwister-Scholl-Stiftung, 14. März 1953. (Bauhaus-Archiv Berlin)

Budget vom Februar 1950 waren als laufende Zuschüsse für die ersten fünf Jahre insgesamt 600'000 Mark vorgesehen. Diese Summe war schliesslich im Laufe der Planungen auf 800'000 Mark für nurmehr drei Betriebsjahre gestiegen. Nachdem sich zuerst die Regierung von Württemberg-Baden des Gesuchs der Geschwister-Scholl-Stiftung angenommen hatte, war nach der Südweststaat-Abstimmung vom 9. Dezember 1952 die Regierung des neu gebildeten Bundeslandes Baden-Württemberg zuständig. Nochmals musste das Gesuch eine Reihe von Ausschüssen passieren, wo sich zunehmender Widerstand zu artikulieren begann. Als am 29. April 1953 dann das Budget des «Kultministers» (sic) im Parlament zur Sprache kam, in dem auch die erste Tranche des Unterstützungsbeitrags für die HfG enthalten war, entfachte der Finanzminister Karl Frank (FDP) eine «stürmische Debatte».[1] Er machte sich das alte Argument der HfG-Gegner zu eigen, wonach der Staat durch die in die Hochschule für Gestaltung gesteckten Gelder sich selbst konkurrenziere und schliesslich «die ganze Zeche bezahlen müsse». Die Befürworter dagegen hoben das grosszügige Geschenk der Amerikaner hervor und betonten, dass man nur im Falle eines deutschen Engagements Zugriff auf die Million Mark habe. Der Antrag des Finanzministers unterlag relativ deutlich mit 23 Stimmen gegen 42. Damit waren endlich alle Bedingungen, die die Amerikaner an ihre Schenkung knüpften, erfüllt.

Bereits eine Woche vor der Landtagsdebatte hatte sich der Verwaltungsrat der Geschwister-Scholl-Stiftung neu konstituiert. Einerseits mussten zwei zurückgetretene Mitglieder (Roth und Plappert) ersetzt werden, andererseits wollte man die Vertretung der Behörden, proportional zur finanziellen Beteiligung staatlicher Stellen, verstärken. Zu den sieben verbliebenen Mitgliedern wurden ebenso viele neue hinzugewählt, die alle irgendwelche Amtsstellen vertraten. Das Amt des ersten Vorsitzenden übernahm der Ulmer Oberbürgermeister Theodor Pfizer. An der zweiten Sitzung des Verwaltungsrats der GSS vom 8. Juni 1953 wurde zusätzlich Günther Schlensag zum geschäftsführenden Verwaltungs-Direktor ernannt.

---

1 Schwäbische Donau-Zeitung: *Stürmische Debatte um Geschwister-Scholl-Hochschule»,* 30. April. 1953.

Damit begann eine neue Phase in der Geschichte des Aufbaus der HfG, denn von diesem Zeitpunkt an war die Geschwister-Scholl-Stiftung ihrer rechtlichen Struktur nach in der Lage, Geld vom Konto der amerikanischen Schenkung abzuheben. Dies bedeutete gleichfalls, dass man nun mit dem Bauen beginnen konnte. Von der alles entscheidenden Sitzung im Stuttgarter Landtag am 29. April 1953 bis zum Baubeginn auf dem Kuhberg vergingen weniger als fünf Monate.

Abschliessend sei noch bemerkt, dass die jährlich neu zu genehmigenden Kredite des Landes Baden-Württemberg in der Geschichte der HfG immer wieder zu Misstrauenskundgebungen Anlass gaben, bis der Kredit im Jahre 1968 endgültig gestrichen wurde. Auch wenn der damalige Ministerpräsident, unter dem dieser Entscheid zustande gekommen ist, Hans Filbinger hiess, sollte eine kritische Geschichtsschreibung nicht zum vornherein ausschliessen, dass der Untergang der Hochschule für Gestaltung durch die internen Querelen verursacht worden ist.

Kapitel III

Entwicklung des Projekts

und seine Realisierung

Verglichen mit dem, was in den verschiedenen Abteilungen der Hochschule für Gestaltung während der Aera Bill von 1953 bis 1957 entstanden ist, sind die Bauten nicht nur das grösste, sondern wahrscheinlich auch das bedeutendste Werk. Freilich war die Projektierung bereits abgeschlossen, als die Schule im August 1953 in einem Provisorium in der Altstadt von Ulm ihren Betrieb aufnahm.

Allein aber schon aus der Tatsache, dass die Verantwortung für die Projektierung wie für die Programmierung in den Händen einer einzigen Person lag, ergab sich eine starke Wechselwirkung zwischen inhaltlichen Absichten und baulicher Gestalt. Dies trifft umso mehr zu, als Bill erst nach der Cocktail-Party bei Shepard Stone am 24. April 1950, wo er weitgehende Kompetenzen bezüglich der inhaltlichen Bestimmung eingeräumt erhielt, mit dem Entwurf des Projekts begann.

Unter den Wechselwirkungen zwischen Form und Inhalt sollte man sich jedoch nicht eine im landläufigen Sinne 'funktionalistische' Übersetzung des Programms in ein architektonisches Projekt vorstellen. Dass dem nicht so ist, offenbart schon der erste spontane Eindruck, wenn man auf dem Kuhberg ankommt.

Willkürlich und zufällig liegen gleichfömige Behälter auf dem leicht abfallenden Gelände herum. Die Willkürlichkeit der Anordnung, die Gleichförmigkeit der Gestaltung lassen nicht direkt auf bestimmte Funktionen schliessen. Um gleichwohl von Wechselwirkungen zwischen Programm und Projekt zu sprechen, bedarf es einer genaueren Analyse des Entwurfsprozesses und seines Resultats.

3.1 Die Vorprojekte

Die Geschichte eines architektonischen Projekts beginnt in der Regel damit, dass der Bauherr mit dem Wunsch zu bauen an den Architekten herantritt. Im Falle der künftigen Hochschule für Gestaltung geschah dies mit dem Brief vom 26. Januar 1950, in dem Inge Scholl dem Empfänger, Max Bill, mitteilte, dass man ihn unter anderm gerne als Architekten für den Bau gewinnen würde. Aus dem bereits erwähnten «gelben Programm», das dem Brief beilag, geht hervor, dass die Ulmer bereits einen Bauplatz gefunden hatten: es handelte sich dabei um das bereits erwähnte Fort auf dem Kuhberg und dessen Glacis. Das Gelände lag damals etwa fünfzehn Minuten Fussmarsch von der letzten Tramhaltestelle entfernt. Auch über das Raumprogramm hatten sich die Ulmer Initianten schon einige Gedanken gemacht, denn es heisst in diesem Zusammenhang:

«Bei der grossen Wohnungsnot ist ein geeignetes Gebäude nicht zu finden. Da der Ausbau von Ruinen so hoch kommt wie ein Neubau, muss das Gebäude der Schule neu errichtet werden. Es ist entscheidend, dass die äussere Form der Schule ihrem Geist entspricht und die Schüler mitformen hilft. Das Fort, wie es heute steht, ist als Schule nicht zu verwenden, erspart jedoch Fundamente und erlaubt in seiner breiten Anlage beliebige Erweiterungen.

Das Schulgebäude wird neben einem grossen, variierbaren Hörsaal, der zugleich als Kinoraum u. dgl. umgewandelt werden kann, einen Klubraum und kleinere Hörsäle enthalten. Der letztere soll der Pflege des geselligen Lebens und der Entfaltung der freien Diskussion dienen.

Daneben müssen für die kleinen Klassen (Arbeitsgemeinschaften) etwa 15–20 kleine Räume zur Verfügung stehen. Ausserdem müssen für jede Hauptberufsausbildungsklasse einige Räume für Studios vorgesehen werden, die nach und nach eingerichtet werden können. Auch ein kleiner Sportraum sollte vorhanden sein, denn es soll alles versucht werden, um die Schüler vor Einseitigkeit zu bewahren und sie zu einer frischen und zuversichtlichen Lebenseinstellung anzuregen.

Das Internat sollte, da Einzelzimmer in der Stadt schwer zu bekommen sind, kleine Wohnräume für rund 100 Studenten enthalten. Das Schulgebäude wie auch das Internat müssten rein äusserlich den Geist der Schule atmen, den Geist der Weltoffenheit, der Freiheit und schlichten Schönheit, nicht den des Zwangs und der Furcht.»[1]

Bezeichnend für die allerersten Absichten des «Ulmer Kreises» ist die Forderung, in der Architektur müsse sich der «Geist der Schule» widerspiegeln. In diesem Sinne hatte Otl Aicher tatsächlich auch eine erste Idee entwickelt. Das bestehende kleine Ausflugsrestaurant, das sich seit dem Krieg im Fort befand, sollte zur Mensa umgebaut und die Kasematten sollten als Klassenzimmer benutzt werden. Das wichtigste an Aichers Plan waren zwei filigrane Türme aus Glas und Stahl, die sich wie Phönixe aus dem Steinmassiv der Eckbefestigungen erheben sollten.[2]

Diese Vision vom Umgang mit dem alten Fort, das wenige Jahre zuvor von der nationalsozialistischen Regierung noch als Konzentrationslager benützt worden war, beinhaltete eine symbolträchtige Wiederverwendung der historischen Bausubstanz.

Bill, als der mit der Planung beauftragte Architekt, hörte anlässlich einer Besprechung im Februar 1950 erstmals von dieser für den Kuhberg projektierten «architecture parlante». Er wies jedoch jede Absicht kategorisch zurück, architektonische Formen als symbolische Zeichen aufzuladen, und interpretierte den Vorschlag Aichers auf seine Weise: das Fort möge als «Geisterbahn» und für «allerhand Spuk» – «System Schreckenskabinett» – gut sein, aber nicht im Sinne von «neues Leben blüht aus den Ruinen»; denn wenn man die neue Schule ausgerechnet über und in den Räumen eines ehemaligen Konzentrationslagers einrichte, würde dies vor allem im Ausland sehr befremdend wirken; aus etwas grundsätzlich Bösem – so Bill –

1 (o.N.): *Geschwister-Scholl-Hochschule. Eine aktive Schule für Kultur und Politik.* (Ulm: 1949/1950), S.27/28. (Archiv Bill)

2 Bill: *Anmerkungen,* 1957, S.88. Ebenso in: Heimbucher, Michels: *Bauhaus - HfG - IUP,* 1971, S.70.

könne man nie etwas Gutes machen.[1] Über die eigenen Vorstellungen, die Bill zu diesem Zeitpunkt beschäftigten, lässt sich nur sagen, dass sie auf einen vollständigen Neubau hinausliefen, welcher der bestehenden Befestigungsanlage als etwas Ebenbürtiges entgegengestellt werden sollte.

Viel Zeit, um über grundsätzlich verschiedene Varianten zu diskutieren, blieb allerdings nicht, denn das Projekt mitsamt dem Gesuch um finanzielle Unterstützung sollte noch im ersten Rechnungsjahr der HICOG, welches am 30. Juni 1950 zu Ende ging, dem Resident Officer in Ulm überreicht werden. Bill wurde deshalb bald einmal gebeten, so rasch als möglich die erforderlichen Planunterlagen zu verfassen, «ohne Rücksicht auf die Forttürme».[2] Bevor er aber die erste Zeichnung nach Ulm gesandt hatte, berichtete Bill schriftlich vom Stand seiner Überlegungen. Er scheint dabei, vom Drängen der Termine nicht sonderlich beeindruckt, sich eher umsichtig an die Aufgabe gemacht zu haben. Auf Grundsätzliches ausweichend, statt die erwünschten präzisen Angaben zum Projekt zu machen, schrieb Bill im März 1950 folgendes:

> «ich bin zur auffassung gekommen, dass die schule von den schülern selbst gebaut werden müsse, und das bedingt am anfang eine ganz andere organisation. auch die einrichtungen der schule sollten von den schülern selbst ausgeführt werden, oder wenigstens sollen sie daran mitarbeiten. ... mein plan beginnt in der festung als erste arbeitsräume, und von dort kommt man heraus und baut die neue schule nach einer gesamtkonzeption, die natürlich zuerst festgelegt werden muss.»[3]

An der baulichen Gesamtkonzeption konnte Bill eigentlich erst seit dem 25. April 1950 arbeiten, als an jener entscheidenden Sitzung bei Stone die Kompetenzen über die inhaltliche Programmierung neu verteilt worden sind. Im Laufe der nächsten

1 Briefe von Max Bill an Inge Scholl, 17. Februar 1950 und 6. März 1950. (Archiv Bill)

2 Brief von Inge Scholl an Max Bill, 20. März 1950. (Archiv Bill)

3 Brief von Max Bill an Inge Scholl, 22. März 1950. (Archiv Bill)

beiden Monate entstanden parallel zum überarbeiteten Exposé auch Studien zur funktionellen Gliederung und zur räumlichen Situierung der Anlage.

Was die Amerikaner allerdings zu dieser Zeit mündlich über das Projekt erfuhren, machte sie eher skeptisch, standen die Berichte Inge Scholls doch ausschliesslich unter dem Zeichen einer rein funktionellen Gliederung und gingen kaum über eine Aufzählung von Nutzungen hinaus.

Wie Inge Scholl am 5. Juni an Bill schrieb, hätten sich die Amerikaner eine Art «Schuldorf» vorgestellt, vielleicht in Erinnerung an die berühmten amerikanischen Colleges in New Haven, Cambridge etc., vielleicht auch nur, weil sie sich davon einen rationelleren Umgang mit den Bauvolumen versprachen.

«Sie (die Amerikaner; A.d.V.) stellen sich so eine Art Schuldorf vor, und zwar kleine Häuser, in denen 20–25 Studenten wohnen können, mit einem grösseren Aufenthaltsraum, der tagsüber zugleich als Schulraum benützt wird. Also nicht Trennung von Schule und Leben, sondern engste Verbindung. Ausserdem meinten sie, könne man auch schon die Werkstätten in den Häusern, im Keller etwa, unterbringen. Usw.

Also ich gebe das wieder, Sie verstehen sicherlich, was die Leute meinen. Im Grunde genommen ist es ja das, was wir wollen.»[1]

Bill plädierte statt dessen für ein neutrales Konglomerat von Baukörpern.[2] Er unterstrich damit neuerdings seine Absicht, eine Form bar jeder repräsentativen Funktion zu entwickeln. Wohl sprach auch er später von der Schule als einem Dorf, doch diese Aussage war nicht auf den Typus der architektonischen Gestalt als vielmehr auf die Art und Weise des Zusammenlebens bezogen. Wie zuvor Aichers symbolbeladener Vorschlag, provozierte auch die Idee des Schuldorfs Bills Reaktion, so als wäre für ihn jede inhaltliche Festlegung eine unstatthafte Belagerung der Form.

---

1 Brief von Inge Scholl an Max Bill, 5. Juni 1950. (Archiv Bill)

2 Brief von Max Bill an Walter Gropius, 12. Juni 1950. (Bauhaus-Archiv Berlin)

Unterbrochen von längeren Pausen, entstanden innerhalb von gut zwei Jahren - vom Sommer 1950 bis August 1952 - insgesamt fünf verschiedene von Bill gezeichnete Varianten. Eine weitere stammte von Aicher, während Voltz, der seit Mitte 1951 als Architekt in der Ulmer Aufbaugruppe beschäftigt war, zwei Überarbeitungen beisteuerte. Jedes dieser Vorprojekte wurde mittels schematischer Grundrisszeichnungen, aus denen Grösse und Anordnung der Räume ersichtlich sind, dargestellt. Bei grösseren Veränderungen wurde zudem eine Ansicht der Gesamtanlage aus der Flugperspektive gezeichnet, auf der im Hintergrund die Turmspitze des Ulmer Münsters hervorsticht - wohl als Hinweis auf jenen andern Ulmer Bau, der überregionale Bedeutung beanspruchte.

Am 22. Juni 1950 sandte Bill eine «erste Skizze» seines Projekts nach Ulm. Obwohl diese bisher nicht wieder aufgefunden werden konnte, lässt sich das Wesentliche dem begleitenden «Beschrieb» entnehmen und im Vergleich mit den folgenden Überarbeitungsstufen rekonstruieren. Als Baugelände diente jener Teil des ehemals freien Schussfeldes, der sich an der südlichen Flanke des Kuhbergs entlangzieht und dann hinter dem Fort, auf der der Stadt abgewandten Seite, zur sanft gewölbten Kuppe hochsteigt. Auf diesem Gelände, aber doch in gebührendem Abstand zum Fort, sollten die Bauten der Hochschule entstehen. Bills Aufzählung zufolge hat man sie sich in vier spezielle Trakte gegliedert vorzustellen: erstens jenen mit den Werkstätten, Studios und Ateliers, zweitens den Gemeinschaftstrakt, drittens das Studentenhaus und viertens die Dozentenhäuser.

In der Beschreibung können bereits wesentliche Züge der gebauten Anlage identifiziert werden. Auf jeden Fall findet sich nicht der geringste Hinweis darauf, dass Bill zuerst einen «monolithischen» Baukörper vorgeschlagen haben könnte, wie dies Aicher - und im Anschluss an ihn viele andere - 1975 in der HfG-Nummer der Zeitschrift «Archithese» behauptet hatte.[1] Allerdings signalisierte Bill in seinem begleitenden Brief auch, dass er die erste Skizze nicht als definitiv betrachte,

1 Otl Aicher: *Die Hochschule für Gestaltung. Neun Stufen ihrer Entwicklung,* 1975, S.13.

und erwähnte in diesem Zusammenhang insbesondere das Studentenhaus, das weiter differenziert werden müsse:

«es handelt sich dabei um eine erste skizze, bei der es mir scheint, dass die gesamtanlage weitgehend unseren bedürfnissen entspringt. hingegen sind die differenzierungen natürlich noch nicht berücksichtigt. so sind die einzelnen abteilungen lediglich als schema vorhanden, ohne ihre wirkliche einteilung. manches ist noch ein wenig zu gross, und in dieser beziehung nicht verbindlich. ich stelle mir auch vor, dass das studentenhaus noch differenzierter werden müsste, aber doch nicht in dem sinne wie sie in ihrem brief vom 5-6-50 schreiben. es scheint mir unmöglich, dass in den einzelnen häusern 20–25 studenten wohnen, mit grossen aufenthaltsräumen oder sogar unterrichtsräumen und werkstätten. das würde ein wildes durcheinander von tätigkeiten geben. es wäre auch vom standpunkt der ökonomie aus nicht ohne weiteres erwünscht. ein gewisses versuchsfeld in dieser richtung wäre aber immerhin noch das gelände nördlich des studentenhauses.»[1]

Die hier angekündigte zweite Variante kann höchstens innerhalb der nächsten vierzehn Tage entstanden sein, und zwar zwischen dem 23. Juni und dem 10. Juli. Tatsächlich findet sich darin eine vom Wortlaut des «Beschriebs» abweichende Lösung für die Studentenwohnungen. Der ursprüngliche solitäre Baukörper wurde auf vier zweigeschossige Reihenhäuser verteilt, welche windflügelartig zueinander stehen und durch Passerellen verbunden sind.

Bill liess sich dabei wohl von einem Vorbild inspirieren, das nur wenige Monate zuvor in einem Walter Gropius gewidmeten Heft der Zeitschrift «L'architecture d'aujourd'hui» veröffentlicht worden war. Es handelte sich um Entwürfe für die Universität von Hua-Tung in China, an welcher das Büro von Gropius, das sogenannte «The Architects Collaborative», zusammen mit dem chinesischen Architekten I.M. Pei, arbeitete.[2]

1 Brief von Max Bill an Inge Scholl, 22. Juni 1950. (Archiv Bill)

2 L'architecture d'aujourd'hui, Februar 1950, S.28/29.

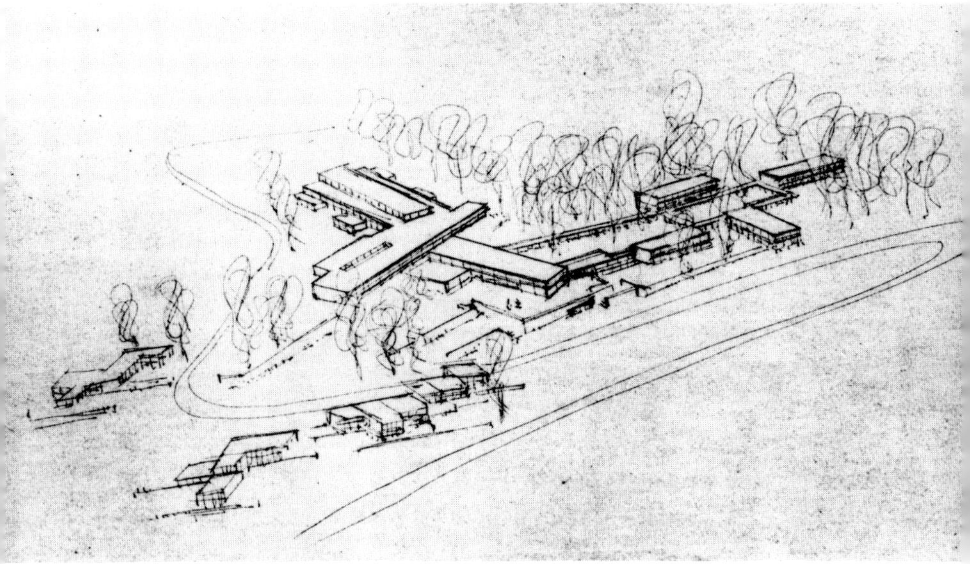

Max Bill: Vorprojekt für die HfG, zwischen 22. Juni und 12. Juli 1950

TAC (Walter Gropius u.a. mit I.M. Pei): Projekt für die Universität in Hua-Tung, China, Ausschnitt

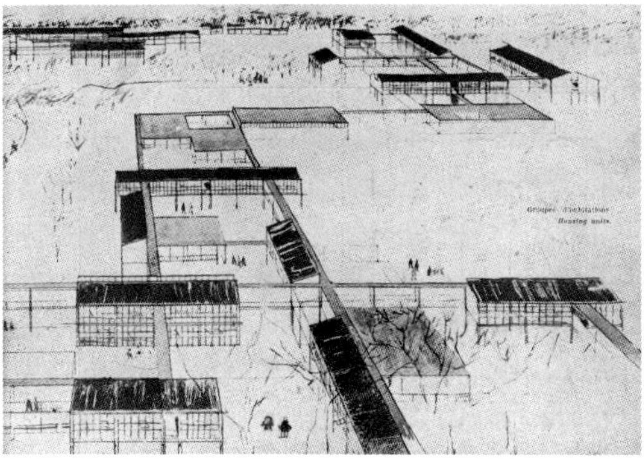

Davon abgesehen, sind keine weiteren Ungereimtheiten im Vergleich mit dem ersten Beschrieb festzustellen. Wie wir nun auch in der Lage sind festzustellen, sollten verschiedene, relativ kleine Bauvolumen kristallartig aneinandergereiht und behutsam in das Gelände eingebettet werden. Von einer solchermassen vereinfachten Grundform wich einzig der Trakt mit den Werkstätten, Studios und Ateliers ab. Dieser erhebt sich über einem 'L'-förmigen Grundriss, an den nach Bedarf zusätzliche kleinere Volumen angefügt wurden. Die beiden Schenkel sollten ausserdem mittels Dacheinschnitts respektive Dachaufbaus voneinander unterschieden werden. Westlich des Schulgebäudes liegen mehrere Dozenten- und Gästehäuser, die, gleichfalls aus verschiedenen einfachen Kuben bestehend, zu kleinen Gruppen zusammengefasst sind.

Zur selben Zeit, da Bill an der zweiten Variante zeichnete, schickte Otl Aicher, offenbar mit Bills erstem Vorschlag unzufrieden, einen Gegenvorschlag nach Zürich. Auch diese Skizze lässt sich gegenwärtig nicht auffinden. Wiederum gibt es aber genügend Indizien, um die Richtung von Aichers Vorstoss zu bestimmen. Zum einen antwortete Bill darauf in einem Brief, in dem er die wesentlichsten Unterschiede zwischen seinem und Aichers Vorschlag diskutierte. Zum andern machte er diesbezüglich in seiner dritten Variante einige Zugeständnisse, die jedoch insgesamt nicht sehr wichtig sind. Zu Aichers Vorschlag äusserte sich Bill wie folgt:

«ich habe otls projekt vom kuhberg studiert. ich habe etliche einwendungen, aber es hat dinge daran, die mir gefallen, vor allem auch dass die pläne so schön und übersichtlich dargestellt sind. ich selbst bin ein alter anhänger der 'auflockerung'. in der letzten zeit bin ich jedoch dazu gekommen, dass die auflockerung grosse fehler hat, auch im stadtbau. ich bin heute der auffassung, dass man konzentrieren muss und das konzentrierte so vielgestaltig wie möglich machen soll, aber auch so flexibel wie möglich. deshalb meine grosse werkhalle; ein ding, das man nach belieben innerlich verändern kann ohne grosse mühe. ich bin nämlich dahinter gekommen, dass die dinge, die zu sehr differenziert und spezialisiert sind, für das leben unpraktisch und oft unbrauchbar werden. deshalb grösstmögliche flexibilität und nicht möglichst individuelle auflockerung. aber alles nach den gegebenheiten, dem zweck und den bedingungen. ich glaube, dass mein nächster vorschlag schon richtig sein wird. es wird aber wieder terrassen haben. ich glaube, otl hat angenommen, in der schule wohnen hasen, die gern im gras herumlaufen. ich finde, dass die terrassen etwas herrliches sind für das zusammenleben der menschen. es gibt nichts schöneres und zum bauen ist es auch fantastisch. da können die schüler bauen soviel sie wollen und noch mehr.

in otls projekt gefällt mir die lage der küche. dort hat man eine herrliche aussicht, und das ist gut so.»[1]

Diese Überlegungen erinnern an jene berühmte Debatte der 20er Jahre, bei welcher die beiden Architekten und Büronachbarn Ludwig Mies van der Rohe und Hugo Häring konträre Positionen einnahmen und die auch das entscheidende Argument in Adolf Behnes Buch «Der moderne Zweckbau» lieferte: die Gegenüberstellung von rationaler und funktionaler Gestaltung. Die rationale Haltung im Sinne von Mies war auf die Formung allgemein gültiger Typen bezogen, während die funktionale Auffassung, so wie sie Häring verstand, die massgeschneiderte organische Einheit zum Ziele hatte.[2]

Bill sah nun bei Aichers Vorschlag funktionalistische Tendenzen am Werk und kritisierte dementsprechend die seiner Meinung nach allzu weitgehende Differenzierung und Auflockerung. Bezeichnenderweise wählte er für sich einen Mittelweg, wonach ihm sowohl rationale wie organische Verfahrensweisen offen blieben.

Im Sinne eines 'sowohl – als auch' sind denn auch alle seine weiteren Überarbeitungen zu verstehen. Die Behälter, die für einzelne Nutzungen vorgesehen waren, erhielten eine zunehmend gleichförmigere Struktur, während sich die Teile des Erschliessungsbereichs in ein organisch gewachsenes Rückgrat zu verwandeln schienen. Damit sind für die Gestaltung der Baukörper und für die Einbettung der Anlage zwei Systeme formuliert, die in der Folge je für sich entwickelt werden.

1 Brief von Max Bill an Inge Scholl, 6. Juli 1950. (Archiv Bill)

2 Adolf Behne: *Der moderne Zweckbau,* 1926, S.45/46.

Was von den Anregungen Aichers in die Planung eingeflossen ist, lässt sich anhand der dritten Variante, die vom 11. Juli 1950 datiert, zeigen. Das kleine eingeschossige Bauvolumen, das zuvor an der Westseite des Gemeinschaftstrakts lag und nun an die Ostseite verschoben worden ist, könnte tatsächlich die Küche beherbergen, von der Bill schrieb, dass sie in Aichers Vorschlag sehr schön liege. Doch ist die dritte Variante sicherlich nicht einzig dieses Zugeständnisses wegen gezeichnet worden. Schwerwiegender waren wiederum Veränderungen an den studentischen Wohnbauten. Sie wurden auf insgesamt sechs Bauvolumen verteilt, die entlang der vor- und zurückschwingenden Höhenlinie angeordnet wurden, wobei sich jeweils ein Reihenhaus und ein fünfgeschossiger Wohnturm abwechseln.

Bill stellte diese Variante am 12. Juli 1950 an einer Sitzung in Stuttgart vor. Wie wir bereits gesehen haben, fiel dabei Hellmut Becker, dem Anwalt der Ulmer, sofort auf, dass das vorgesehene Budget niemals ausreichen würde, ein Projekt dieser Grösse zu realisieren. Da jedoch die Amerikaner nichts gegen das Projekt einzuwenden hatten, kam man überein, das Unterstützungsgesuch der Geschwister-Scholl-Stiftung auf dieser Basis zu berechnen. Nach Schätzungen Bills sollte der Bau ungefähr zwei Millionen Mark kosten. Von daher liess sich jene Million Mark errechnen, die sich die Ulmer von den Amerikanern erbaten. Später freilich erwies sich diese Kostenschätzung, nicht nur infolge der Teuerung, als zu niedrig.

Noch während das Projekt von verschiedenen Stellen innerhalb der amerikanischen Administration begutachtet wurde, waren schon die ersten Änderungen nötig. So entstand die vierte von Bill gezeichnete Variante, die auf den 18. August 1950 datiert ist und die eine Verschiebung der bestehenden Strasse an den Rand des von der HfG beanspruchten Grundstücks vorsah. Durch diesen später wieder rückgängig gemachten Schritt sollten einige Dozentenhäuser näher an die Schulbauten herangerückt werden, während die übrigen auf der Nordseite des Forts vorgesehen waren.

Zwei weitere Varianten, die ebenfalls nur Episoden blieben, stammen von C.W. Voltz, der seit Mai 1951 in der Ulmer Aufbaugruppe tätig war. Beide wurden unmittelbar durch die versprochene Spende der «Wirtschaftsvereinigung Eisen und Stahl»

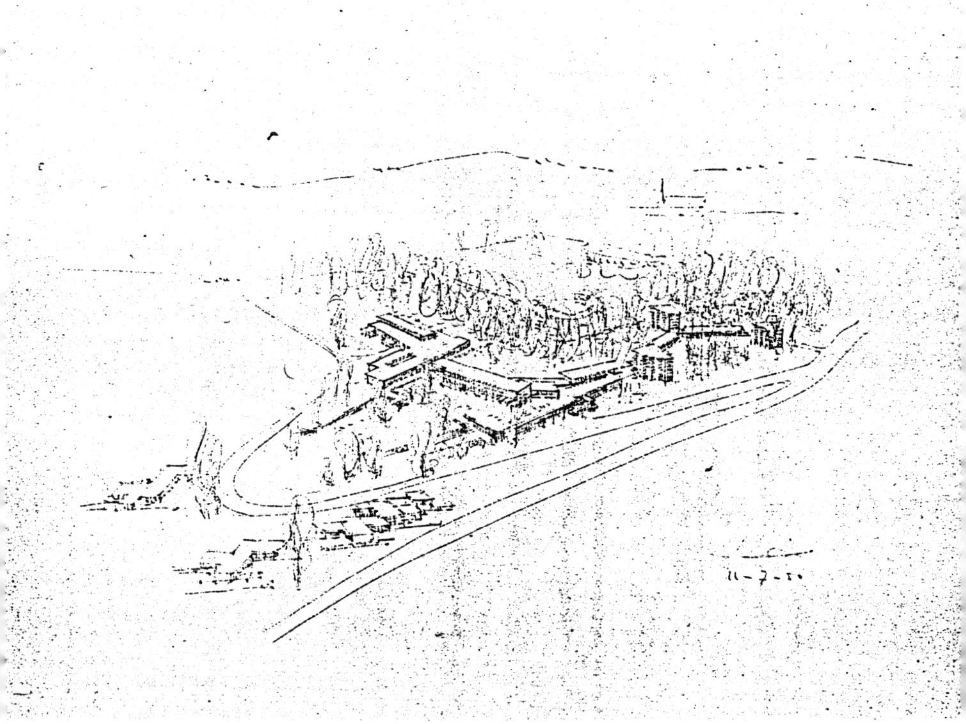

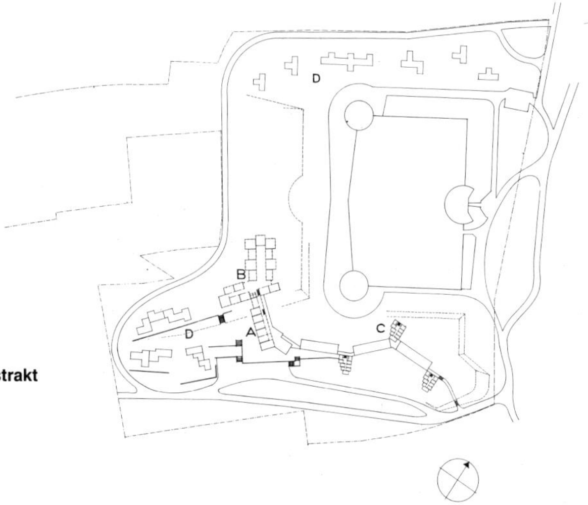

Max Bill:

Vorprojekt für die HfG,

11. Juli 1950, Vogelschau;

Grundriss, Ende 1950

A: Schul- und Verwaltungstrakt

B: Ateliergebäude

C: Studentenhäuser

D: Dozentenhäuser

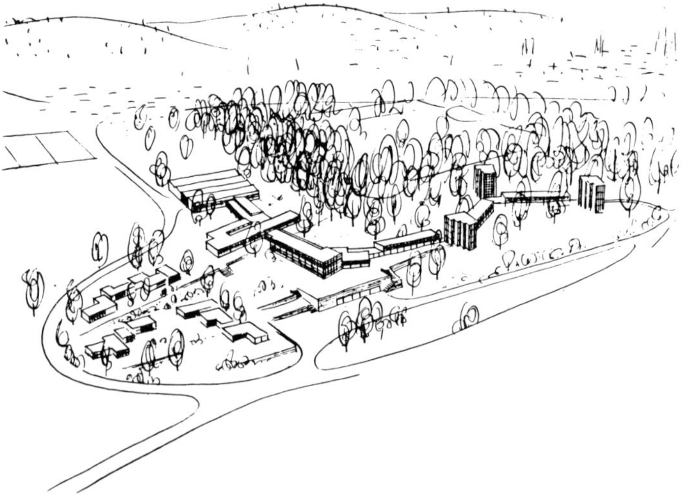

C.W. Voltz: Stahl-Variante des
Billschen Entwurfs, 1951,
Flugperspektive und Westfassade

veranlasst. Es handelte sich einerseits um eine Umzeichnung der Billschen Vorlage als Stahlbau, andererseits um eine detailliertere Variante im Massstab 1:200. Die Pläne für die Stahlprojekte lagen jedoch nicht nur des Materials wegen ausserhalb der Reihe der Billschen Vorprojekte, sondern sie beruhten vor allem auf einer gänzlich anderen Architekturauffassung. Voltz versuchte insbesondere, aufgrund der neuen konstruktiven Vorgaben 'rhetorisch' interessanter zu gestalten. Material und Funktionen wurden so zum Anlass genommen, die Bauten mit spezifischen Formen zu versehen. Beispielsweise hätte ein Sheddach dem Werkstatttrakt zu standesgemässem Aussehen verhelfen sollen. Nachdem sich jedoch die Stahlspende verflüchtigt hatte, wurden alle diesbezüglich gemachten Änderungen wieder zurückgenommen und blieben ohne jeden Einfluss auf die Weiterentwicklung.

Mit der fünften und letzten Variante, die vom 18. August 1952 datiert, nahm Bill den früheren Entwicklungsfaden wieder auf.[1] Noch im selben Jahr wurde die dazugehörende Flugperspektive im Buch «Form» erstmals publiziert.[2] Dabei stellte Bill die geplante Hochschule für Gestaltung in Ulm als eine Institution vor, die sich der Tradition der Kunstschulreform verpflichtet fühle. Insgesamt erwähnte er vier einschlägige Vorgänger. Zwei davon, nämlich die Weimarer Kunstgewerbeschule von Henry van de Velde und das Bauhaus von Walter Gropius, waren in erster Linie bedeutsam wegen ihrer pädagogischen Ausrichtung. Enger verwandt mit der baulichen Konzeption der HfG hingegen waren das Illinois Institute of Technology, dessen Campus in den vierziger Jahren von Ludwig Mies van der Rohe geplant worden ist, und das 1938 errichtete Wintercamp «Taliesin-West» in Arizona von Frank Lloyd Wright.

Diese beiden Beispiele stehen für je eine der baulichen Strukturen, die die von Bill projektierte Anlage prägen. Analog zu den Bauten Wrights fallen einem die prägnante volumetrische Gliederung und deren behutsame Einbettung ins Gelände auf. Diese Merkmale sind auf die Behandlung bestimmter Teile

---

1 Der Zufall, dass zwei der Vorprojekte auf einen 18. August datiert sind (1950 und 1952), lässt sich dadurch erklären, dass Binia Bill an diesem Tag Geburtstag hatte und dass ihr Gatte 'ihr zu Ehren' die Datierungen etwas verschob.

2 Bill: *Form,* 1952, S.164.

Max Bill: Vorprojekt für die HfG,

18. August 1952

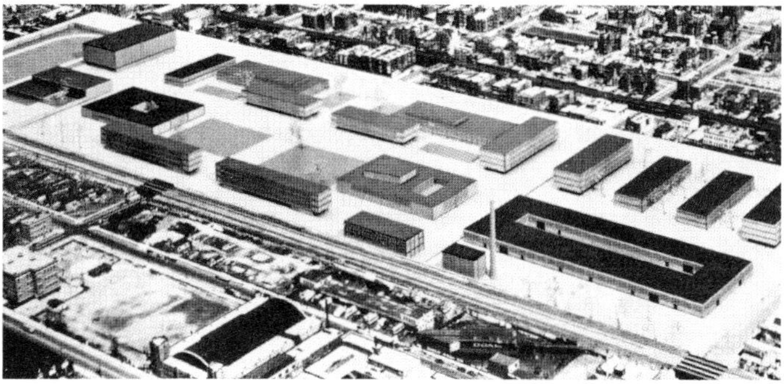

Ludwig Mies van der Rohe: IIT Chicago, 1939

Frank Lloyd Wright: Wintercamp in Taliesin-West, 1938

Hannes Meyer: ADGB-Bundesschule in Bernau, 1930

zurückzuführen, die zusammen eine Art 'Rückgrat' der Anlage bilden und die wie zufällig herumliegenden Behälter miteinander verbinden. Gleichzeitig aber wird an den Behältern die Uniformität der bis aufs äusserste reduzierten Kuben eines Mies van der Rohe sichtbar. Selbst die Wohntürme können als einfache Volumen verstanden werden, die bloss durch die abgetreppte Wegnahme einer Gebäudeecke deformiert sind. Man kann deshalb sagen, dass die Nutzungsbehälter eine zweite, vom Rückgrat unterscheidbare Substanz bilden, die eigenen Gesetzmässigkeiten unterworfen ist.

Auf dieser Entwicklungsstufe ist die konzeptionelle Analogie zu der von Hannes Meyer in Bernau bei Berlin gebauten Bundesschule des Allgemeinen Deutschen Gewerkschaftbundes (ADGB) bemerkenswert. Hier wie dort erkennt man einen radikalen, funktionalistischen Ansatz, der sich einerseits auf die Zergliederung der Baumasse in nebeneinanderliegende Behälter und andererseits auf deren Montage entlang eines separaten Verbindungselements auswirkte. Hier wie dort scheint die Lösung auf einer «direkten Übertragung» der zugrundeliegenden Funktionsdiagramme zu beruhen, wie dies Meyer für seinen Bau einmal ausdrücklich erklärte.[1] Ohne eine simple Übernahme der architektonischen Gestaltungsweise suggerieren zu wollen, ist in diesem Zusammenhang immerhin erwähnenswert, dass Bill gerade zu jener Zeit - von 1927 bis 1929 - am Bauhaus studierte, als in der dortigen Bauabteilung unter der Leitung von Meyer die Pläne für die Bundesschule des ADGB gezeichnet wurden.

Eine Anlehnung Bills an die ADGB-Bundesschule scheint somit konzeptionell wie biographisch auf der Hand zu liegen. Doch ist diese Feststellung insofern sehr zu relativieren, als die Unterschiede weit überwiegen. Das Gliederungsgeschäft ist im Falle der HfG bezüglich der Erschliessungsstruktur weitergeführt. Deshalb vermögen sich ihre Bauvolumen dem Terrain anzuschmiegen, während jene der ADGB-Bundesschule entlang eines steifen Verbindungsrohrs bloss aufgereiht sind. Was die Behälter selbst anbelangt, so wird ihre Gestalt in Bernau von funktional begründeten Differenzierungen bestimmt, während

1 Zit. in: Schnaidt: *Hannes Meyer,* 1965, S.40.

in Ulm ganz im Gegensatz dazu eine Tendenz zur Uniformierung besteht. Schliesslich aber ist als entscheidendster Umstand zu erwähnen, dass der funktionalistische Ansatz beim Entwurf der HfG bloss auf eine Zwischenlösung hin wirksam war und dass die ausgeführte Lösung weit über das Differenzierungsgeschäft eines Funktionalisten hinausgehen wird.

Als Hauptsache der bisherigen Entwurfsarbeit kann demzufolge herausgestrichen werden, dass das Vorprojekt aus zwei heterogenen Strukturen besteht, die an mehreren Stellen aufeinandertreffen. Beide erhielten unterschiedliche funktionelle Bereiche zugeordnet und sind formal nach je eigenen Gesetzmässigkeiten gestaltet. Die Heterogenität beider Strukturen ist im Laufe des Entwurfs immer deutlicher hervorgetreten - auf Kosten eines wörtlich verstandenen «form follows function» und auch auf Kosten inspirierender Vorbilder.

Man kann wohl das Differenzierungsgeschäft an sich als eine Übersetzung des Programms in eine architektonische Form betrachten. Was jedoch bei den Vorprojekten der HfG hinzukommt, ist, dass sich die Gestaltung zunehmend auf die Gegensätzlichkeit zweier Strukturen konzentriert; ein Thema, das sich so nicht aus dem Programm herleiten lässt, sondern ihm hinzugefügt wurde.

3.2 Das Projekt und seine Realisierung

Als im Herbst 1952 die Verantwortlichen innerhalb der HICOG einen einmaligen Vorbezug in der Höhe von 75 000 Mark gestatteten, wurde Bill unverzüglich mit der Ausarbeitung des Bauprojekts beauftragt. Voltz verlegte seinen Arbeitsplatz von Ulm nach Zürich in das private Atelier Bills, wo mit René Haubensak und Edwin Walder noch weitere Zeichner beschäftigt waren. Am 5. Mai 1953, nach etwas mehr als einem halben Jahr, wurde das offizielle Baugesuch in Ulm eingereicht, enthaltend einen Lageplan (1:500) sowie zehn Baupläne (1:100). Der Lageplan gibt eine Uebersicht über die gesamte Planung, obschon bereits entschieden war, dass in einer ersten Etappe nur Teile davon zur Ausführung gelangen sollten. Dazu zählte der ganze zentrale Bereich mit Schule, Werkstätten, Verwaltung und

Gemeinschaftseinrichtungen. Alle Wohnbauten aber, mit Ausnahme des Pförtnerhauses, eines Atelierreihenhauses und eines Wohnturms, sollten einstweilen zurückgestellt werden.

Unter der Leitung von Fritz Pfeil, der wie Bill am Bauhaus studiert hatte, wurde am 8. September 1953 mit dem Aushub begonnen, allerdings ohne dass eine definitive Baubewilligung vorgelegen hätte. Einen Monat zuvor war unten in der Stadt der erste Kurs der Grundlehre eröffnet worden. Ausserhalb des Unterrichts leisteten die Studenten 'Frondienst' in Form von Zeichnen der Detailpläne und Mithilfe bei der Bauführung. Im Oktober wurden die Fundamente gegossen, anschliessend begann man mit dem Rohbau. Die Arbeiten mussten wegen des strengen Winters für längere Zeit unterbrochen werden. Das Richtfest fand aber trotzdem schon am 5. Juni 1954 statt. Es verging ein weiteres halbes Jahr, bis die Arbeitsräume in der Werkhalle und im Schultrakt eingerichtet waren. So konnte die Grundlehre für den zweiten Jahrgang, in welche Anfang Januar 1955 dreissig neue Studenten eintraten, in den HfG-eigenen Räumlichkeiten auf dem Kuhberg begonnen werden. Zweifellos hatten die finanziellen Umstände wesentlich dazu beigetragen, dass die baulichen Massnahmen in jeder Beziehung auf das unbedingt Erforderliche beschränkt werden mussten. Bill selbst betonte in einem späteren Kommentar, dass 'bauen' in diesem Falle geheissen hat, sparsam und zweckmässig mit den Mitteln umzugehen. Und weiter:

«billiger und primitiver ging es nicht mehr, man war an der absolut untersten grenze angelangt. der einzige spass, der mir als dem architekten blieb, war die disposition der anlage im gelände, die harmonisierung der inneren funktionen der gebäudeteile, die sinnvolle systematik der primitiven konstruktion, dazu die wahl von soliden und billigen materialien, die in ihrer natürlichen beschaffenheit einander ergänzten und so jene verspottete puritanische schönheit erzeugten. dem vorwurf, es sei alles bewusst karg, kann entgegengehalten werden, es sei etwas anderes gar nicht möglich gewesen. für den betrag, der uns damals zur verfügung stand, baut man heute ein besseres landhaus.»[1]

---

1 Max Bill: *Vom Bauhaus bis Ulm.* 1976, S.18/19.

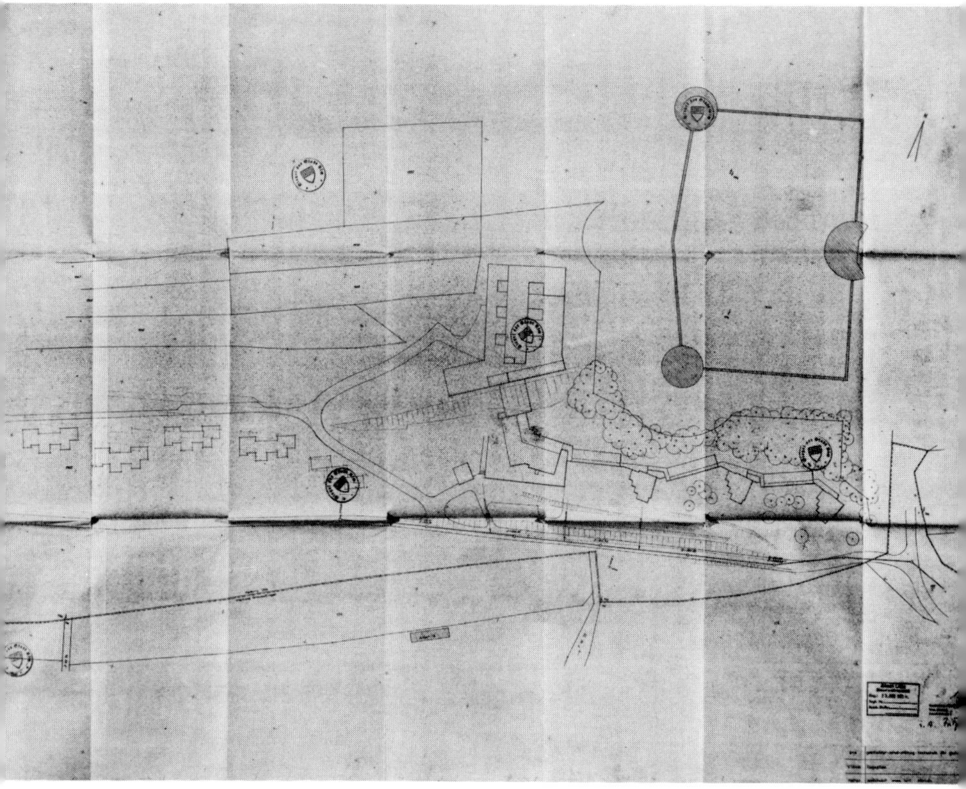

Lageplan der Baueingabe,
5. Mai 1953

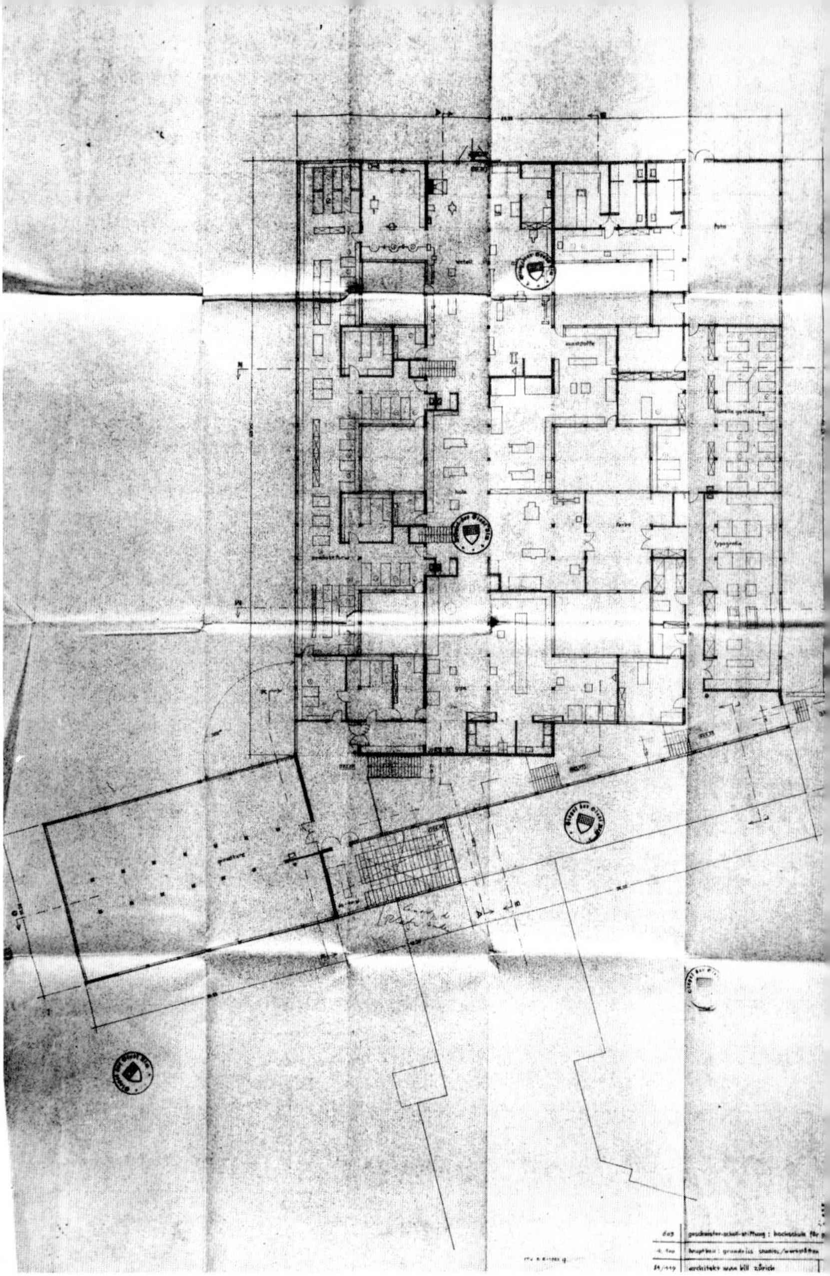

Grundriss des Werkstatt- und Schultrakts, Baueingabeplan, 5. Mai 1953

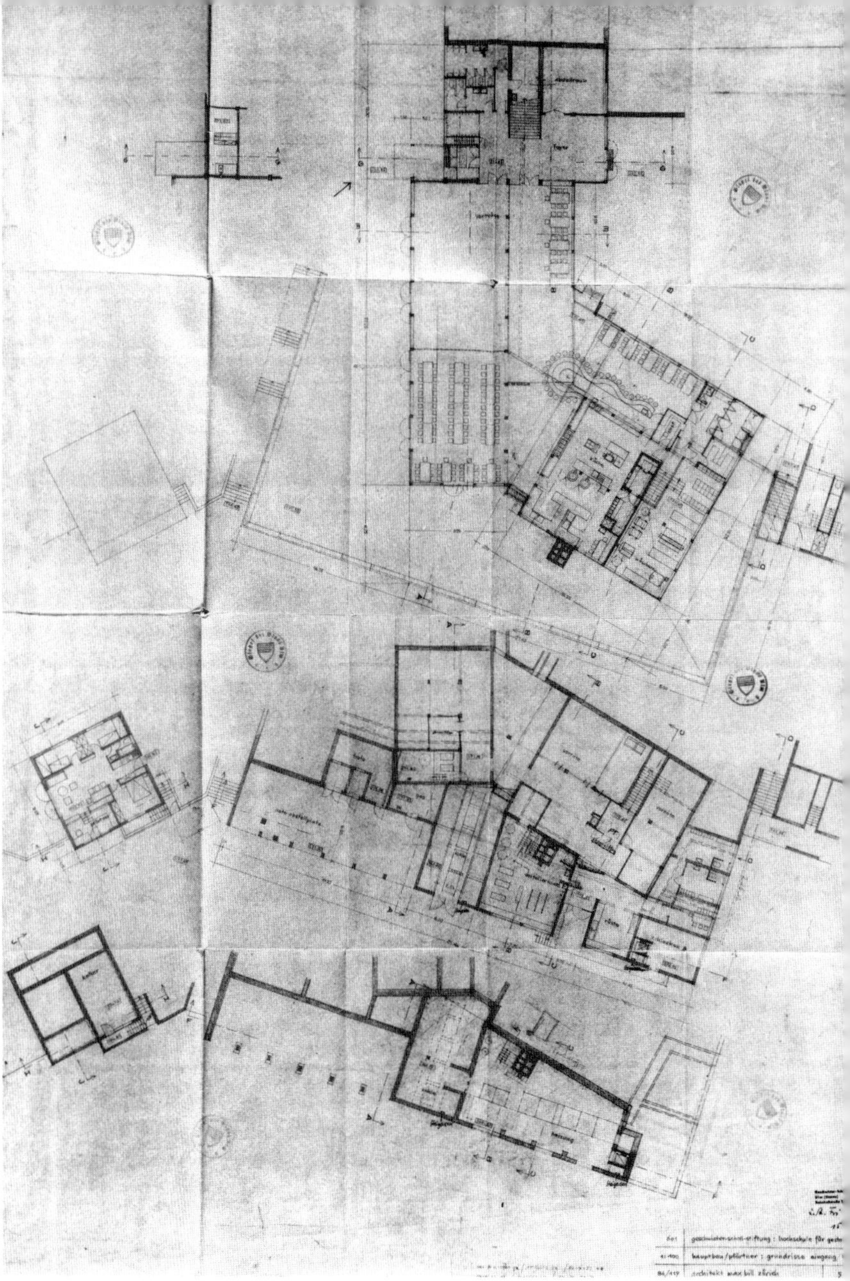

Grundrisse des Gemeinschaftstrakts,

Baueingabeplan, 5. Mai 1953

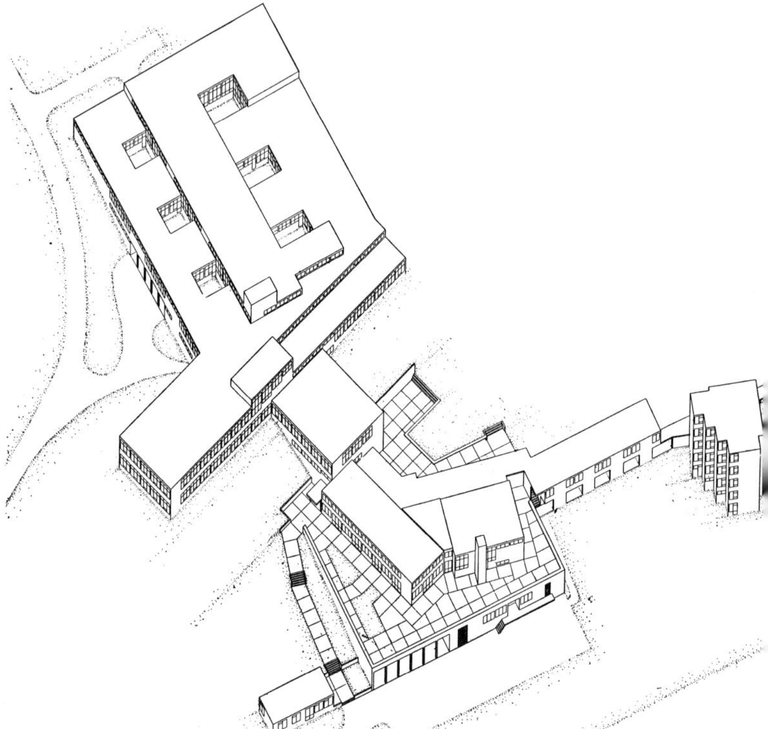

Axonometrie der geplanten Anlage; Aufnahmen der Baustelle, unten in der Mitte Max Bill im Gespräch mit dem Bauleiter Fritz Pfeil

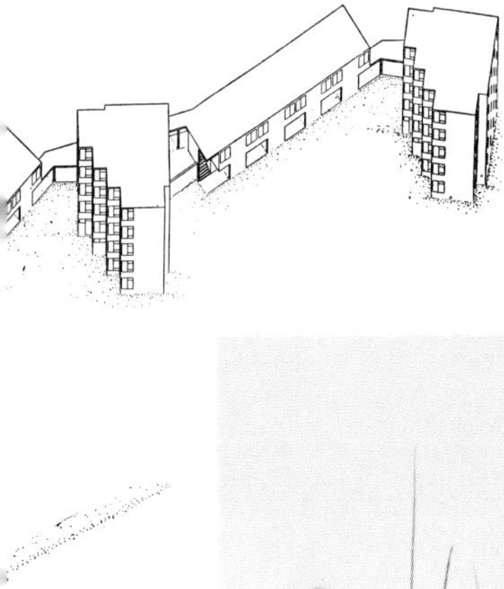

Die pragmatische Grundhaltung ist es denn auch, die Architekten wie Alison und Peter Smithson auf die HfG aufmerksam werden liess. So schrieben die Protagonisten des Brutalismus in ihrer Berufs-Biographie mit dem Titel «Without Rhetoric», dass die Bauten in Ulm ihrer Leichtigkeit, ihrer Selbstverständlichkeit und Gewöhnlichkeit wegen für sie eine «Wasserscheide markiert» hätten.[1] Diesbezüglich hat Stanislaus von Moos in einem der ersten Artikel über Bill als Architekt des weiteren herausgestrichen, dass die einfache Gestalt der Bauten nicht bloss den äusseren Umständen, sondern einer inneren Veranlagung des Billschen Entwurfsverfahrens entspricht:

«Die 'Gewöhnlichkeit dieser Architektur geniert. In dieser 'Gewöhnlichkeit' scheint aber eine hintergründige Aktualität zu liegen. Sie war zwar vom Architekten kaum als solche beabsichtigt: beabsichtigt war wahrscheinlich jene das Einfache, ja das Pauvere nicht meidende Sauberkeit des Konzipierens, die Bills Vorgehen überhaupt kennzeichnet.»[2]

So gesehen gehört es zum Entwurfsverfahren Bills, dass aus den äusseren, unvermeidlichen Gegebenheiten eine innere formale Tugend entwickelt wird und so unentwirrbar das Pragmatische mit dem Formalen verstrickt ist. Auf diese Weise erhalten die funktionellen Notwendigkeiten eine formale Rechtfertigung. Man kann insofern durchaus mit Recht von einem Formalismus bei Bill sprechen, vorausgesetzt, man versteht die formalen Themen nicht als von aussen – stilistisch oder allegorisch – aufgesetzt, sondern als durch die notwendigen Mittel selbst geliefert. Das funktionale Differenzierungs-Geschäft hätte in diesem Sinne also die Substanz für ein daran anknüpfendes, vermittelndes, rein ästhetisches Geschäft zu liefern. Zu letzterem gehören neben der von Bill erwähnten Disposition von Volumen und Räumen auch Verfahren, die das Verhältnis zwischen heterogenen Teilen und Ganzem betreffen.

---

1 Smithson: *Without Rhetoric,* 1976. Zitiert nach der Übersetzung von Stanislaus von Moos in: Werk/Archithese: Januar 1977, S.11. Vergleiche dazu auch: Hamilton: *Not quite architecture. U-L-M spells HfG,* 17. Juli 1958.

2 Stanislaus von Moos: *Bemerkung über Max Bill als Architekt,* Nov./Dez. 1978, S.81.

3.3 Die Ordnung der Behälter

Die einheitliche, ja uniforme Gestaltung der Baukörper, besonders augenfällig im Gemeinschafts- und Schulbereich, zeichnete sich schon in den vorhergehenden Ueberarbeitungsstufen ab. Sie ist schliesslich insofern realisiert worden, als dass ein- und dasselbe konstruktive Grundelement für die verschieden grossen Bauvolumen verwendet und – wie Tatami-Matten im traditionellen japanischen Haus – den Anforderungen entsprechend kombiniert worden ist. In besonderer Weise ist diese Kombinatorik im Werkstatt-Trakt eingesetzt, wo innerhalb eines grossen rechteckigen Feldes die Module so angeordnet wurden, dass sechs kleinere Innenhöfe entstanden.

Grundsätzlich sind alle Baukörper gleich aufgebaut. Das konstruktive Grundelement misst in der Regel sechs mal sechs Meter. Es besteht aus vier Stützen und zwei Unterzügen, die in der Haupttragrichtung gespannt sind. Auf den Unterzügen ruht eine deckende Sekundärkonstruktion, bestehend aus vorfabrizierten Betonelementen. Die lichte Höhe des Gestells beträgt, gemessen vom Boden bis zur Unterkante des Unterzugs, in der Regel ebenfalls drei Meter.

Wie immer man auch diese Einheiten miteinander kombiniert, es ist nicht zu vermeiden, dass einige mit ihrer Breitseite, andere mit ihrer Längsseite an die Fassadenoberfläche der Behälter stossen. Notwendigerweise müssten die Fassaden also durch Stützen gegliedert werden, die sich einmal im Abstand von drei, einmal im Abstand von sechs Metern folgen. Tatsächlich jedoch sind alle Fassaden des zentralen Bereichs uniform, die Stützenabstände betragen in jedem Fall drei Meter. Dies bedeutet, dass etwas nicht stimmt: es müssen sich unter den gebauten Stützen solche befinden, die von der Tragstruktur her überflüssig sind.

Um diese Wirkung zu erzielen, hatte Bill über die Feldstruktur der Bauvolumen, welche sich aus den konstruktiven Einheiten ergibt, eine zweite Ordnung gestülpt. Diese ist allein für den Fassadenbereich gültig und bricht die Feldstruktur an diesen Stellen.

Der Grund dafür kann in Form einer pragmatischen Entscheidung geliefert werden: die regelmässige Gliederung ermög-

Flugaufnahme 1955 (Otl Aicher)

Steinsalzkristalle

lichte es, alle Fassaden mit denselben Elementen zu bauen. Diese Erklärung genügt an den meisten Stellen - bis auf jene, wo die Behälter an einen Innenraum grenzen und wo folglich keine Fassade zu konstruieren ist, sondern höchstens einfache, gemauerte oder holzverkleidete Trennwände. Aber auch an diesen Stellen bleibt der Stützenkranz weitgehend intakt. Man wird einwenden, dass dafür wohl ein weiterer, ebenfalls sachlicher Grund zu finden wäre. Dies zugestanden, zeichnet sich in dieser Verkettung von Entscheidungen ein bestimmtes gestalterisches Verhalten ab. Statt für jedes Problem eine spezifische Lösung zu erfinden, entwickelte Bill für die strukturellen Manipulationen der Behälter eine einzige Regel, wodurch verschiedene Probleme sozusagen auf einen Schlag gelöst wurden.[1]

Die Anlage der HfG besteht somit aus einer Anzahl von Bauvolumen, die durch ihre unverletzbare Fassung einen autonomen Status erlangen. Ihre Uniformität entspricht nicht dem inneren Aufbau, sondern folgt aus der Ueberlagerung zweier Strukturen. Dies erlaubt divergierende Gestaltungsmöglichkeiten: innen eine völlige Freiheit in der Anordnung der Grundeinheit, bei gleichzeitig gesteigerter Uniformität im Äussern. Wenn schon «puristisch», dann - Verzeihung für das Paradox - ist dies die Folge eines Mehraufwands und nicht einer Reduktion.

Bei der Gestaltung der Boxen kam also zum ursprünglichen Differenzierungsgeschäft ein weiteres hinzu. Dieses verhält sich zum ersten gegenläufig, hat keine weitere Zergliederung zum Ziel, als vielmehr Uniformität in der zergliederten Anlage.

Für die Ausfachung der Betonrahmen der Fassade entwickelte Bill ein geometrisches Schema, wonach die quadratische Oeffnung mit drei Metern Seitenlänge in vier waagrechte

---

1 Es gibt innerhalb der ganzen Anlage nur fünf Stellen, wo der äussere Stützenkranz einer Nutzungsbox nicht intakt geblieben ist. Diese befinden sich alle im oberen zentralen Bereich, dem sogenannten «Sägeblatt». Für die Inkonsequenz können zwei Ursachen angegeben werden. Zum einen sah das ursprüngliche Bauprojekt an diesen Stellen versteifende Betonwände vor. Als sich dann herausstellte, dass diese aus konstruktiven Gründen nicht nötig waren, hat man die Pläne nicht richtig abgeändert. Zum andern können einige Inkonsequenzen auch durch die räumliche Verbindung von «Sägeblatt» und oberem Haupteingang erklärt werden.

Schichten und drei stehende Streifen gegliedert wird. Jedes Feld setzt sich aus einem Brüstungs- und einem Fensterelement zusammen. Diese nehmen immer die gesamte Breite eines Feldes ein und besitzen wechselseitig Proportionen von 1:4, respektive 3:4. Die Kanten aller Betonelemente wurden gefast und ergeben an der Fassadenoberfläche ein feines Fugennetz. Die grossen Fensterelemente erfuhren weitere Unterteilungen, denen ein pythagoreisches Dreieck ($a^2 + b^2 = c^2$) zugrunde liegt. Entsprechend erhielten die grösseren, stehenden Fensterflügel Seitenverhältnisse von 1:2, die kleineren, liegenden von 3:4. Des weitern wurde pro Fensterelement eine Belüftungsklappe halb so gross wie ein liegender Flügel dimensioniert, was sich in Seitenverhältnissen von 3:8 niederschlug.

Übersetzt in andere Massverhältnisse sind die allgemeinen Prinzipien der Fassadengliederung an jedem Bau der HfG-Anlage anzutreffen, selbst dort, wo ein anderes Konstruktionssystem eingesetzt wurde. In allen Fällen trennt ein feines, reliefartig vertieftes Liniennetz von Fugen die tragenden von den ausfachenden Betonelementen. Ebenso bleibt für die ausfachenden Fenster- und Brüstungselemente gültig, dass sie jeweils bandartig die ganze Spannweite zwischen zwei tragenden Teilen einnehmen.

Insgesamt ist die Wiederholung ähnlich gestalteter Fassadenelemente eines der herausstechendsten Merkmale der HfG. Dies, wie auch die kubische Erscheinung der Boxen, deutet auf eine Verwandtschaft mit den Bauten des Illinois Institute of Technology von Mies van der Rohe hin. Einzelne Bauten dieser Anlage, so die »Alumni Memorial Hall«, sind in der 1947 erschienenen Monographie von Philip Johnson über Mies van der Rohe erstmals ausführlich dokumentiert worden.[1] Mit Sicherheit dürfte Bill diese Publikation gekannt haben, arbeitete er doch selbst während der Entstehung der HfG an einem Buch über Mies, das 1955 publiziert wurde.[2]

Möglicherweise aber sind die sekundären Unterschiede zwischen den Miesschen und den Billschen Bauten entscheidender als die auffälligen Gemeinsamkeiten. Mies zeigte nämlich nicht

---

1 Johnson: *Mies van der Rohe,* 1947, S.150.

2 Max Bill: *Mies van der Rohe,* 1955.

Ludwig Mies van der Rohe: Alumni Memorial Hall, IIT, Chicago, 1945–46

Max Bill: HfG, Schultrakt, Südfassade, 1953–1955

Gliederungsschema der Fassaden des Hauptgebäudes der HfG

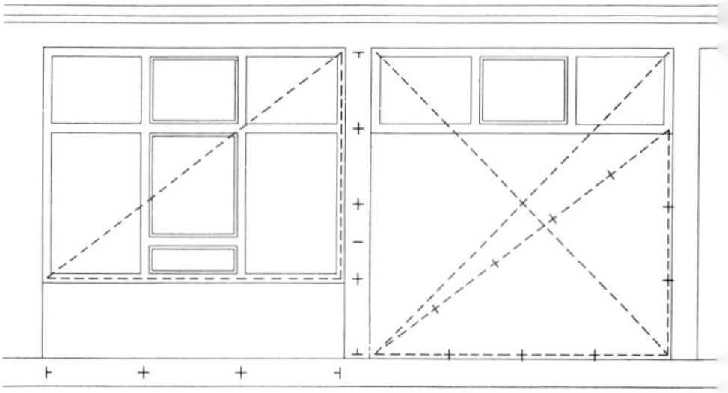

nur die verschiedenen Spannweiten an den Fassaden, er setzte zudem die tragenden Teile plastisch sehr wirkungsvoll von den rahmenden ab. An den Fassaden der Hochschule für Gestaltung sucht man vergeblich nach solch präziösen Stahldetails und raffinierten Lösungen. Alles ist in gesteigerter Form monoton und flächig. Es ist in diesem Zusammenhang wichtig daran zu erinnern, dass sich die rigorose Uniformität nicht automatisch aus den konstruktiven Bedingungen ergeben hat, sondern dass es dazu einer zusätzlichen Regel bedurfte, die dies bewirkte.

3.4 Die Ordnung des Rückgrats

Kann man den Fassadenaufbau der Ulmer Bauten mit dem der IIT-Bauten in Beziehung bringen, so ist dies auf der Ebene der Gesamtanlage nicht mehr möglich. Statt als Elemente in eine rechtwinklig ausbalancierte Komposition eingefügt zu sein, liegen die verschieden grossen Behälter der HfG wie zufällig hingewürfelt herum. Richard Hamilton bemerkte dazu, dass die verstreute Verteilung (»rambling distribution») der hauptsächlich niederen Gebäude es schwierig mache, jemals mehr als eine fragmentarische Sicht des Ganzen zu erlangen.[1] Der monotone Ausdruck, den man von der gleichförmigen Gestaltung der Boxen her erwarten könnte, wird dadurch gebrochen, dass der Komplex unübersichtlich ist und von jedem Standort aus ein überraschend neues Gesicht zeigt. Nur aus der Flugperspektive macht das Ganze den Eindruck, als würde ein riesiger, zusammenhängender, stilisierter Organismus den Hang hinauf- oder hinunterkrabbeln.

Hinter der scheinbar willkürlichen Streuung jedoch steckt, wie Stanislaus von Moos schrieb, eine Präzision, die sich mit Anlagen Schinkels in Berlin messen liesse.[2] So gesehen handelt es sich bei der Neujahrskarte, auf der die HfG-Bauten im Stil des romantischen Klassizismus dargestellt sind, nicht bloss um

1 Hamilton: *Not quite architecture. U-L-M spels HfG,* 17. Juli 1958.

2 von Moos: *Schweizer Architektur: Von der Utopie zur Realität und zurück,* Jan./Feb. 1985, S.79.

Neujahrskarte für 1985 (Claude Schnaidt),

Ansicht von Westen

einen Scherz. Die Verkleidung unterstreicht vielmehr die Kategorie des Pittoresken, welche in Ulm – im Gegensatz zu den rational-geometrischen Ordnungskriterien Mies van der Rohes in Chicago – wirksam war.

Auf der Suche nach jenem gestalterischen Verfahren, das die Bauten der HfG zugleich rationale und pittoreske Züge annehmen liess, ist man auf die beiden Grundstrukturen verwiesen, deren unterschiedliches 'Treiben' in den Vorprojekten von Stufe zu Stufe klarer wurde. Was die Boxen betrifft, vertreten sie die rationale Struktur. Was andererseits die Struktur des Erschliessungsbauwerks betrifft, stellt man fest, dass sie zwar funktional eine zusammenhängende Raumfolge bildet, ohne dies jedoch in einer adäquaten Form auszudrücken. Das Rückgrat besteht statt dessen aus einer losen Sequenz, gebildet aus unterschiedlichst gestalteten Teilen. Es gleicht dabei einer Art tanzender Brücke, wie sie Paul Klee einmal gezeichnet hatte: die einzelnen Brückenjoche haben sich aus dem starren Verband gelöst und suchen nach neuen, unkonventionellen Verbindungen zu den benachbarten Teilen.

Das Erschliessungsbauwerk der HfG besteht teils aus einem Tunnel, teils aus Scharnieren zwischen Baukuben, teils aus einem offenen Gang oder aus grösseren gedeckten Bereichen. Bei den Vorprojekten hatte man noch sinnvollerweise von seiner nicht-orthogonalen, organischen Struktur sprechen können, die sich relativ unabhängig neben der orthogonalen entwickelte. Beim ausgeführten Projekt jedoch zeigt sich nun, dass alle Verbindungsteile stark von ihrer Nachbarschaft geprägt sind. Sie sind aus den spezifischen Bedingungen ihrer Umgebung heraus gestaltet. Wenn man darin weiterhin eine eigenständige Struktur sehen will, so ist diese als Ordnung zu bestimmen, die ohne allgemeine Regel auskommt, gleichsam als 'negative' Ordnung, die von der Abwesenheit übergreifender Regeln gezeichnet ist. Da darin letztlich doch wieder etwas Gemeinsames aufscheint, kann man in diesen Fällen von einer 'ad hoc'-Struktur sprechen, die sich gegenüber den Boxen synthetisierend verhält.

Der räumliche Zusammenhang zwischen Boxen und Erschliessungsbauwerk ist besonders eindrücklich in den beiden grösseren zentralen Bereichen der Anlage gestaltet. Der eine dieser Bereiche bot der ehemaligen Gemeinschaftszone Platz,

Paul Klee: Brückenbogen treten aus der Reihe (1937, Kohle und Rötel auf Tischtuch auf Papier, 42,6×42 cm, Guggenheim Museum New York)

Ansicht vom Dach des Gemeinschaftstrakts her

Ansichten des Werkstatttrakts und
des Erschliessungsbauwerks

während der andere als Verteiler zwischen Werkstatt- und Schultrakt lag. Von aussen wirken sie wie 'Sandwich-Zonen' zwischen primär gesetzten Kuben, von innen dagegen bewirken sie einen anderen Eindruck.

Die Gemeinschaftszone setzt sich aus dem Gangbereich und dessen trichterförmiger Erweiterung zwischen den Boxen für Küche und Mensa zusammen. Der Gang ist zur Hofseite hin verglast und gegenüber der Erweiterung etwa um einen Meter niedriger. Der Versatz zwischen den Deckenplatten wurde für ein Oberlicht genutzt. Küche und Mensa liegen einander schief gegenüber und bilden die seitliche Fassung der Erweiterung. Diese verjüngt sich auf eine verglaste Tür hin, die auf die Terrasse führt und den Blick über Donautal und Alpenkette freigibt. Die Gestalt dieses Bereichs könnte durchaus aus einem Verfahren resultieren, von dem Edwin Walder, der 1952/1953 an der Baueingabe für Ulm zeichnete, sagte, dass Bill es öfters angewendet habe[1]. Dabei wurden gegebene, einfache Grundformen auf dem Plan so lange hin- und hergeschoben, bis «dazwischen etwas passierte». Solchermassen sind die beiden Raumteile zu einer einzigen, positiven Figur verschmolzen.

Unterstützend wirkt dabei die Möblierung durch die Bar in der Mitte der Zone. Sie war bereits in den Projektplänen in der ausgeführten Form vorgesehen. Von all den rechten Winkeln und von all den kargen Einrichtungen vermag sie sich dank ihrer geschwungenen Form markant abzuheben und verleiht so dem Ort eine besondere Bedeutung. Zunächst schwingt die Bartheke wellenförmig entlang des Verbindungsganges. Abschliessend holt sie zu einer fast kreisförmigen Rundung aus und liegt dabei genau auf der Grenze beider Raumteile, dergestalt die Naht dazwischen verstärkend.

Ähnliches lässt sich vom sogenannten «Sägeblatt» sagen, dessen Name sich von der dreieckförmigen Grundrissfläche ableitet, die auf der Hypotenusen-Seite zudem zweifach abgetreppt ist. Dieser Bereich dient als Treppenhaus und ist ringsum von Boxen umgeben, die von aussen gesehen die primäre Setzung zu sein scheinen. Steht man dagegen im «Sägeblatt» selbst, vermögen eine Reihe von Beobachtungen diese Lektüre zu unter-

---

1 Gespräch mit E. Walder im Dezember 1985 in Zürich.

Gemeinschaftsbereich mit Bar

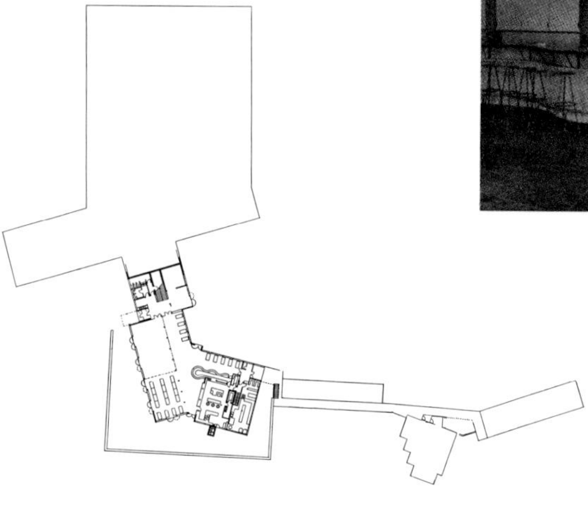

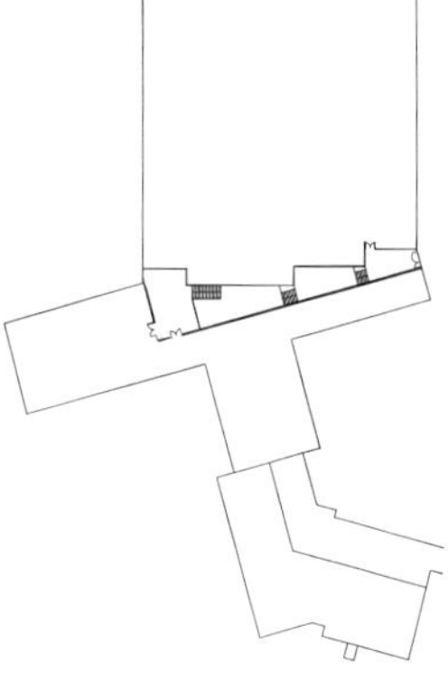

Zentraler Bereich und Treppenhaus («Sägeblatt») im Werkstatt- und Schultrakt

laufen. Die Fassaden der angrenzenden Boxen definieren den Zwischenbereich als inneren Aussenraum. Bernhard Rübenach verglich ihn sogar mit der suggestiven Ausstrahlung italienischer Plätze, wie sie Giorgio de Chirico dargestellt hat.[1]

Tatsächlich sind die Dimensionen dieses Raumes, gerade im Vergleich mit der kleinteiligen Struktur der Boxen, unerwartet grosszügig. Lichtführung und Raumperspektive vermögen ausserdem die Wirkung zu steigern. Dem sich verbreiternden Grundriss entspricht ein ähnlicher Aufriss. Von der Spitze des Dreiecks aus, wo der Raum nur drei Meter hoch ist, ergiesst er sich kaskadenförmig über zwei Stufen hinunter zur Basis, deren lichte Höhe verdoppelt ist. Die Kaskadenstufen werden des weitern durch seitliche Verengungen akzentuiert.

Kenneth Frampton sah in den zentralen Bereichen der HfG eine grösstmögliche Deformation («greatest deformation») am Werk, welche der orthogonalen, modularen Ordnung des Ganzen überlagert werde.

«All concern for ... the logic of aesthetic mesure seems to be sacrificed at this juncture to those distortions as were considered necessary for the accommodation of the public realm or the celebration of the genius loci of the site.»[2]

Daran ist unbestritten, dass eine zur rationalen Struktur der Boxen komplementäre Struktur ins Spiel kommt. Doch deren Geschäft ist die Vermittlung und nicht die Zerstörung. Offensichtlich liess sich Frampton zu sehr von der Verschachtelung der Räume im Kellergeschoss verleiten. Aber dieser Plan ist nicht mit der Anordnung der Boxen auf den Hauptebenen identisch. Es wurde bereits darauf hingewiesen, dass der Stützenkranz der Boxen praktisch nirgends verletzt wird. Entscheidender noch ist in dieser Beziehung, dass Gemeinschaftsbereich und «Sägeblatt» als räumlich inszenierte Figuren gesehen werden können, die den Boxen Halt zu geben vermögen. Sieht es von aussen so aus, als wären die Behälter die primären Elemente der Gestalt, so vermögen die starken Innenräume an zwei Stellen zumindest

1 Rübenach: *Der rechte Winkel von Ulm,* 1989, S.24.

2 Frampton: *On Max Bill,* Oktober 1974, S.156.

diese Vorstellung zu wenden. So entsteht der Eindruck, als wären die «Sandwich-Zonen» von innen her erhärtet worden und würden die eigentlichen Kerne der Anlage bilden.

Ein ähnlicher Umkipp-Effekt der Gestalt, den man dem Prinzip nach von Vexierbildern her bestens kennt, ist auch in Bills «Denkmal des unbekannten politischen Gefangenen» zu beobachten. Der nicht ausgeführte Entwurf entstand 1952, also zeitgleich zur Planung der HfG-Bauten. Bill schrieb im Erläuterungsbericht an die Jury, dass sein Entwurf von zwei Aspekten geprägt sei: nach aussen sei die Gestalt scharfkantig-elementar und geschlossen, innen jedoch vielgestaltig gegliedert und allseits offen.[1] Wie bei der HfG wird hier mit zwei gegenläufigen Lektüren gearbeitet. Allerdings darf dies nicht etwa im Sinne von «ausgeglichenen Beziehungen im Raum» verstanden werden, wie sie Piet Mondrian 1920 von einer neoplastizistischen Architektur gefordert hatte.[2] In den von Bill gestalteten Werken befinden sich die verschiedenen Interpretationen ganz und gar nicht in einem ausgewogenen Gleichgewicht, insofern sie ja nicht simultan erscheinen und sich je nach Standort des Betrachters verändern. Ein- und dieselbe Gestalt ist verwandlungsfähig und führt von aussen zu einer andern Lektüre als von innen. Im Unterschied zu Vexierbildern aber handelt es sich dabei nicht um zwei einander fremde Sachen, die den Anlass zu unterschiedlichen Lektüren geben, sondern nur um unterschiedliche Aggregatzustände der gleichen Sache.

Das Vermittlungsgeschäft zwischen heterogenen Strukturen lässt sich auch an den Übergängen von Erschliessungsbauwerk und Reihenatelierhaus zeigen, an einer Stelle somit, wo ein Element der 'ad hoc'-Struktur mit einem der rationalen Struktur zusammenkommt. Es trifft auch hier nicht zu, dass ein Element bloss das Verbindungsstück zwischen zwei andern, primären darstellt. Vielmehr werden Scharnier und Baukörper zu einer plastischen Einheit verschmolzen.

Der offene Verbindungsgang im Erdgeschoss durchdringt das Atelierhaus in seiner ganzen Länge. Das Obergeschoss liegt

---

1 Bill: *Ein Denkmal,* 1952. Zitiert nach: Hüttinger: *Max Bill,* 1976, S.125.

2 Mondrian: *Neue Gestaltung Neoplastizismus Nieuwe Beelding,* 1974, S.12. (erstm.: 1925)

talseitig auf einer Reihe von acht fassadenbündigen Stützen auf, während es hangseitig auf einem kompakten Kellersockel ruht. Irritierend sind die Übergänge deshalb, weil sie nicht durch Stützen markiert werden. Ausgerechnet jene Teile des Verbindungsganges und des Atelierhauses, welche an der Bildung des Übergangs beteiligt sind, kragen aus. Die Schnittlinie zwischen den beiden Bauten wird zusätzlich dadurch verunklärt, als beim östlichen Anschluss sowohl Bodenbelag wie Deckenuntersicht des Ganges stufenlos durchgezogen wurden. Alles scheint darauf hinzudeuten, den Verbindungsgang als durchgehendes Element erscheinen zu lassen, auf welches sich das Atelierhaus gleichsam wie auf ein Gestell abstützt.

Dabei besitzt das Atelier-Reihenhaus durchaus seine eigene durchkonstruierte Ordnung, innerhalb der der Gang eine ausgesparte Hohlform bildet. Den auf der Vorderseite paarweise zusammengerückten Stützen stehen vier einläufige Treppenaufgänge gegenüber, von denen jeder zwei Ateliers erschliesst. Jede solche Zweispänner-Einheit besitzt als tragende Elemente die beiden seitlich begrenzenden Wände, den Treppenhauskern und an der talseitigen Fassade ein Stützenpaar, dessen Zwischenraum scheibenförmig zugemauert wurde. Die Ateliers sind im übrigen auf zwei verschiedenen Ebenen organisiert. Der eigentliche Arbeitsraum ist gegen Norden gerichtet und wird vom Gang aus direkt über eine einläufige Treppe erschlossen. Mittels eines speziell hergestellten 'Integral-Möbels', das zugleich als Treppe, Schrank und Bett dient, wurde dieser Bereich mit dem etwa um einen Meter höhergelegenen Wohnraum verbunden. Was die formale Lösung der vorderen Fassade betrifft, erinnert sie an Bauten, die Richard Neutra 1942 für die Siedlung «Channel Heights» (USA) geplant hatte und die Bill 1945 in seinem Buch «Wiederaufbau» abbildete.[1] In vergleichbarer Weise stehen dort die tragenden Fassadenstützen ebenfalls nicht an den vorderen äussersten Eckpositionen der Bauten, sondern sind nach innen verschoben und zu Scheiben zusammengefasst.

Beim westlichen Übergang von Atelierhaus zu Scharnier ergaben sich Änderungen, weil der Gang an dieser Stelle seine Richtung ändert und entlang der Stirnwand des Atelierhauses

1 Max Bill: *Wiederaufbau,* 1945, S.66.

Atelierhaus für Studenten, Ansicht von Süden

Erschliessungsbauwerk im Bereich des Atelierhauses

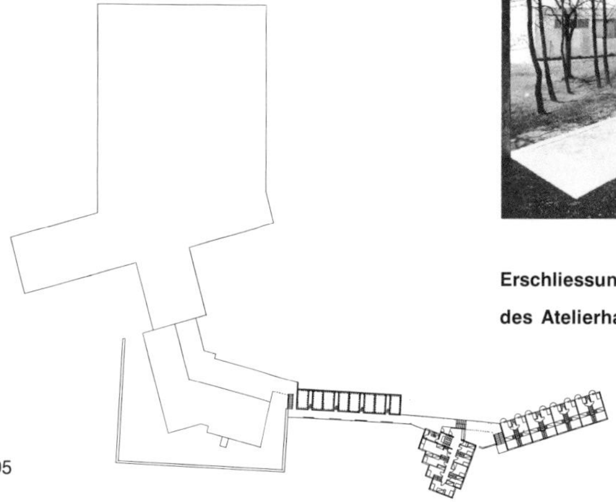

eine Treppe hochführt. Deshalb konnten Bodenbelag und Deckenuntersicht seitlich nicht mehr einfach verlängert werden. Die Bedachung des Scharniers scheint nun Teil der seitlich verlängerten Dachplatte des Atelierhauses zu sein, in Form eines seitlich am Haus angesetzten, auskragenden Vordachs. Die Auskragung an der vorderen Ecke des Atelierhauses wird dergestalt verdoppelt und der Eindruck erweckt, als würde sich das kompakte Volumen des Hauses bei Berührung mit dem Scharnier in ein Gefüge von Scheiben und Platten auflösen oder als ob hier eine raumorientierte und dynamischere Architekturkonzeption die Oberhand über eine eher volumenorientierte und statische gewänne. Gleichzeitig jedoch bleibt mit Blick auf das Ganze ablesbar, dass es sich um ein Zusammentreffen zweier eigenständiger Elemente handelt, die unterschiedlichen Strukturen angehören.

Man kann nun angesichts der Verwandlungen des inneren Zusammenhangs zwischen den Teilen der Anlage auch die Rolle der Vorprojekte besser verstehen. Auf den vorbereitenden Stufen galt es noch, die Typen und Grössen der Bauvolumen – kurz: die quantifizierbaren Bestandteile des Entwurfs – zu bestimmen, zu differenzieren und zu vereinfachen. Das Projekt basiert zwar auf diesen Elementen, es benützt sie jedoch nurmehr als 'lautlose' Mittel, die miteinander in Beziehung treten und in eine höhere formale Komplexität des Ganzen vermittelt werden. Die Beobachtungen, die zur Gestaltung der zentralen Bereiche und der Übergänge gemacht wurden, sind typisch für diese Art von Vermittlungsgeschäft, das dem letzten Entwurfsschritt zugrunde liegt.

Die Frage, was denn nun den Zusammenschluss der Anlage im Projekt gegenüber den Vorprojekten anders macht, lässt sich schliesslich zweifach beantworten. Zum einen wird die Uniformität der Boxen, die bereits in den Vorprojekten angelegt war, durch das konstruktive Grundmodul und durch die monotone Fassadenstruktur verstärkt. Zweitens: konnte man bezüglich der Vorprojekte noch von einer rein dienenden Rolle sprechen, die das anpassungsfähige Rückgrat zu erfüllen hat, so lösen sich im endgültigen Projekt die einzelnen Abschnitte aus dem Verband; stattdessen bilden sie mit den Boxen verschiedenartige lokale Konfigurationen. Was zuvor scharf getrennt nebeneinander lag, ist nun in eine starke Figur vermittelt, ohne allerdings die Teile, aus denen das Ganze besteht, zu verleugnen. Mit Friedrich Schiller könnte man diesbezüglich sagen: «Nur weil das Ganze den Teilen dient, dürfen sich die Teile dem Ganzen fügen.»[1] Die Teile der HfG sind gleich in doppelter Hinsicht in die Gesamtanlage eingebunden: sie finden sowohl von aussen (durch die Topographie) als auch von innen her (durch die Raumgestaltung) Halt. Das resultierende Ganze ist deswegen als komplex zu bezeichnen - in Sinne einer mehrwertigen Ganzheit.

3.5 Ausbau

Für die Ausprägung des architektonischen Konzepts waren die Elemente des Ausbaus von untergeordneter Bedeutung. Denn einzig für die Struktur des Rohbaus trifft zu, dass an sich pragmatische Lösungen zu Trägern einer Thematik aufgeladen werden. Die Ausbauelemente sind diesen Vorgaben ausgeliefert und haben innerhalb des Gerüsts rein funktionale Anforderungen zu erfüllen. Ausserdem musste man sich auch hier auf das absolut Notwendige beschränken. Die einzige Ausnahme diesbezüglich stellt die geschwungene Bar im Gemeinschaftsbereich dar. Aufgrund finanzieller Schwierigkeiten war selbst bei der Eröffung der HfG-Bauten Anfang Oktober 1955 vieles noch unvollendet und bloss provisorisch eingerichtet.

Beim Ausbau wurden ebenfalls billige Materialien ausgewählt, die sich gut mit dem Beton des Rohbaus vertragen. Aus Sichtbeton wurden neben allen tragenden Teilen und Fassadenbrüstungen auch die Treppenwangen hergestellt. Naturlasiertes Fichtenholz diente für die Fensterrahmen, weiss gestrichene Backsteinmauern oder Fichtenholztäfer für die Konstruktion der inneren Trennwände, Asphaltplatten für den Boden, Terrazzo für die Treppenstufen. Eines der Prunkstücke der Installation stellte der von Walter Zeischegg konstruierte Beleuchtungskörper dar. Bestehend aus einer Aluminiumröhre - dem sogenannten «Knochen» - und mit zwei Leuchtstoffröhren bestückt, wurde er im ganzen Hause zwischen die Unterzüge montiert.

1 Schiller: *Über die ästhetische Erziehung des Menschen,* 1965, S.13. (erstm.: 1795)

An der HfG entwickelte Einrichtungsgegenstände: Beleuchtungskörper, Unterlage für Schaumgummimatrazen, Kombi-Möbel in Ateliers, Türklinke, Schrankgriffe, Waschbecken, Hocker

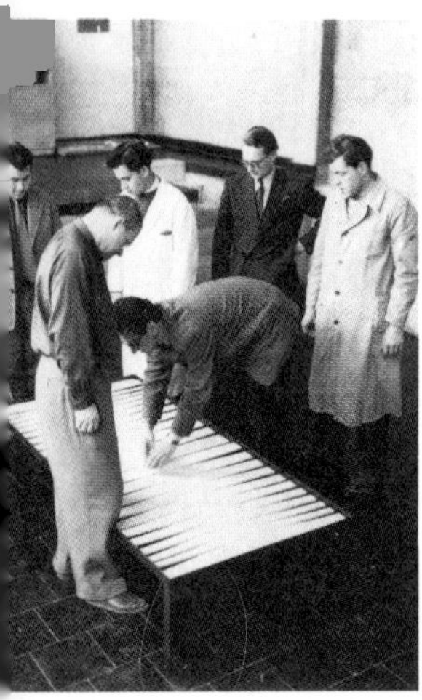

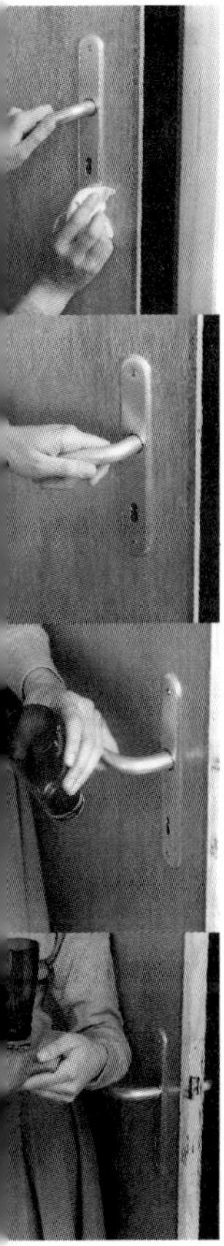

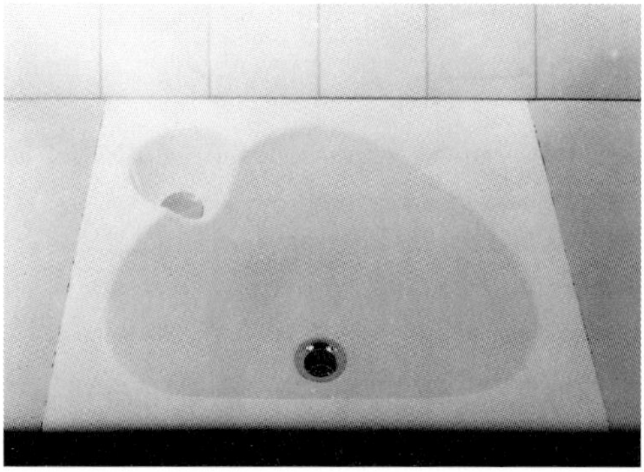

Zahlreiche weitere Einrichtungsgegenstände konnten in den Werkstätten der HfG selbst entwickelt, teilweise dort sogar mit Hilfe von Studenten hergestellt werden. Erwähnt seien hiervon die neuartige Unterlage für billige Schaumgummi-Matratzen (Hans Gugelot), ein Türgriff (Max Bill und Ernst Moeckl), der berühmte Ulmer Hocker (Max Bill und Paul Hildinger), ein Modell eines Waschtischs für die Studentenwohnungen (Walter Zeischegg, Otto Schild), die erwähnten 'Integral'-Möbel, mit deren Hilfe der Geschosssprung innerhalb eines Ateliers ausgenützt werden konnte, und weitere Spezialanfertigungen für Küche und Bibliothek, insbesondere die Bar des Gemeinschaftsraumes.[1] Vor allem die Holzwerkstatt, die Paul Hildinger leitete, wie auch die Abteilungen für Architektur und Produktform waren bis Ende 1955 praktisch ausschliesslich mit HfG-bezogenen Aufträgen eingedeckt.

3.6 2. Etappe

Während der Ausbauarbeiten für die Schul- und Gemeinschaftsbauten wurde im Juni 1954 eine zweite Baueingabe eingereicht. Auf dem Programm stand nun die Realisierung eines weiteren Atelierhauses, einer neu überarbeiteten Variante des Pförtnerhauses, ebenso wie die des Wohnhauses für den Rektor und zweier Doppelhäuser für Dozenten. Der Rest der Wohnbauten – ein Atelierreihenhaus, zwei Wohntürme, mehrere Gästehäuser und sechs Dozentenhäuser – wurde vom Stiftungsrat der Geschwister-Scholl-Stiftung aus finanziellen Gründen auf unbestimmte Zeit zurückgestellt. Die Bewilligung des Ulmer Stadtbauamtes schien diesmal jedoch ernsthaft in Frage gestellt, weil das geplante Haus für den Rektor nicht als «Wesensbestandteil» der Hochschulanlage angesehen wurde.[2] Da die Bauten auf dem Kuhberg neben der amerikanischen Schenkung zum grössten Teil mit öffentlichen Mitteln finanziert wurden, sperrte man sich seitens der Behörden gegen die allzu feudalen Dimensionen

1 Vergleiche dazu: von Seckendorff: *Die Hochschule für Gestaltung in Ulm,* 1989, S. 123.

2 Bauakte: *A, Hochsträss Nr. 16-22.* (Stadtarchiv Ulm)

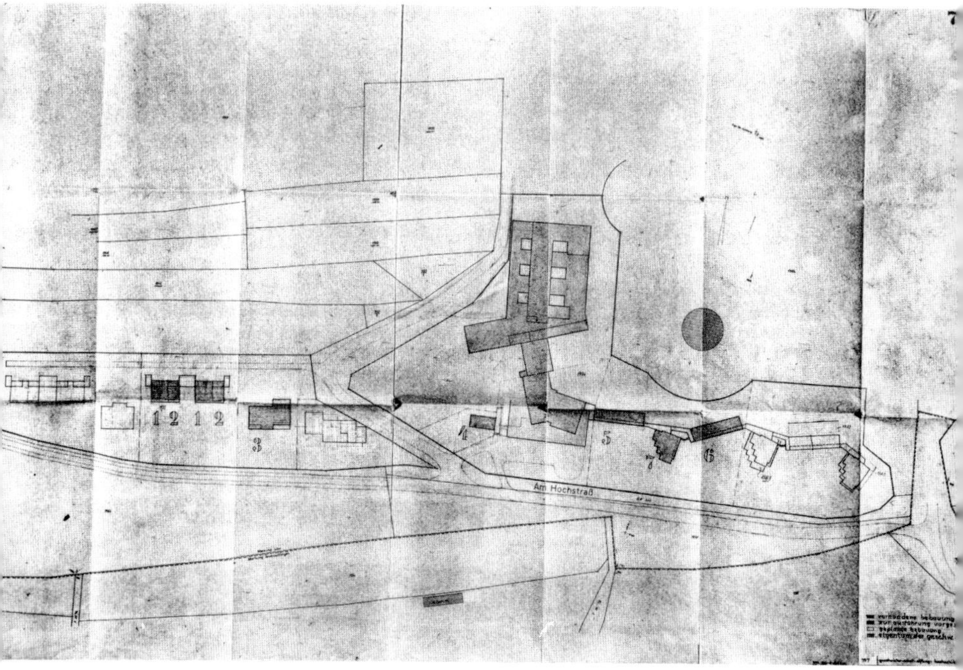

Lageplan der 2. Baueingabe,
2. Juni 1954

dieses Hauses. Mit einer Nutzfläche von 320 m^2 hätte es doppelt so gross wie ein normales Dozentenhaus werden sollen. Die Geschwister-Scholl-Stiftung zog ihr Gesuch, nachdem sie von diesen Vorhaltungen erfahren hatte, zurück und modifizierte es in der Weise, dass anstelle des Hauses für den Rektor ein drittes Doppelhaus für Dozenten zur Ausführung gelangte.

Auch wenn das Haus des Rektors, das Bill für sich selbst plante, unter diesen Umständen nicht ausgeführt wurde, soll dem Projekt ein wenig Aufmerksamkeit zukommen. Interessanterweise lässt sich dabei feststellen, dass die Gestaltung nicht mehr jene komplexe Durchdringung heterogener Strukturen erreicht wie etwa bei den Bauten im Zentrum der Anlage. Sie bleibt gleichsam auf der Stufe der Vorprojekte stehen und besteht allein aus einem Differenzierungsgeschäft, ohne dass die Teile darüber hinaus in eine Einheit vermittelt worden wären. Die Erschliessung wäre hier als zentrales Achsenkreuz von drei Metern Breite angelegt worden. Die Quote der Hauptebene hätte dem Niveau des Terrains auf der Hangseite entsprochen, von wo aus der Zugang vorgesehen war. Zwischen den Erschliessungsachsen wären die nach Nutzung differenzierten Behälter für Schlafbereich, Atelier, Wohnzone und Gästezimmer zu liegen gekommen. Je nach Lage wären sie gegenüber der Hauptebene abgesenkt worden. So hätte ein Arm des Erschliessungskreuzes beispielsweise als Galerie in den Atelierbereich hineingeführt, von wo aus man dann über eine Treppe in den eigentlichen Atelierraum gelangt wäre. Die Nutzungs-Behälter sollten ähnlich wie der Gemeinschaftsbereich auf grosszügige Terrassen gestellt werden, die hinter weit ins Gelände ausgreifenden Stützmauern aufgeschüttet worden wären.

Mit dem Bau der schliesslich drei Dozentenhäuser und eines zweiten Reihenatelierhauses wurde noch im August 1954 begonnen - diesmal termingerecht erst nach Erteilung der definitiven Baubewilligung. Diese Bauten waren unmittelbar vor der offiziellen Eröffnung der HfG im Oktober 1955 bezugsbereit.

Jedes der Doppelhäuser enthält zwei Wohnungen und erstreckt sich über insgesamt fünf aneinandergereihte Felder. Die tragende Konstruktion besteht aus Scheiben, die mit Bimsbetonsteinen gemauert sind und quer zum Hang stehen. Das mittlere Feld kann beliebig der einen oder der andern Wohnung zuge-

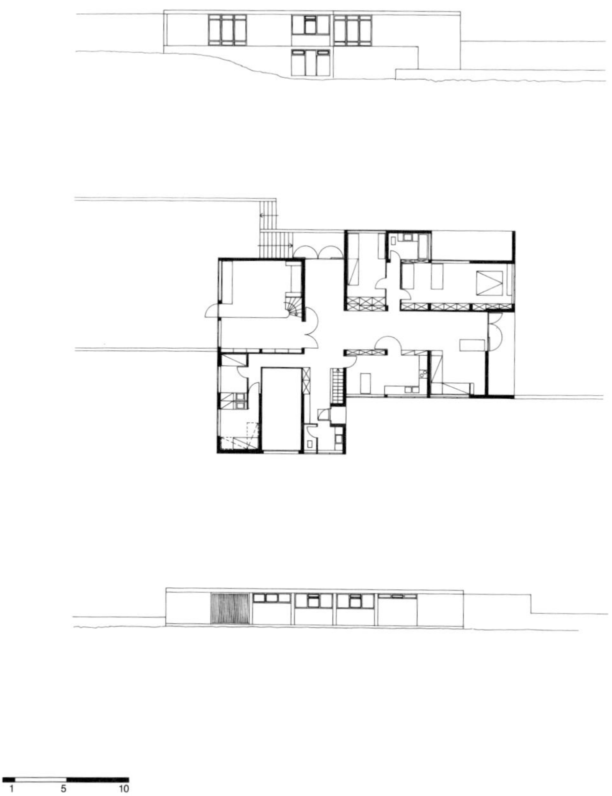

Das Haus des Rektors, Nordfassade,
Grundriss des Hauptgeschosses,
Südfassade, nicht ausgeführt.

schlagen werden. Es enthält gegen Norden gerichtet einen Atelierraum, gegen Süden auf zwei Etagen verteilt einen Wohnbeziehungsweise Schlafraum. Die Eingangsebene, auf der sich ausser dem Entrée auch Küche, Essplatz und Atelier befinden, liegt auf halber Höhe zwischen den beiden nach Süden gerichteten Geschossen. Letztere treten bei jedem Doppelhaus als kompakte Bauvolumen in Erscheinung. Die völlig flächig gestaltete Fassade ist nur gerade an beiden Seiten im Erdgeschoss zurückversetzt, um je einer Loggia Platz zu machen. Die nördliche Ansicht der Lehrerhäuser bietet demgegenüber ein anderes Bild: Eingangsfoyer, Küche, Atelier und die seitlich an die Häuser angebauten Garagen bilden je eigenständige Volumen, die vor- und zurückspringen und auch in ihrer Höhe abgestuft sind.

Die formale Behandlung stimmt in mancher Hinsicht mit jener der zentralen Bauten überein, vor allem was die kubische Erscheinung, die Materialien und das sich in feinen Linien abzeichnende Fugennetz an den beiden Längsfassaden betrifft. Ebenso sind die Ausbauelemente grösstenteils mit jenen der übrigen Bauten identisch. Nebenbei erwähnt sei das Geschirr-Karussell, wahrscheinlich eine der folgenreichsten funktionalen Erfindungen im Rahmen der HfG-Bauten, welches in die Küchenkombinationen eingebaut wurde, um die 'toten' Winkel in den Ecken zugänglich zu machen.

Im Unterschied zu den zentralen Bauten jedoch resultiert die Gestalt der Dozentenhäuser praktisch ausschliesslich aus dem Aneinanderreihen von Baukuben. Auch diese, gleich wie das Projekt für das Haus des Rektors, besitzen nicht mehr jenen Grad an formaler Komplexität, welcher das Zentrum auszeichnet. Während Gliederung und Materialiserung der Bauvolumen sowie ihre topographische Einbettung analog sind, fehlt es bei den peripheren Bauten an der inneren Verkettung von räumlichem und volumetrischem Aggregatzustand.

Alle weiteren, ursprünglich geplanten, aber zurückgestellten Wohnbauten wurden nicht mehr zu HfG-Zeiten ausgeführt. Zwar hatte Herbert Ohl, der in den 60er Jahren die Nachfolge Bills als Leiter der Bauabteilung und später als Rektor antrat, mehrere Versuche unternommen, die Anlage seinen Vorstellungen entsprechend auszubauen. Sie standen alle unter dem Zei-

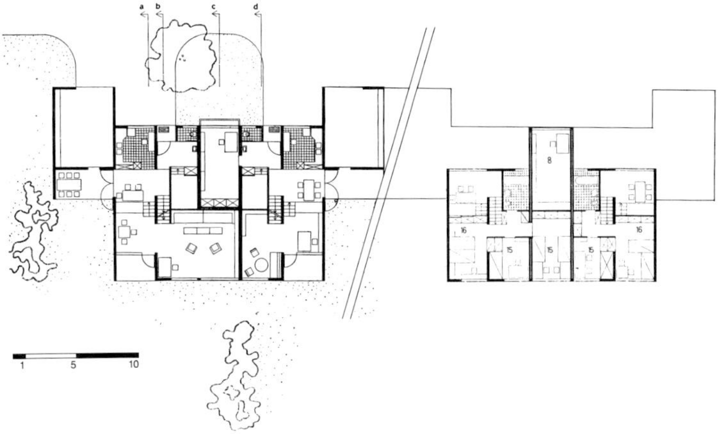

Dozentenhäuser, Grundriss von Erd- und Obergeschoss und Ansicht von Südwesten

chen einer verabsolutierten Bautechnik und stellten diesbezüglich die primitive Ausführung der ersten Bauten in den Schatten. Dafür aber fehlte es an jeglichem Interesse, sich mit der formalen Thematik der ursprünglichen Anlage auseinanderzusetzen.

In den siebziger Jahren wurde die HfG als Ensemble unter Denkmalschutz gestellt und anschliessend zum Teil in äusserst problematischer Weise restauriert. Schliesslich sind auch die noch fehlenden Bauten realisiert worden. Das Reihenatelierhaus und die beiden Wohntürme wurden nach dem Erscheinungsbild ihrer Vorbilder gebaut, obwohl Grundrisse und Konstruktionsweise in keiner Weise mit den ursprünglichen Sachverhalten übereinstimmen. In den späten achtziger Jahren erhielt Fred Hochstrasser von der Geschwister-Scholl-Stiftung, die nach wie vor Besitzerin des Grundstücks war, den Auftrag zum Bau einiger neuer Einfamilienhäuser. Zwar arbeitete Hochstrasser seinerzeit als Bauführer für die Bauten der Hochschule, doch seine Neubauten haben mit jenen, die sie ergänzen sollen, kaum etwas zu tun und können nicht als «Wesensbestandteile» der Gesamtanlage betrachtet werden.

3.7 Zusammenfassung

Zur Entwicklung des Projektes für die HfG-Bauten ist festzustellen, dass die Anfänge in einem rudimentären «Funktionsdiagramm» im Sinne von Hannes Meyer liegen, wodurch die gesamte mögliche Baumasse in verschiedene Teile und Funktionsgruppen zergliedert wurde. Die folgenden Varianten dagegen zeigen immer deutlicher den Versuch, formale Ordnungsprinzipien in diese Auslegung hineinzubringen. Man kann ansatzweise von einer rationalen vis-à-vis einer organischen Grundstruktur sprechen. Schliesslich wurden die beiden Grundstrukturen im ausgeführten Projekt räumlich miteinander in Beziehung gebracht und – vor allem in den zentralen Bereichen – in eine Einheit vermittelt, die nicht homogen ist, weil sie ihre konstruierte Bedingtheit aus den heterogenen Grundstrukturen nicht verleugnet.

Es lässt sich zudem feststellen, dass das inhaltliche Programm nicht einfach in eine bauliche Form übersetzt worden ist. Die funktionalistische Operation diente lediglich zur Mittelbeschaffung für die darauffolgenden Schritte, etwa zur Definition der Räume, ihrer Grösse und Anordung. Zu dieser notwendigen Differenzierung kam ein weiteres Verfahren hinzu, das in keiner Weise einer inhaltlich vorgegebenen Spur folgte und auch nicht von inhaltlichen oder metaphorischen Bedingungen abzuleiten ist. Im Gegensatz zum Differenzierungs-Geschäft kann man dabei sinnvollerweise von einem Vermittlungs-Geschäft sprechen, im Verlauf dessen eben verschiedene Strukturen als heterogene Materialien aufgenommen und in eine formale Einheit vermittelt wurden. Das Vermittlungs-Geschäft bestand vor allem darin, aus Rückgrat und Boxen eine plastische Gestalt als das gemeinsame Dritte herzustellen.

Kapitel IV

Die HfG und das Bauhaus

Als die Bauten der HfG am 2. Oktober 1955 eröffnet wurden, konnte man allenthalben lesen, nun sei die Bauhausidee wieder nach Deutschland heimgeholt worden. Ausnahmen hiervon mögen die Regel bestätigen. So war es der ehemalige Hochkommissar John McCloy, der irrtümlicherweise herzliche Glückwünsche zur Eröffnung der «Hochschule für Politik» nach Ulm schickte. Ähnlich falsch lagen die Beamten der städtischen Betriebe, die die Busse, mit denen die Gäste vom Bahnhof auf den Kuhberg gefahren werden sollten, mit der Aufschrift «Zur Volkshochschule für Gestaltung» versahen. Im allgemeinen aber waren die Erwartungen auf eine Wiedereröffnung des Bauhauses derart gespannt, dass Vergleiche zwischen den beiden Institutionen nicht ausbleiben konnten. Manch einer der Kommentatoren fühlte sich denn auch angesichts grauer Kisten, monotoner Konstruktion, roher Beton-, Backstein- und Bretterwände irritiert. Reyner Banham brachte diesen Eindruck später auf zwei Stichworte: kühl und asketisch.[1]

Es zeigte sich dabei aber auch, dass die deutsche Tagespresse dem Bauhaus nicht ganz so distanziert gegenüberstand, wie dies laut Joachim Petsch in der damaligen Architektur-Fachpresse der Fall gewesen ist.[2] Der Berichterstatter der «Süddeutschen Zeitung» geriet angesichts des leibhaftigen Erscheinens des Gründers des Bauhauses derart in Verzückung, dass ihm Zweifel kamen, ob die anwesenden Studenten «unter der Anleitung» von Max Bill voll begriffen hätten, welches Erbe «grosser europäischer Tradition» Walter Gropius vor ihnen ausgebreitet habe. Die Hoffnung schien ihm «allein durch die architektonisch gefasste Ulmer Umwelt widerlegt zu werden». Und weiter:

1 Banham: *Cool on the Kuhberg,* 21. Mai 1959.

2 Petsch: *Die Bauhausrezeption in der Bundesrepublik Deutschland in den fünfziger Jahren,* 1979.

«Alles was in Ulm getan und gelernt wird, (ist) ein Protest gegen ein Programm, dessen Urheber zum Patron der Schule ausgerufen wurde.»[1]

Tatsächlich zeugen weder die Bauten der HfG noch die beiden Eröffnungsreden von Gropius und Bill von einer reibungslosen Fortsetzungsgeschichte. Im folgenden sollen diese beiden Aspekte beleuchtet werden, um anschliessend den Werkbegriff, von dem aus die Bauten der HfG verstanden werden können, präziser zu fassen.

4.1 Ein Vergleich zwischen den Bauten des Bauhauses und der HfG

In seinem ersten Brief an Gropius nach der Eröffnung im Oktober 1955 kam Bill selbst auf die häufig gestellte Frage zurück, was denn die «beton-zitadelle» auf dem Kuhberg mit dem kultivierten «Bauhaus»-Design zu tun haben.[2] Die Unterschiede führte er auf zeitbedingte und finanzielle Umstände zurück. Demgegenüber fielen die Urteile von Personen aus dem Umkreis von Gropius skeptischer aus. Für sie waren die Bauten in Ulm ungenügend bezüglich technischer Perfektion. Herbert Bayer etwa bemängelte, die Bauten seien feucht und kalt, Wasser würde überall die Betonwände herunterlaufen.[3] Konrad Wachsmann zufolge, der zwischen 1955 und 1957 an der HfG einen Lehrauftrag für Architektur zu erfüllen hatte, war «die baumethode veraltet» und das Ganze stellt «keine architektur, sondern eine notlösung» dar.[4]

Die Stellungnahme von Gropius war gemässigter, doch nicht weniger distanziert. Erstaunlicherweise war die Architektur der HfG kein Thema, worüber sich Gropius und Bill offen

1 Pfeiffer-Belli: *Avantgarde in der Zitadelle,* 8./9. Oktober 1955.

2 Brief von Max Bill an Walter Gropius, 25. Oktober 1955. (Bauhaus-Archiv Berlin)

3 Brief von Herbert Bayer an Walter Gropius, 8. März 1958. (Bauhaus-Archiv Berlin)

4 Zitiert in einem Brief von Max Bill an Walter Gropius, 25. April 1957. (Bauhaus-Archiv Berlin)

miteinander unterhalten hätten. Zwar ist auf einem Photo zu sehen, wie Bill dem Ehrengast der Eröffnungsfeierlichkeiten die Projektpläne zeigt. Aber erst im Frühjahr 1957, als die Zeit Bills in Ulm gezwungenermassen zu Ende ging, legte Gropius Wert darauf, ihm gegenüber seinen Eindruck «direkt und ohne Zwischenträger» mitzuteilen. Die Anlage sei lebendig gegliedert, nur dass ihm «die Details der Aussenseite», so Gropius, «unentschieden erscheinen und zu einer Wirkung führen, die mir zu flach und daher schattenlos erscheint».[1]

Von all den Reaktionen ehemaliger Bauhäusler auf die Architektur der HfG ist wohl jene von Mies van der Rohe die positivste. Im August 1953 war dieser zusammen mit Hugo Häring nach Ulm zu einem Vortrag eingeladen worden. Bei dieser Gelegenheit wurde ihm auch das Projekt für die Bauten auf dem Kuhberg gezeigt. Die offensichtliche Trivialisierung seiner in Amerika perfektionierten Gestaltungsweise einfacher Baukuben schien ihn dabei nicht weiter zu stören. Mies soll den Entwurf als etwas vom Besten bezeichnet haben, was es im Nachkriegs-Deutschland gebe.[2]

Im Gegensatz zu den ersten Besprechungen der HfG-Bauten stand in späteren der Vergleich mit dem Bauhaus in Dessau nicht mehr unbedingt im Vordergrund. An dessen Stelle hatte man in der ADGB-Bundesschule von Hannes Meyer, dem zweiten Bauhaus-Direktor, einen näheren Verwandten gefunden.[3] Inwiefern eine solche Verbindung wohl für die Vorprojekte, nicht jedoch für das definitive Projekt der HfG zutrifft, wurde im letzten Kapitel gezeigt. Wenn hier trotzdem der abgelegenere Bauhaus-Vergleich aufgegriffen werden soll, so nicht, um Ähnlichkeiten aufzuzeigen, sondern eher um bezeichnende Differenzen hervorzuheben. Da Gropius wie Bill jeweils in Doppelfunktion als Architekten wie Gründer ihrer Schulen tätig waren, mag der Vergleich eine Art 'Königsweg' in der Charakterisierung beider Institutionen darstellen und die unterschiedlichen ästhetischen Prinzipien hervorheben.

---

1 Brief von Walter Gropius an Max Bill, 5. Mai 1957. (Bauhaus-Archiv Berlin)

2 Zinkand: *Max Bill und die Ulmer Schule,* 1985, S.43.

3 Etwa: Hoffmann-Axthelm: *Deutschland 1945-1980,* April 1981, S.16;
Seckendorff: *Die Hochschule für Gestaltung in Ulm,* 1989, S.20.

Bauhaus-Gebäude in Dessau

Hauptgebäude der HfG, Ulm
(Photo: Otl Aicher)

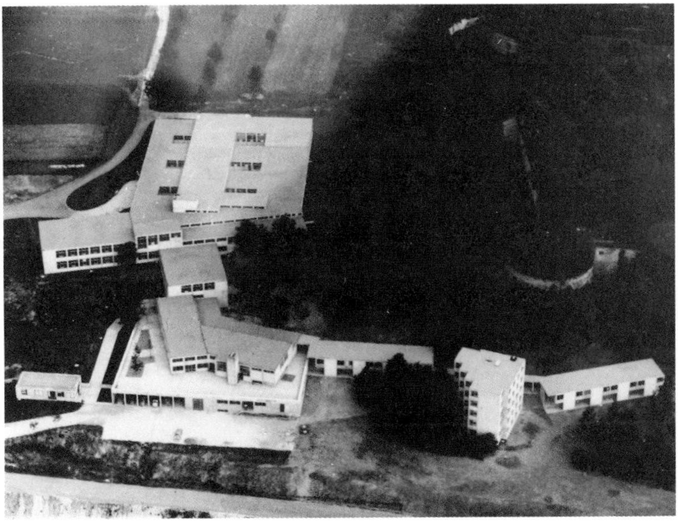

Ausgangspunkt des Vergleichs ist zunächst eine grundlegende Gemeinsamkeit. Der jeweilige Zusammenhang zwischen den Teilen wurde nämlich in beiden Fällen für die vorliegende Aufgabe massgeschneidert, ohne irgendein konventionelles Ordnungsmuster von aussen zu bemühen. Im Sinne der Allegorie – so wie sie von Peter Bürger, bezugnehmend auf Walter Benjamin, definiert worden ist - muss man von einem «gesetzten» Zusammenhang sprechen: «Der Allegoriker fügt die isolierten Realitätsfragmente zusammen und stiftet dadurch Sinn.»[1] Dabei spielt zunächst keine Rolle, ob es sich, wie in Ulm, um eine geschwungen lineare Anordung von Behältern handelt oder um eine rechtwinklig windflügelartige Organisation wie in Dessau. Wichtig ist vorerst einmal nur der Stellenwert der einzelnen Elemente innerhalb des Ganzen. In beiden Fällen muss man den Teilen der Anlage eine gewisse Eigenständigkeit zugestehen.

Ein zweites Kriterium, das sich ebenfalls aus dem Benjaminschen Allegoriebegriff herleitet, betrifft die Herkunft der Elemente: «Der Allegoriker reisst ein Element aus der Totalität des Lebenszusammenhangs heraus. Er isoliert es, beraubt es seiner Funktion.»[2] Diesbezüglich lassen sich nun markante Unterschiede zwischen den beiden Anlagen bestimmen. Die Elemente der HfG sind zwar als solche klar eruierbar, doch ihre Form ist zu allgemein und elementar, als dass sie für Zitate, die aus einem fremden «Lebenszusammenhang» herausgerissen worden sind, gehalten werden könnten.

Demgegenüber wird bezüglich des Bauhauses von den Kritikern allgemein hervorgehoben, dass die Volumen jeweils «je nach dem innern Zweck jedes Teils gegliedert» worden seien.[3] Deswegen erscheinen sie als vereinzelt und sind anhand spezifischer Merkmale identifizierbar: der Werkstattflügel an der gläsernen Vorhangfassade, das Wohngebäude an den Aus-

---

1 Bürger: *Theorie der Avantgarde,* 1974, S. 94.

2 Ebenda: S. 93.

3 Hitchcock: *Architecture. Nineteenth and Twentieth Centuries,* 1958, S. 373. Vergleiche dazu auch: Tafuri, Dal Co: *Architektur der Gegenwart,* 1977, S. 147; Zevi: *Spazî dell' architettura moderna,* 1973, S. 180; Giedion: *Raum, Zeit, Architektur,* 1965, S. 313.

kragungen der Zimmerbalkone und der Schul- und Verwaltungstrakt an den horizontalen Bandfenstern. Diese Elemente sind zwar ebensowenig als Zitate aus früheren Zusammenhängen herausgerissen, können jedoch trotzdem im Sinne von Peter Bürger als isoliert verstanden werden, da sie auf ganz bestimmte Leistungen hin konzipiert wurden. Ausserdem erscheinen sie gleichsam wie zentrifugiert vor allem an der Peripherie des Komplexes und lassen das räumlich verbindende Zentrum eher unbeachtet in den Hintergrund treten.[1]

Fragt man sich weiter, wie denn nun darauf aufbauend der formale Zusammenhang der Anlagen zustande gekommen ist, so zeigen sich sehr verschiedene Strategien. Bezüglich des Bauhauses hat vor allem Giedion festgestellt, dass die Übergänge zwischen den Teilen verschliffen wurden, so dass die Grenzen zwischen den Teilen nicht mehr exakt auszumachen sind. Insofern kann man von einem Zusammenhang sprechen, der zwischen den an sich isolierten Elementen gestiftet worden ist. Hingegen ist der Zusammenhang bei der HfG nicht zwischen den Boxen, sondern vielmehr in ihrer Gestaltung selbst angelegt und zwar gleich in doppelter Hinsicht: einerseits durch die Uniformität der Boxen, andererseits durch die formale Ineinssetzung heterogener Teile und Strukturen. Anders ausgedrückt: eine Komposition wie die des Bauhauses in Dessau zielt auf ein willkürlich gemachtes Ganzes, während sich das Ganze der HfG dadurch auszeichnet, dass die Art des Zusammenfügens von den Teilen selbst ausgeht.

Auf das Bauhaus würde demnach jene Formulierung passen, womit Friedrich Schiller in seiner berühmten kunsttheoretischen Schrift «Über die ästhetische Erziehung des Menschen» die Arbeit der mechanischen Künstler beschrieben hatte. Diesen Künstlern nämlich liege an dem Ganzen nur um der Teile willen. Auf die HfG liesse sich dagegen jene idealistische Vision eines «pädagogischen und politischen» Künstlers beziehen, für den die Teile sich dem Ganzen fügen dürfen, «weil das Ganze den Teilen dient».[2]

---

1 Rowe, Slutzky: *Transparenz*, 1968, S.31.

2 Schiller: *Über die ästhetische Erziehung des Menschen*, 1965, S.13. (erstm.: 1795)

4.2 Kollision am Eröffnungstag

Dass hinter der Schlagzeile vom «neuen Bauhaus»[1] viel von einer gut inszenierten, aber zum Teil auch irreführenden Werbeaktion steckt, konnte man nach der Eröffnung am 2. Oktober 1950 aus zusätzlichen Gründen vermuten. Am offiziellen Festakt ergriffen mit Walter Gropius und Max Bill gerade die Protagonisten jener Institutionen, die skeptischen Vergleichen ausgesetzt waren, nacheinander das Wort. Ihre Aussagen widersprachen sich derart, dass Bill anschliessend von seinen Studenten gefragt wurde, warum er Gropius überhaupt eingeladen habe. Andere wandten sich direkt an Gropius, weil sie glaubten, seine Ausführungen allein gäben ihnen den Rückhalt, den sie sonst nirgends fänden.[2]

Das Thema von Gropius' Vortrag hiess: «Die Notwendigkeit des Künstlers in der demokratischen Gesellschaft»[3]. (Vergleiche Anhang 5a.) Wie er selbst ankündigte, ging es ihm dabei um die Antithese des Logischen und des Magischen - ein Gedanke, der ihm in der Sonne am atlantischen Ufer gekommen sei.[4] Was immer man jedoch gemeinhin unter Demokratie versteht, schob Gropius eher verächtlich als «Gallup poll-Mentalität» beiseite, das heisst als Entscheiden aufgrund von Umfragen, wodurch qualitative Verantwortung auf quantifizierbare Grundlagen abgeschoben werde.

Die wirkliche, reife Demokratie, die er meine, sei ein Zustand, in dem das Seelisch-Traumhafte und das Geistig-Logische ausbalanciert sind. Den Künstlern komme in der Zusammenarbeit mit den modernen Spezialisten die Aufgabe zu, die neuen technischen Formen zu vergeistigen, das heisst: den technischen und konstruktiven Innovationen eine psychologische Dimension hinzuzufügen.

---

1 General-Anzeiger: Wuppertal, 6. Oktober 1955.

2 Brief von Ello und Ermano Delugan an Walter Gropius, 8. Oktober 1955. (Bauhaus-Archiv Berlin)

3 (Walter Gropius: *Die Notwenigkeit des Künstlers in der demokratischen Gesellschaft.) Zur Eröffnung der neuen Gebäude der 'Hochschule für Gestaltung', Ulm.* September 1955. (Bauhaus-Archiv Berlin)

4 Brief von Walter Gropius an Max Bill, 1. August 1955. (Bauhaus-Archiv Berlin)

Eröffnung der HfG-Bauten am 1. und 2. Oktober 1955: Flaggenschmuck und Walter Gropius als Gast mit Max Bill und Inge Scholl

Die entscheidenden Stichworte für das, was Gropius von seinem Bauhaus an die HfG weitervererben wollte, waren «Vermenschlichung der Maschine» und «neue Lebensform». Um diese beiden Ziele zu verwirklichen, ist nach Gropius die grösstmögliche Unabhängigkeit erforderlich, damit die Experimente nicht vom Willen des Volkes (=«Formprodukt von Gewohnheit und Beharrungsvermögen») aufgehalten werden können.

Nichts hätte sich von diesen Empfehlungen deutlicher abheben können, als was unmittelbar danach zu hören war. (Vergleiche Anhang 5b.) Bill begann seine Rede mit einer schlichten Aufzählung der während den ersten beiden Schuljahren geleisteten Arbeiten.[1] Bill zählte bloss handfeste Auftragsarbeiten auf, die sich im Zusammenhang mit den eigenen Bauten oder auf Bestellung ergaben. Kein Wort jedoch über irgendwelche utopischen und zukunftsweisenden Experimente, die hinter noch abgeschlossenen Türen entstehen sollten. Seine abschliessenden Bemerkungen enthielten sogar gezielte Spitzen gegen das Bauhaus und die dahinterstehende idealistische Attitüde, die gerade wenige Augenblicke zuvor neuerdings durch Gropius bekräftigt worden war. So etwa sprach Bill von der Gefahr, durch brillante Lösungen verführt und von der Gestaltung alltäglicher Güter abgelenkt zu werden - eine Gefahr, der auch «bekannte Institutionen» erlegen seien. Das Ziel der «Hochschule für Gestaltung», so wie er es sah, fasste er im Satz zusammen:

> «Es gibt auf der ganzen Welt keine Institution, die in gleicher Weise, mit gleicher Konsequenz dasselbe Ziel verfolgt wie das Team unserer Hochschule, nämlich ohne unlautere Nebenabsichten am Aufbau einer wirklichen Kultur des täglichen Lebens unseres Zeitalters zu arbeiten.»[2]

Die «unscheinbaren Dinge», die bisher ein Aschenbrödel-Dasein unter den Gegenständen gefristet haben, sollen nicht etwa ihrer Gewöhnlichkeit entledigt werden, sondern - wenn man der Argumentation Bills folgt - gerade als unscheinbare Dinge in acht genommen werden. Deshalb die Warnung vor den

---

1 Bill: *Aufgabe und Ziel der Hochschule für Gestaltung,* 1. Oktober 1955.

2 Ebenda

«brillanten Lösungen». Gewöhnliche Dinge haben keinen Führungsauftrag auf etwas Ideales oder auf eine «neue Lebensform» hin, sondern erfordern eine unbedingte Hingabe an die jeweiligen pragmatischen Voraussetzungen, die in jeder Aufgabe stecken.

Die entsprechenden Verfahren, die für diese «in die Breite gehende Kultur» grundlegend sind, hat Bill andernorts ausführlicher besprochen.[1] Erstaunlich ist dabei, dass sie keineswegs von künstlerischen Verfahren unterschieden werden. Ganz im Gegenteil: alle Dinge, ob Gebrauchsgegenstand oder Kunstwerk, benötigen für ihr Erscheinen in der Wirklichkeit materielle und funktionale Voraussetzungen. Die Gattungen unterscheiden sich nur relativ nach Massgabe des Gebrauchs und des Materials. In diesem Sinne kann Bill von der geistigen Funktion der Kunstwerke sprechen. Gestaltung im allgemeinsten Sinne versteht sich so folgenderweise: erstens sind die jeweiligen «wahren Sachverhalte» in acht zu nehmen, und zweitens sind diese in eine formale Einheit zu vermitteln. Diese Einheit ist dergestalt allein an das Treiben der inhärenten Elemente geschmiedet und hat nichts zu scheinen oder spielen als ihre eigene Konstruiertheit.

Gropius mussten solche Vorstellungen wie die Ausrufung einer «mechanischen Anarchie» vorgekommen sein, vor welcher er die Massenproduktion durch insgeheim vorbereitete Veredelung und Vergeistigung industrieller Formen gerade hätte bewahren wollen.[2] Der fehlende Glanz aber der Bauten auf dem Kuhberg, wie auch aller anderen Produkte, die dort entstanden sind, war nicht bloss Folge eines materiellen Mangels, sondern auch eines neuen Wirklichkeitssinns. Es hat dies zu tun mit einer veränderten Auffassung bezüglich der Beziehungen zwischen Gestaltern und ihren Aufgaben, zwischen Kunst und Leben. In der Welt von Gropius verfügen die Gestalter noch souverän über Formen und Bedeutungen. Künstlerisches (und Magisches) sollte auf die an sich nüchternen Dinge der Massenkultur angewendet werden. In der Welt, wie Bill sie sieht, haben die Künstler diese Hoffnung oder Anmassung aufgegeben. Sie haben gelernt, in

1 Bill: [Form, Funktion, Schönheit] = [Gestalt], 1956; Bill: *Form,* 1952; Bill: *Umweltgestaltung nach morphologischen Methoden,* November 1956.

2 Gropius: *Meine Konzeption des Bauhaus-Gedankens,* 1956, S.16.

der Sprache der Gegenstände und mit den Mitteln der Gegenstände zu sprechen. Das ästhetische Verfahren wird nun vom Objekt bestimmt, handle es sich dabei nun um ein Kunstwerk oder einen Telephonapparat. Inhalte werden so nicht mehr in die Werke hineingelegt, sondern aus den den Dingen innewohnenden Mitteln herausgeholt.

4.3 Zwei Konzeptionen der ästhetischen Einheit

Trotz der Kollision von Aussagen in den Festreden, trotz der vielsagenden Unterschiede der Bauten von Dessau und Ulm haben die Nachfolger Bills versucht, die «Aera Bill» (1953–1957) an ihrer eigenen Schule mit der «Aera Gropius» am Bauhaus gleichzusetzen. Hauptsächlich Tomas Maldonado, von Bill nach Ulm geholt und seit 1956 Mitglied des Ulmer Rektoratskollegiums, später auch mal alleiniger Rektor, war es, der die neue Erziehungs-Direktive auf einen «wissenschaftlichen Operationalismus» aufbaute und sich so ausdrücklich von der künstlerisch-subjektiven Grundhaltung des Bauhauses distanzierte.[1] Mit der gleichen Begründung wurde auch die Ablösung Bills gerechtfertigt.[2]

Dem Versuch, eine geistige Allianz zwischen Gropius und Bill zu bilden, ist man bis heute eher gefolgt, als dass man ihm widersprochen hätte.[3] Die Behauptung wirft jedoch einige schwer zu beantwortende Fragen auf. Wohl trifft es zu, dass Bill das Herzstück des Bauhauses, die pädagogische Grundkonzeption, zu Beginn sogar mit Bauhäuslern als den Dozenten für die HfG übernommen hatte. Doch genügt diese Tatsache allein, um eine allgemeine wahlverwandtschaftliche Verbindung zu einer

1 Maldonado: *Neue Entwicklungen in der Industrie und die Ausbildung des Produktgestalters,* Oktober 1958, S.29.

2 Brief von Helene Nonné-Schmidt an «piussens» (Ise und Walter Gropius), 22. Dezember 1957. (Bauhaus-Archiv Berlin)

3 Aicher: *Die Hochschule für Gestaltung. Neun Stufen ihrer Entwicklung,* 1975, S.14; Frampton: *Ulm. Ideologie eines Lehrplans,* 1975, S.26; Hamilton: *Ulm,* Juni 1959; Banham: *Design by choise,* 1981, S.46. Meurer, Vinçon: *Industrielle Ästhetik,* 1983, S.178; Korrek: *Die Hochschule für Gestaltung,* 1985, S.106.

ganz bestimmten Phase des Bauhauses zu beweisen? War es nicht Bill, der sich von Anfang an eher auf das Bauhaus unter Hannes Meyer bezogen hatte, auf jene Phase also, die er ja selbst als Schüler in Dessau miterlebt hatte? Kann man von einer «künstlerisch-subjektiven Grundhaltung» in Ulm sprechen, wenn man in Betracht zieht, dass dort niemals Künstler vom Range eines Kandinsky, Klee oder Moholy-Nagy beschäftigt, ja nicht einmal gesucht worden sind? Wie könnte sich die Ulmer Hochschule unter Bill tatsächlich auf die künstlerischen Aktivitäten des Bauhauses berufen wollen, ohne ein entsprechendes Gegenstück zu dessen Koryphäen anzubieten?

Im Gegensatz zu Maldonado hat Karl-Heinz Krug 1962 in einem ersten, ausführlichen Vergleich der Lehrprogramme von Dessau und Ulm festgestellt, dass «die identifizierung mit der künstlerischen tradition des bauhauses (...) bereits bei beginn der ulmer schultätigkeit nicht gewünscht» worden war.[1] Und Bill liess bereits 1952 Studienbewerbern in einem öffentlichen Brief mitteilen, dass man an der HfG nicht Maler werden könne.[2] Um die Frage der Kunst entwickelte sich damals sogar eine Kontroverse mit dem dänischen Künstler Asger Jorn. In der Nachfolge der «Cobra»-Gruppe gründete dieser 1953 die «Internationale Bewegung für ein imaginäres Bauhaus», um im bewussten Gegensatz zu den Tendenzen an der HfG das Erbe des Bauhauses in Sinne einer freien künstlerischen Tätigkeit weiterzuführen. Bill antwortete Jorn in einem Brief vom Dezember 1953:

> «Wir in Ulm betrachten die zur Diskussion stehende Kunst unter einem anderen Gesichtspunkt als das alte Bauhaus, bei dem der Ausdruck der eigenen Persönlichkeit wesentlicher Teil der Form war.»[3]

Aus diesen Gründen kann man sich des Eindrucks nicht erwehren, es handle sich bei der Konstruktion einer Allianz

---

1 Krug: *Hochschule für Gestaltung in Ulm,* 1962, S.44.

2 Bill: *Bei uns kann man nicht Maler werden,* 11. September 1951.

3 Bill zitiert in: Jorn: *Plädoyer für die Form,* 1990. (franz.: 1958). Vergleiche dazu: Stone: *The Ulmer Hochschule für Gestaltung: Ideology and Methodology,* 1989, S.20.

'Bill-Gropius' um eine Hilfskonstruktion, dank der sich die Nachfolger selbst in Verbindung mit Hannes Meyer, dem Nachfolger von Gropius am Bauhaus, bringen wollten. Noch mehr: Es lässt sich eher umgekehrt nachweisen, dass sie ihre eigene Distanz zu Gropius im wesentlichen von Bill übernommen hatten, allerdings mit andern Schlussfolgerungen. Was Maldonado 1958 in seinem Vortrag prinzipiell über das Bauhaus sagte, war zuvor schon in einem Artikel abgehandelt worden, den Bill 1952 unter dem Titel «Bauhaus-Chronik. Vom Bauhaus in Weimar zur Hochschule für Gestaltung in Ulm» veröffentlichte[1]. (Vergleiche Anhang 3.)

In dieser ersten öffentlichen Standortbestimmung der HfG stellte Bill das Bauhaus zunächst als eine äusserst wichtige Voraussetzung für die Ulmer Gestaltungsschule dar. Doch habe es die Zeit damals noch nicht erlaubt, gegen die Gefahr einer «unbewussten Kunstgewerblichkeit» gefeit zu sein.[2] In dieser Beziehung griff Bill seinerseits auf eine Kritik Meyers an der «Bauhaus-Mode» zurück, die dieser bei der Amtsübernahme 1927 äusserte.[3]

Von einem solchen Bewusstseinswandel innerhalb des Bauhauses zeugt auch ein polemischer Artikel Ernst Kallais in der «Weltbühne». Kallai, mit dem Bill nach seiner Bauhaus-Zeit korrespondierte, meinte unter anderem, dass nun jeder Bescheid wisse: «Wohnung mit viel Glas und Metallglanz: Bauhausstil. Desgleichen mit Wohnhygiene ohne Wohnstimmung. Stahlrohrsesselgerippe: Bauhausstil. Lampe mit vernickeltem Gestell und Mattglasplatte als Schirm: Bauhausstil», usw.[4] Wenige Jahre der Praxis hätten genügt – so fährt Kallai fort –, um diese Erzeugnisse selbst in den Augen des Bauhausnachwuchses als überwundenes Kunstgewerbe blosszustellen.

1 Bill: *Bauhaus-Chronik. Vom Bauhaus in Weimar zur Hochschule für Gestaltung in Ulm,* 22. Dezember 1952.

2 Ebenda: S.15.

3 Maldonado: *Neue Entwicklungen in der Industrie und die Ausbildung des Produktgestalters,* Oktober 1958, S.29; Winkler: *Der Architekt Hannes Meyer,* 1989, S.115.

4 Kallai: *Zehn Jahre Bauhaus,* Januar 1930.

Einige weitere Argumente jedoch, die sich ebenfalls in diesem ersten grösseren Artikel über die HfG finden, legen nahe, dass sich Bills Position nicht völlig mit derjenigen Meyers deckt. Mit der inhaltlichen Konzeption der HfG verhält es sich gleich wie mit den Bauten: für die HfG sind Meyers Auffassungen nichts als Durchgangs-Stationen auf dem Weg zu einer umfassenderen Lösung. Meyer wäre bestimmt nicht damit einverstanden gewesen, dass «der freien Kunst das Primat (...) innerhalb der Gestaltung zukomme», wie Bill schrieb. Und ebenso nicht mit Aussagen wie: die autonomen Werke der Kunst seien «Anregung und Mass für alle andern schöpferischen Gestaltungen», die Kunst sei als «höchste Ausdrucksform des Lebens» zu betrachten und man erstrebe, «das Leben als ein Kunstwerk einzurichten».[1]

Es mag dabei der Eindruck entstehen, als würde Bill mit solchen Ansichten geradewegs in eine neue Form von Kunstgewerblichkeit hineinführen. Wenn man jedoch beachtet, was genau Bill an der Kunst interessiert hat, kann von einer solchen Gefahr nicht die Rede sein. Kunst darf demzufolge nicht als symbolische Überhöhung missverstanden werden, sondern ist ein Synonym für ein bestimmtes gestalterisches Verfahren. Gropius ging es darum, neue Lebensinhalte in die Massenkultur einzuführen, während Bill lediglich die gestalterische Behandlung - die Einrichtung eben - der wie auch immer definierten Lebensinhalte meint. Statt die Bedürfnisse selbst zu verändern, soll ihnen mittels einer Methode, die innerhalb der Kunst in Reinform gepflegt wird, besser entsprochen werden. Daraus folgt, dass der fatale Graben zwischen Kunstwerken und Gebrauchsgegenständen zugeschüttet würde. Um diese «Integration der Kunst ins tägliche Leben» zu illustrieren, wählte Bill in einem andern Zusammenhang bezeichnenderweise das Werk von Marcel Duchamp.[2] Allein diese Wahl mag deutlich machen, dass Bill nicht an formalen Ähnlichkeiten oder symbolischen Darstellungen interessiert war, sondern an einer grundlegenden Analogie, die im Verfahren steckt.[3]

---

1 Bill: *Bauhaus-Chronik,* 22. Dezember 1952, S.15.

2 Bill: *Zu Marcel Duchamp,* 1960, S.10.

3 Böhlen: *Material, Medium und Methode,* 1990.

Über das gestalterische Verfahren, das nun in Analogie zur zeitgenössischen Kunst auch in Architektur und Produktgestaltung angewendet werden kann, gibt insbesondere ein Vortrag Bills aus dem Jahre 1956 Aufschluss. Gelegenheit dazu bot eine gemeinsame Tagung des Deutschen und Schweizerischen Werkbundes, zu welcher die HfG eingeladen hatte. Der Vortrag kann als das umfassendste theoretische Vermächtnis Bills verstanden werden, das er kurz vor seinem Abgang aus Ulm der HfG hinterliess. Die Ausführungen bezogen sich auf das Thema «Umweltgestaltung nach morphologischen Gesichtspunkten»[1]. (Vergleiche Anhang 6.)

Die Morphologie wurde um 1800 von Karl F. Burdach (1776–1847) als wissenschaftliche Methode zur systematischen Erfassung aller Elemente und ihrer Kombinationsmöglichkeiten entwickelt. Unter den zahlreichen Anwendungen der Methode ist im Hinblick auf Bill vor allem der Beitrag des Schweizer Astronomen Fritz Zwicky (1898–1974) wichtig. Dieser erweiterte ihre Anwendbarkeit auf den Bereich der Technik, und zwar als ein nicht bloss systematisierendes, sondern als schöpferisches Mittel zur Findung bislang unbekannter Lösungen.

Bill ging noch einen Schritt weiter, indem er die Methode auch für gestalterische Verfahren fruchtbar zu machen versuchte. Das morphologische Verfahren sollte demnach damit beginnen, die verschiedenen Komponenten einer Aufgabe und ihre Abhängigkeiten voneinander zu systematisieren. Daraus gelte es dann, mit Hilfe von gleichzeitig entwickelten Kriterien, die optimale Möglichkeit auszuwählen, wobei individualistische Vorlieben weitestgehend ausgeschlossen werden sollten.

Rückblickend scheint dieser Verfahrensschritt genau auf die Arbeit an den Vorprojekten für die Bauten der HfG anwendbar zu sein. Auf dieser Stufe ging es ja gerade um nichts anderes, als die Mittel bereitzustellen und den inneren Aufbau zu vereinfachen, bis sich schliesslich zwei Ordnungen herauskristallisierten. Bill wies in seinem Vortrag auch darauf hin, dass die morphologische Methode, wenn teilweise auch unbewusst angewandt, für seine künstlerischen Arbeiten von grosser Bedeutung ist:

---

1 Bill: *Umweltgestaltung nach morphologischen Methoden,* November 1956.

«ich habe seit einiger zeit versucht, die morphologie auf den ästhetischen prozess anzuwenden. ein grosser teil meiner bilder und plastiken wäre ohne die untersuchung der möglichen und wahrscheinlichen gestalten gar nicht denkbar und sind gerade darin in beschränktem ausmass ein beweis für die anwendbarkeit der morphologie.»[1]

Sind solchermassen erst einmal die weitgehend objektivierbaren Grundlagen geschaffen, die einem Sicherheit in der Behandlung der Aufgabe geben sollen, so folgt als nächster Schritt die Gestaltung einer ästhetischen Einheit. Bill liess offen, ob sich dieser je würde rational fassen lassen. Wenn jedoch diese ästhetische Komponente zur 'conditio sine qua non' von Kunstwerken gehört, so sei sie darüber hinaus auch bei jedem Gegenstand, bei dem in erster Linie praktische Funktionen berücksichtigt werden müssen, im Spiel. Dementsprechend liess sich ja auch zeigen, dass der letzte Projektierungsschritt für die HfG in eben einer solchen Vermittlung bestand. Der Anteil des Ästhetischen müsse, so Bill am Ende seines Vortrags, intensiviert werden, damit die morphologisch differenzierten Elemente in einer Einheit eingerichtet werden können.

Ausführlicher widmete sich Bill diesem zweiten, vermittelnden Schritt in einem weiteren Beitrag, der ebenfalls zu seinem Ulmer Vermächtnis gezählt werden darf. Er ist im Herbst 1956 erstmals erschienen, und zwar im Katalog zur Bill-Ausstellung im Ulmer Museum. Die entscheidende Passage darin lautet:

«da form die: [summe aller funktionen in harmonischer einheit] bedeutet, und: [form = kunst + schönheit] ist, liegt der schluss nahe, dass auch kunst, als die [summe aller funktionen in harmonischer einheit] definiert werden kann, und desgleichen schönheit.

dies ist ein schwer zu erreichendes ziel; denn die qualität der form, wie die schönheit, sind relativ. das soll uns aber nicht daran hindern, einem idealzustand zuzustreben, in dem alle erscheinungen, vom kleinsten gegenstand bis zur stadt in gleicher weise: [summe aller funktionen in harmonischer ein-

---

1 Ebenda: S.4.

heit] = [gestalt] sein werden und somit zum selbstverständlichen bestandteil des täglichen lebens. diesen zustand dürfte man dann kultur nennen. dahin streben wir.»[1]

Entsprechend den beiden miteinander gekoppelten Verfahrensschritten – Differenzierung und Vermittlung – sind alle jene «unscheinbaren Dinge» gestaltet, die in der relativ kurzen Zeit unter Bills Leitung an der HfG entstanden sind. Man hatte sich in Ulm geradezu einen Sport daraus gemacht, die Schwierigkeiten der Aufgabenstellung zu erhöhen, indem die rationalisierbaren Komponenten fast ins Surreale gesteigert wurden. So galt es etwa, nicht nur eine, sondern gleich mehrere und zum Teil ausgefallene Gebrauchsmöglichkeiten zu berücksichtigen. Der berühmte «Ulmer Hocker» beispielsweise sollte nicht nur zum Sitzen – und zwar auf zwei verschiedenen Höhen – dienen, sondern zugleich auch überall hin mitgenommen werden können und dabei als Transportmittel für Bücher und anderes nützlich sein.[2] Oder bei der Entwicklung eines Türgriffs wurde beispielsweise auch daran gedacht, dass man unter Umständen zum Öffnen einer Türe keine Hand frei hat und die Klinke deshalb anderswie drücken muss. (Vergleiche Abbildung Seite 109.) Gleichwohl ist jeweils versucht worden, dieses selbstgemachte Gestrüpp von Anforderungen mit einem Minimum an Mitteln, mit möglichst wenig Aufwand zu bewältigen. Die Vielzahl der Anforderungen und die Reduktion der Mittel sind zwei gegenläufige Tendenzen, die oft zu verblüffend einfachen Lösungen geführt haben.

Von einem solchen Verständnis des gestalterischen Verfahrens aus gesehen sind das Malen eines Bildes, das Entwerfen eines Baus, das Herstellen eines Gegenstandes verwandte Tätigkeiten. Die gattungsspezifischen Unterschiede müssen deswegen nicht geleugnet werden, aber über diese hinausgehend ist in jeder Aufgabe die Formel «[Form, Funktion, Schönheit] = [Gestalt]» anwendbar.[3]

---

1 Bill: *[Form, Funktion, Schönheit] = [Gestalt],* 1956, S. 19/20.

2 Weinberg-Staber: *Zum Ausstellungskapitel III, Hocker (Sitze),* 1983, S. 154 ff..

3 Bill: *[Form, Funktion, Schönheit] = [Gestalt],* 1956, S. 20.

Der Begriff der «Einheit» wurde von Gropius wie von Bill im Zusammenhang mit der Kunst gebraucht. Der eine verstand darunter etwas (Zeit-)Geistiges, der andere gebrauchte ihn im Sinne eines ästhetischen Prinzips im Umgang mit heterogenen Mitteln und Funktionen. Statt einer stilistischen Einheit oder einer Integration ins Gesamtkunstwerk wie bei Gropius geht es bei Bill um die Individualität eines Gegenstandes, die in der Einheit seiner Mittel und Funktionen begründet liegt.

4.4 Utopie oder Pragmatismus

Es stellt sich in diesem Zusammenhang natürlich die Frage, wie relevant sowohl in kultureller als auch politischer Hinsicht, ein solches gestalterisches Verfahren überhaupt sein kann. Immerhin ist etwa der Begriff «Bauhaus» schon von Anfang an ein Reizwort gewesen, das je nach Weltanschauung höchst unterschiedlich bewertet worden ist.[1] Demgegenüber wird die HfG, insbesondere die erste Phase (1953–1956), als neutral wenn nicht gar als gesellschaftlich konform betrachtet. Borngräber trifft das allgemeine Urteil ziemlich genau, wenn er meint, dass die HfG der «Versuch einer Vergangenheitsbewältigung mit amerikanischer Hilfe» gewesen sei.[2] So etwa interpretiert Seeling den Machtwechsel innerhalb der Ulmer Aufbaugruppe vom politisch engagierten Literaten Werner Richter zum 'neutralen' Künstler Bill als Parallele zum politischen Restaurationskurs in Deutschland.[3] Ausserdem trifft das Diktum von Günter Grass von der Gegenstandslosigkeit der nicht-gegenständlichen Kunst sowohl Bill wie auch die von ihm geleitete Schule.[4]

Solche Pauschalurteile freilich werden den spezifischen politischen Umständen, unter denen die HfG gegründet worden ist, nicht gerecht. Zum einen waren es ja in diesem Falle die Amerikaner selber, die sich eine politische Schule gewünscht hätten.

1 Herzogenrath: *Bauhaus Utopien,* 1988, S.11.

2 Borngräber: *Stil nuovo: Design in den 50er Jahren,* 1979, S.25.

3 Seeling: *Geschichte der Hochschule für Gestaltung Ulm.* 1953–1968, 1985, S.36.

4 Grass: *Geschenkte Freiheit. Versagen, Schuld, vertane Chance,* 10. Mai 1985.

Zum andern gehörten die politischen Utopien der künstlerischen Avantgarden zu jenen Inhalten, die durch Krieg wie Wiederaufbau gleichermassen Schaden genommen haben.[1] Auf diese Situation hatte die HfG in allererster Linie eine Antwort zu finden. Die Devise vom «weitersein-wollen» signalisierte unter anderem auch eine Absage an jeden utopischen Imperativ betreffend der Hoffnung, «von der Kunst aus eine neue Lebenspraxis zu organisieren».[2]

In den Programmen der HfG fehlen von Anfang an alle Versprechungen dieser Art. Die Ulmer Hochschule verstand sich zumindest in der Anfangsphase (1953–1957) nicht mehr als ästhetische oder industrielle Vorhut, die das jenseits der Gestaltung liegende Territorium der Lebenswelt zu besetzen trachtete.

Wie zum Trotz, mag es scheinen, habe sich Bill in dieser Situation auf ästhetische Kategorien zurückgezogen. Kunstwerken ebenso wie «unscheinbaren Dingen» soll die volle Aufmerksamkeit der Schule gelten. Die Ethik dieser Art des Gestaltens besteht darin, sich auf die inneren Bedingungen zu konzentrieren und aus ihnen allein eine formale Einheit hervorzubringen. Für das Bauhaus mochte gelten, dass in den häufig benutzten Materialien wie Chromstahl und Plexiglas der Stern einer neuen Lebensform aufschien. Die Ulmer Gegenstände verblüfften dagegen gerade durch ihre Nähe zum Gewöhnlichen. Dabei wurde die Grenze zwischen Kunst einerseits und der Lebenswelt andererseits neuerdings in Frage gestellt: nicht etwa durch Verschiebung der Grenze, sondern durch ihre Verbreiterung. Jede Aufgabe – vom «kleinsten Gegenstand bis zur Stadt»[3] – bedarf der Vermittlung heterogener Aspekte.

Selbst der banalste aller Gegenstände steht insofern gleichberechtigt neben dem Kunstwerk, als er denselben Anspruch auf Vermittlung in eine formale Einheit erheben kann wie jedes Kunstwerk. Anders formuliert: die praktischen Bedürfnisse des Lebens verlangen nach Objekten, die nicht bloss unter

---

1 Tafuri: *Kapitalismus und Architektur,* 1973, S.115.

2 Büger: *Theorie der Avantgarde,* 1974, S.67.

3 Bill: *Form,* 1952, S.10. Diese Formulierung ist eine Variation von Hermann Muthesius' Diktum vom «Sofakissen bis zur Stadt» (1912).

dem Einfluss des Zweckes stehen, sondern auch unter dem Aspekt des Ästhetischen.

Aus diesem Grunde konnte Bill fordern, dass das Leben als Kunst neu einzurichten sei.[1] Gegenüber dem utopischen Pathos der zwanziger Jahre mag sich diese Aussage wie ein Werbespruch aus dem Katalog einer Möbelfirma ausnehmen. Auch im Sinne politischer Agitation ist sie wohl als «gegenstandslos» zu betrachten. Doch 'Gegenstand' (im Sinne von 'Anliegen') dieser Gestaltung ist eine maximale Orientierung an den Voraussetzungen und als Folge davon ein bewussterer Umgang mit Ressourcen. Deshalb mögen diese Dinge besser gegen oberflächliche, modische, nicht-inhärente Veränderungen gewappnet sein. Die Konzeption der Hochschule für Gestaltung blockierte insofern die stärkste Antriebskraft des Wiederaufbaus: den Konsum. Walter Schär, selber Student an der HfG, bemerkte dazu:

> «Zusammenfassend kann gesagt werden, dass psychologisch und kulturell gesehen, die Gestaltungshaltung der HfG Ulm auf Konsumenten ausgerichtet war, die sich mit der 'Identifizierung der Persönlichkeit' beschäftigten, wobei sich aber der Volksgeist auf die 'Identifizierung mit Dingen' beschränkte und von der Industrie und den Regierungen darin bedingt wurde.»[2]

Aus diesem Grunde sollte der 'Gegenstand' der HfG politisch nicht leichtfertig unterschätzt oder gar restaurativen Tendenzen zugeordnet werden. Es ist denn auch kein Zufall, dass im Zusammenhang mit der HfG bereits 1956 von «Umweltgestaltung» gesprochen wurde, lange bevor diese zum unerlässlichen Gegenstand jeder politischen Debatte geworden ist.[3] Im Rahmen der Konsumwelle der fünfziger Jahre mussten die an der HfG produzierten Güter samt ihren Bauten den Zeitgenossen ebenso vorgekommen sein, wie dem französischen Grafen Tocqueville im 18. Jahrhundert die Produkte der amerikanischen Zivilisation: pragmatisch und zweckgebunden, statt wie

---

1 Bill: *Bauhaus-Chronik,* 22. Dezember 1952, S.15.

2 Schaer: *Die Ulmer Schule im Grenzgebiet des Zeitgeistes,* 1981, S.215.

3 Bill: *Umweltgestaltung nach morphologischen Methoden.* November 1956, S.4.

gewohnt repräsentierend und auf schönen Schein ausgerichtet. Im gestalterischen Verfahren hatten an Stelle einer wie auch immer gearteten ideellen Beherrschung die 'inhärenten' Gesetzmässigkeiten die Macht an sich gerissen.

Während bisher versucht wurde, den 'Machtwechsel' anhand der HfG-Bauten exemplarisch darzustellen, wird im folgenden die Frage zu behandeln sein, in welchem kunstgeschichtlichen Zusammenhang dieser Wechsel anzusiedeln ist.

Teil 2

Erweiterung der künstlerischen

Konkretion

Die gestalterischen Verfahren, die beim Entwurf der Bauten der HfG angewendet wurden, hängen mit Prinzipien der konkreten Kunst zusammen.

Die Grundsätze der konkreten Kunst wurden unter Federführung von Theo Van Doesburg 1930 erstmals in einem Manifest niedergeschrieben. Sie definieren eine Richtung innerhalb der Kunst des zwanzigsten Jahrhunderts, die sich von Anfang an als gegen Abstraktion, gegen Repräsentation und gegen die Tradition humanistischer Kunst gerichtet verstand. Denn die entsprechend gestalteten Werke sollen keine Ideen darstellen, wie etwa Schauspieler eine Rolle darstellen. Vielmehr legen sie sich selbst als «Fall» dar, so wie Anwälte ihr Material darlegen, das einen Fall zum Fall macht. Die konkrete Kunst hebt den Dualismus zwischen repräsentiertem Inhalt und repräsentierenden Formen auf – die Formen sind das Repräsentierte.

Seit 1936 beschäftigte sich Max Bill mit den Prinzipien künstlerischer Konkretion. Er tat dies verstärkt gerade auch in der Zeit unmittelbar vor und während seines Engagements in Ulm. Er definierte 'Konkretion' in einer Weise, dass ihre Verfahren in allen Bereichen der Gestaltung anwendbar wurden. Diese konkrete Transversale bedeutet nun aber nicht, dass sich deswegen die Werke verschiedener Gattungen ähnlich sehen müssten. Im Gegenteil: sie tragen zwar Spuren des gleichen Verfahrens, jedoch bringt dieses gerade die spezifische Konstruiertheit eines Gegenstandes hervor. Unter 'künstlerischer Konkretion' ist nicht das Übersetzen einer Idee in Materie zu verstehen, sondern das Ineinssetzen von gegebenen Materialien. Der Inhalt ist an die Gesetzmässigkeiten der Materialien und Verfahren gebunden. Konkretion intensiviert die Mittel und macht sie zum Thema der Gestaltung.

Kapitel V

Was heisst «konkret»?

Der Werkbegriff, von dem aus ein Bau wie derjenige der Hochschule für Gestaltung in Ulm verstanden werden kann, kommt andeutungsweise in der zitierten Maxime nach Friedrich Schiller zum Audruck: «Weil das Ganze den Teilen dient, dürfen sich die Teile dem Ganzen fügen.»[1] Denn darin ist auf elegante Weise jene gekoppelte Gegenläufigkeit erfasst, deren Resultat die Bauten auf dem Kuhberg sind.

Schiller hatte allerdings nicht die Arbeit eines malenden oder bildhauernden Künstlers gemeint, sondern die jenes Künstlers, der «den Menschen zugleich zu seinem Material und zu seiner Aufgabe macht». Zweifellos wäre es nun von besonderem Interesse, die Beziehungen zu untersuchen, aufgrund derer es denkbar wird, das idealistische Konzept Schillers auf das gestalterische Verfahren Bills zu übertragen.

Max Bense, der von Bill als Dozent für Ästhetik an die HfG berufen worden ist und der sich von dort zu jenem Zeitpunkt zurückzog, als Bill gehen musste, hat bereits auf diese Parallele hingewiesen. Sie beruht seiner Auffassung nach auf dem Begriff der 'Konkretion', worin für Hegel die intellektuelle Reflexion ihre höchste Stufe erreicht, während sie in der Billschen Gestaltung die Einheit der heterogenen Mittel hervorbringt.[2]

Es würde jedoch den Rahmen dieser Arbeit übersteigen, wollte man sich auf diese philosophische Debatte einlassen. Hier soll es nur darum gehen, bestimmte gestalterische Verfahren, auf die man bei der Projektierungsgeschichte der Bauten für die HfG gestossen ist, innerhalb der ästhetischen Theorien der

---

1 Schiller: *Über die ästhetische Erziehung des Menschen,* 1965, S.13. (erstm.: 1795)

2 Bense: *Aspekte Hegels in einer Ausstellung von Max Bill,* 1968, S.22/23. Vergl. dazu auch: Bense: *Ästhetica,* 1965, S.59; Staber: *Konkrete Malerei als strukturelle Malerei.* 1967, S.165.

Moderne zu diskutieren. Dies erweist sich als umso notwendiger, als die Bauhaus-Ästhetik, worauf die HfG für gewöhnlich bezogen wird, sich als eine allzu dünne Basis erwies. Die hier grundlegende These ist, dass die gestalterische Theorie, die Bill an der HfG verwirklichen wollte, ebenso wie der Werkbegriff, von dem aus die Produkte und insbesondere die Bauten zu denken sind, auf Prinzipien der konkreten Kunst beruhen.

5.1 Theo van Doesburg und die konkrete Kunst

Im April 1930 erschien in Paris die Zeitschrift «Art Concret», worin eine Gruppe von «neuen Malern der Avantgarde»[1] sich erstmals einem breiteren Publikum vorstellte. Darin findet sich unter dem gleichen Titel ein Manifest, das von Carlsund, van Doesburg, Hélion, Tutundjian und Wantz unterzeichnet wurde.[2] Von diesen war einzig der Holländer Theo van Doesburg international bekannt, und zwar als Gründer der Zeitschrift «De Stijl» sowie als einer der wichtigsten Protagonisten der gleichnamigen Künstlergruppe, die sich 1917 im Zusammenhang mit der Zeitschrift gebildet hatte. Van Doesburg war auch federführend bei der Abfassung des Konkreten-Manifests, handelte es sich doch um die thesenartige Zusammenfassung eines Textes, den er im Januar zuvor alleine verfasst hatte und der in «Art Concret» als Kommentar zum eigentlichen Manifest abgedruckt worden ist.[3]

Zur Zeit, als sich die Konkreten in Paris zusammenschlossen, war van Doesburg gerade dabei, seinen Wohnsitz definitiv nach Meudon bei Paris zu verlegen, wo er sich ein Atelierhaus nach eigenen Plänen hatte bauen lassen. Die Konzeption des Hauses beruht auf zwei zusammengefügten Baukuben, wovon der eine als Atelier, der andere als Wohntrakt bestimmt war. Im

---

1 van Doesburg zitiert in Ausstellungskatalog: *Konkrete Kunst. 50 Jahre Entwicklung,* 1960, S. 24.

2 van Doesburg (mit Carlsund, Hélion; Tutundjian, Wantz): *Base de la peinture concrète,* April 1930, S. 1.

3 van Doesburg: *Commentaires sur la base de la peinture concrète,* April 1930, S. 4.

Gegensatz zu dieser Gestaltung beruhten seine früheren Projekte, welche in Zusammenarbeit mit dem Architekten Cornelius van Esteren entstanden und 1923 in der Galerie von Léonce Rosenberg in Paris ausgestellt wurden, auf einer vollständigen Auflösung der Volumen in ein Gefüge von Scheiben und Platten. Van Doesburgs neues, nun eher wieder traditionell, weil kubisch erscheinendes Haus in Meudon sollte zu einem Treffpunkt für die Gruppe der Konkreten werden - etwa im Sinne eines Bauhauses oder einer «Akademie für neue Kunst».[1]

Das Haus in Meudon und das Konkreten-Manifest deuten beide gleichermassen darauf hin, dass van Doesburg um 1930 seine bisherigen theoretischen Positionen in wesentlichen Punkten revidiert haben muss. Es ist diesbezüglich auffällig, dass er sich von da an in seinen Äusserungen immer nur auf eine einzelne künstlerische Gattung bezog. Beispielsweise überarbeitete er damals ein Architekturtraktat, das 1924 unter dem Titel «Grundsätze der neuzeitlichen (gestaltenden) Architektur» in «De Stijl» erstmals publiziert worden ist.[2] In der neuen Fassung von 1930 jedoch fehlt nun bezeichnenderweise jener Punkt, der sich mit der «Architektur als Zusammenfassung aller Künste» befasste.[3]

Ausserdem scheint es, als habe er nachträglich seinem Kontrahenten innerhalb des «De Stijl», dem Maler Piet Mondrian, recht geben wollen, wenn er in einem sehr aufschlussreichen Brief an Adolf Behne schrieb, dass die Zeit für eine «Gesamtgestaltung» noch nicht reif sei. Sein erster Versuch, diese praktisch zu realisieren, beim Umbau des Tanzcafés «Aubette» in Strassburg 1927/28, habe sich als ein «Irrweg» erwiesen.[4]

---

1 Brief von Theo van Doesburg an Antony Kok vom 3. Januar 1930. Zitiert in: Doig: *Theo van Doesburg - Painting into architecture, theory into practice,* 1986, S.209.

2 van Doesburg: *Tot een Beeldende Architektuur,* 1924.

3 van Doesburg: *The Fundamental Spirit of Contemporary Architecture,* 1930.

4 Brief von Theo van Doesburg an Adolf Behne vom 7. November 1928. Zitiert von Weyergraf: *Piet Mondrian und Theo van Doesburg,* 1979, S.95/96. Vergleiche auch: Fanelli: *Stijl-Architektur,* 1985, S.104; Troy: *The De Stijl Environment,* 1983, S.176 ff..

Theo van Doesburg: Wohn- und
Atelierhaus in Meudon, 1930

Theo van Doesburg zusammen
mit Cornelius van Eesteren: Modell
für ein alleinstehendes Haus, 1923

Theo van Doesburg: Grosser Saal der
Aubette in Strassburg, 1929

Noch 1928 in dem der «Aubette» gewidmeten Spezialheft von «De Stijl» hatte van Doesburg betont, dass die Architektur den neutralen Rahmen für eine bewusst dynamische, kontrastierende, schräg gestellte Komposition der farblichen Ausgestaltung der Räume abgeben soll. Die Farben waren demnach «als Verstärkungselement der architektonischen Raumgestaltung» eingesetzt, um eine «synoptische Wirkung» von Architektur und Malerei, von Raum und Zeit, von Statik und Dynamik zu erzielen.[1] Wenig später jedoch beurteilte van Doesburg das Resultat wesentlich anders und begründete dies damit, dass die Zeit für solche Realisierungen noch nicht reif sei. Unter diesen Bedingungen entwickelte er die Prinzipien der konkreten Kunst und verzichtete damit einstweilen auf die Synthese der verschiedenen künstlerischen Gattungen, welche früher eines der zentralen Momente seiner Theorie des Elementarismus darstellte.[2] Der Zusammenschluss der Künste erscheint nun als etwas, was bisher immer gegen das Wesen jeder künstlerischen Gattung verstiess und nur aufgrund kunst-fremder Absichten überhaupt an sie herangetragen und gerechtfertigt worden war. Das entscheidende Kriterium für die Distanzierung von der «Aubette» und mithin für die Formulierung einer Theorie der konkreten Kunst lag darin, sich radikal auf die spezifischen Bedingungen der jeweiligen Aufgabe zu beschränken. Akzeptiert wurden in diesem Sinne bloss noch Verfahren, die auf die spezifischen, inhärenten Mittel rekurrieren.

Insofern ist nur konsequent, dass im Konzept der konkreten Malerei grundsätzlich festgehalten wird, dass Bilder auf keinen Inhalt ausserhalb ihrer eigenen Realität verweisen sollen («un élément pictural n'a pas d'autre signification que 'lui-même' en conséquence le tableau n'a pas d'autre significance que 'lui-même').[3] Die Vermeidung jeder repräsentativen Funktion, jeder Kontaminierung durch äussere Referenzen ist erst unter den Voraussetzungen der konkreten Kunst tatsächlich eingelöst. Denn

---

1 van Doeburg: *Farbe in Raum und Zeit,* 1928, S.33/34.

2 van Doesburg: *Schilderkunst en plastiek. Elementarisme (Manifest-fragment),* 1926/1927.

3 Theo van Doesbourg (mit Carlsund, Hélion; Tutundjian, Wantz): *Base de la peinture concrète,* April 1930.

ART CONCRET

GROUPE ET REVUE FONDÉS EN 1930 A PARIS

PREMIÈRE ANNÉE · NUMÉRO D'INTRODUCTION · AVRIL MIL NEUF CENT TRENTE

BASE DE LA PEINTURE CONCRÈTE

Nous disons :

1° L'art est universel.

2° L'œuvre d'art doit être entièrement conçue et formée par l'esprit avant son exécution. Elle ne doit rien recevoir des données formelles de la nature, ni de la sensualité, ni de la sentimentalité.
Nous voulons exclure le lyrisme, le dramatisme, le symbolisme, etc.

3° Le tableau doit être entièrement construit avec des éléments purement plastiques, c'est-à-dire plans et couleurs. Un élément pictural n'a pas d'autre signification que « lui-même » en conséquence le tableau n'a pas d'autre signification que « lui-même ».

4° La construction du tableau, aussi bien que ses éléments, doit être simple et contrôlable visuellement.

5° La technique doit être mécanique c'est-à-dire exacte, anti-impressionniste.

6° Effort pour la clarté absolue.

Carlsund, Doesbourg, Hélion, Tutundjian, Wantz.

1

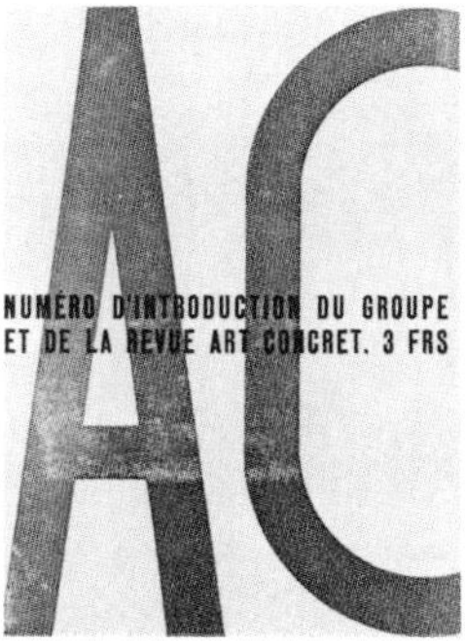

Manifest der konkreten Malerei.
Umschlag der einzigen Nummer der
Zeitschrift «Art Concret»

die Formen stehen hier für sich selbst, sind also keine Darsteller von etwas anderem, sei es ihren figürlichen oder strukturellen Merkmalen nach. Die formalen Mittel besitzen nur soviel an inhaltlichem Potential, als sie dank ihrer Eigenschaften und Beziehungen im Werk selbst entwickeln. Der Inhalt ist bloss Wirkung, nicht Ursache der Form. Demgegenüber hängen die formalen Beziehungen etwa in Bildern Mondrians von der weltanschaulichen Vision eines universellen Gleichgewichts ab. Max Imdahl zufolge kann diese Referenzstille der konkreten Kunst in ihren Konsequenzen gar nicht überschätzt werden[1] und wird uns später noch weiter beschäftigen.

Allerdings könnten einige Formulierungen des Manifests doch den Verdacht erwecken, als vermöchten bestimmte Inhalte noch Macht über die formalen Mittel auszuüben. Vor allem der zweite Punkt scheint dies nahezulegen, indem dort gefordert wird, dass das Werk vor der Ausführung im Geiste gänzlich entworfen sein müsse («L'oeuvre d'art doit être entièrement conçue et formée par l'esprit avant son exécution.»).[2] Im begleitenden Kommentar (Punkt vier) schrieb van Doesburg sogar, dass dem Aufbau eines konkreten Bildes «mathematical data» zugrunde liegen würden.[3]

Genau solche Ungereimtheiten führten dazu, dass der englische Kunsthistoriker und Schriftsteller Herbert Read später mit Recht vermerken konnte, dass Kunstwerke nicht «konkret» genannt werden dürften, wenn allein ihre Mittel, im Sinne von 'wirklich vorhanden', «konkret» seien, jedoch die Komposition von Ideen abgeleitet werde.[4] Zu diesem Problem wird des weiteren auch Max Bill nach 1936 Stellung beziehen. Zugunsten van Doesburgs allerdings muss erwähnt werden, dass er die wohl eher unfreiwilligen idealistischen Anflüge selbst wieder auf den Boden der künstlerischen Konkretion zurückholte. So etwa schrieb er im erwähnten Kommentar zum Manifest, dass der

---

1 Imdahl: «*Is it a Flag, or is it a Painting?*», 1981, S.72.

2 Theo van Doesburg (mit Carlsund, Hélion; Tutundjian, Wantz): *Base de la peinture concrète,* April 1930.

3 Theo van Doesburg: *Commentaires sur la base de la peinture concrète.* April 1930, S.4.

4 Read: *Kunst und Industrie,* 1957, S.20. (engl.: 1934)

Inhalt eines konkreten Gemäldes nur ein «farbgedanke» sein könne: «eine frau, ein baum, eine kuh (sind) konkret im natürlichen zustand, aber im zustand der malerei sind sie weit abstrakter, illusionistischer, unbestimmter, spekulativer als eine linie.»[1] Die Welt der Kunst soll demzufolge nicht als ein von der 'eigentlichen' Wirklichkeit abgeleiteter Zustand verstanden werden; sie ist vielmehr Teil dieser Welt und besitzt ihre eigenen Ausdrucksmittel. Entsprechend gilt des weitern für die einzelnen Kunstgattungen: jede besitzt ein eigenes Set von Mitteln, um damit je spezifische Gedanken darzulegen. Alles, was diese Relationen von Form und Inhalt, von Ursache und Wirkung umkehrt, entspricht einem konventionellen Verständnis von Repräsentation und wird im ersten Manifest der konkreten Kunst als unrechtmässige Kolonialisierung der Form durch Inhalte abgelehnt.

5.2 Abstrakt vs konkret

Unmittelbaren Anlass zur Gründung von «Art Concret» gab die 1929 ebenfalls in Paris entstandene Künstlergruppe «Cercle et Carré», die der belgische Kunsthistoriker und Zeichner Michel Seuphor (1901-1976) leitete. Die genaueren Umstände der Rivalität zwischen van Doesburg und Seuphor sind bis heute nicht genau geklärt. Fest steht nur, dass van Doesburg absichtlich von «Cercle et Carré» ferngehalten wurde, obwohl einige ihm wohlbekannte Künstler wie Piet Mondrian, Georges Vantongerloo und insbesondere Jean Arp, mit dem er in Strassburg am Auftrag für die «Aubette» gearbeitet hatte, zu den Mitgliedern von Seuphors Gruppe zählten.[2]

Die einzige Nummer von «Art Concret» erschien im April 1930, nicht zufälligerweise gerade während der ersten Ausstellung von «Cercle et Carré». In verschiedenen Artikeln wurde die dort beobachtete allzu tolerante Haltung gegenüber den Abstrakten kritisiert. Nicht umsonst betonte van Doesburg

1 van Doesburg: *Commentaires sur la base de la peinture concrète,* April 1930, S. 4.

2 Fabre: Einleitung zum Ausstellungskatalog: *Abstraction Création,* 1978, S. 9.

in seinem Kommentar zum Konkreten-Manifest gleich zweimal, dass es ihm und seiner Gruppe um «konkrete und nicht abstrakte Malerei» gehe.[1] Jean Hélion seinerseits bemängelte in seinem Beitrag, dass die Verfahren der Abstraktion verkehrterweise dazu führen, «die Geometrie zu vermenschlichen und die Menschen in geometrische Formen zu zwängen».[2]

Van Doesburg war sich allerdings bewusst, dass er mit der konkreten Kunst ausserhalb aller zeitgenössischen, halbwegs anerkannten Strömungen des Avantgardismus lag und dass er diese Aussenseiterrolle mit dem kleinen Kreis von «nicht sehr reichen Leuten» kaum würde überwinden können.[3] Deshalb begann er seinerseits parallel zu «Art Concret» eine weitere Künstlergruppierung aufzubauen, die jeder nicht-gegenständlichen Richtung gegenüber offen sein sollte und in die einzutreten er auch Mitglieder aus der Gruppe seines Kontrahenten aufforderte. Bereits am 15. Februar 1931 wurde die Vereinigung «abstraction-création, art non-figuratif» ins Leben gerufen. Aus gesundheitlichen Gründen konnten weder Seuphor noch van Doesburg an der Gründungsversammlung teilnehmen. Van Doesburg starb wenige Tage danach, am 7. März, während eines Kuraufenthalts in Davos.

Für die weitere Entwicklung der konkreten Kunst war diese personelle Öffnung umso wichtiger, als die ursprüngliche Gruppe, zumal ohne ihre Leitfigur, bestimmt innerhalb kurzer Zeit auseinandergefallen wäre. An der Spitze von «abstraction-création» standen nun Vertreter aus beiden Lagern. Hélion und Tutundjian vertraten die Konkreten im Vorstand, während von den ehemaligen Kontrahenten aus «Cercle et Carré» Herbin zum Präsidenten und Georges Vantongerloo zu dessen Stellvertreter gewählt wurden. Letzterer war es auch, der die Gruppe finanziell unterstützte. Die neue Vereinigung stand schliesslich allen Künstlern offen, deren Werke auf eine «nicht-figurative» Gestaltungsweise zu beziehen waren und «weder eine Interpretation noch eine Kopie der Natur» darstellten.[4] Dieser gemeinsame Nenner

1 van Doesburg: *Commentaires sur la base de la peinture concrète,* April 1930, S.4.

2 Hélion zitiert im Ausstellungskatalog: *Abstraction Création,* 1978, S.9

3 Fabre: Einleitung zum Ausstellungskatalog: *Abstraction Création,* 1978, S.11.

4 Ausstellungskatalog: *Abstraction Création,* 1978, S.48.

ging auf Kosten der ursprünglichen Polarität von abstrakt und konkret und war zu allgemein, als dass damit die Anliegen einer konkreten Gestaltungsweise im speziellen umrissen worden wären. Allerdings vermochten sich die Künstler in «abstraction-création» nun erfolgreicher innerhalb der Kunstszene bemerkbar zu machen.

Im Sammelbecken von «abstraction-création» fanden sich auch einige junge Schweizer Künstler wie Max Bill, Serge Brignoni, Louis Conne, Hans Erni, Hans Fischli, Fritz Glarner, Hans R. Schiess, Max U. Schoop, Kurt Seligmann, Alfred Willimann.[1] Für viele bedeutete dies eine Möglichkeit in die internationale Szene einzusteigen. Max Bill dagegen, der zuvor am Bauhaus studiert hatte, benutzte die Pariser Kontakte, um «die entdeckungen von kandinsky, klee, malewitsch und mondrian» systematisch weiterzuentwickeln.[2] Von all den verschiedenen Richtungen innerhalb von «abstraction-création» war es die der konkreten Kunst, die ihm weitere entscheidende Impulse gab.

Etwas Licht in die gestörte und unaufgeklärte Beziehung zwischen Seuphor und van Doesburg dürfte ihre Auseinandersetzung über den Stellenwert der konkreten Kunst bringen. 1949 berichtete Seuphor in seinem Buch «L'art abstrait», dass van Doesburg den Begriff «konkret» 1930 erstmals eingeführt habe, nachdem die entsprechende Kunst schon seit zwei Jahrzehnten «abstrakt» genannt worden sei. Alles, was van Doesburg, später Hans Arp und ab 1938 auch Wassily Kandinsky über konkrete Kunst geäussert hätten, sei prinzipiell richtig, aber nicht legitim, weil dafür ein anderer Begriff zuerst verwendet worden sei. Seuphors Definition der abstrakten Kunst schliesst die künstlerische Konkretion mit ein und ist blind gegenüber jeder behaupteten Differenz:

«Une fois pour toutes: j'appelle, ici, art abstrait tout art qui ne contient aucun rappel, aucune évocation de la réalité observée, que cette réalité soit ou ne soit pas le point de départ de l'artiste. Tout art que l'on doit juger, légitimement, du

---

1 Ebenda

2 Bill: *«abstraction création»* 1932-1936, 1982, S. 8.

seul point de vue de l'harmonie, de la composition, de l'ordre – ou de la disharmonie, de la contre-composition, du désordre délibéré – est abstrait.»[1]

Seuphor sah in der Debatte um abstrakt/konkret einzig einen von van Doesburg vom Zaune gerissenen Streit um die begriffliche Bezeichnung ein- und derselben Sache. Er lag damit wohl ganz auf der Linie der 'schweigenden Mehrheit' des Publikums, das mit dem neuen Begriff «konkret» ebenfalls nicht viel anzufangen wusste. Nur wenige Kunstkritiker waren bereit, dem Vorschlag der Konkreten zu folgen. Die meisten vermuteten hinter den Begriffsdeuteleien, ähnlich wie Seuphor, andere als ästhetische Gründe. An eben diese Vorbehalte anknüpfend, stellte etwa ein Autor (Georg Schmidt?) im Katalog zur Basler Ausstellung über «Konkrete Kunst» die rhetorische Frage, warum denn nun plötzlich weiss sein sollte, was «in den Augen jedes vernünftigen Menschen bisher als schwarz galt: dass tatsächlich konkret sei, was doch der Inbegriff des Abstrakten ist».[2] Ein Kritiker der selben Ausstellung reimte: «was der geist zur not noch packt / ist abstrakt / was man gar nicht mehr versteht / ist konkret.»[3] Später hatte sich sogar der Architekt Le Corbusier in das Gerangel eingemischt, indem er sich augenzwinkernd mit einer von ihm hergestellten Collage, bestehend aus zufällig gefundenen Resten eines Titelblatts der Zeitschrift «Werk», als «Vorläufer in der langen Reihe der 'Abstrakten'», die «konkret sind, sofern sie gut sind», einreihte.[4] Aber auch ein Kunstwissenschaftler wie Andrej Nakov folgte in seinem 1981 erschienenen Buch «Abstract/Concret» noch insofern der Argumentation Seuphors, als er die beiden Begriffe «abstrakt» und «konkret» synonym benutzte. Davon vermochte ihn auch nicht seine eigene, äusserst wichtige Feststellung abzubringen, wonach das Prinzip der Abstraktion ideengeschichtlich aus dem philosophischen Diskurs stamme, das Prinzip der Konkretion

---

1 Seuphor: *L'art abstrait, ses origines, ses premiers maîtres,* 1950, S.14.

2 Ausstellungskatalog: *Konkrete Kunst,* 1944, S.3.

3 Zitiert von Annie Müller-Widmann in: Gomringer: *Max Bill,* 1958, S.37.

4 Brief von Le Corbusier an Alfred Roth, 1. Juni 1962. Zitiert in: Bosman: *Le Corbusier und die Schweiz,* 1987, S.31.

dagegen einerseits auf den Realismus von Gustave Courbet und andererseits auf den Suprematismus von Kasimir Malewitsch zurückzuführen sei; dass also Abstraktion und Konkretion gleichsam Kinder verschiedener Eltern sind.[1]

In einem völlig andern Licht erschien die Sache den Konkreten selbst. Es ging für sie in erster Linie um handfeste gestalterische Verfahren, womit die künstlerische Tradition seit der Renaissance definitiv überwunden werden sollte. Im Namen des Humanismus sei eine Menge Unsinn begründet worden, schrieb etwa van Doesburg im Kommentar zum Manifest der Konkreten.[2] Erst der Rückzug auf die spezifischen Bedingungen der Malerei brachte schliesslich die Konzentration auf einen Ausdruck, der in den Mitteln selbst liegt und der zu einem gänzlich neuen Sinnzusammenhang der Formen führt. Solange noch irgend ein Vorbild wirksam war, sei es nun auf das Ganze oder auf einen Teil oder gar auf kompositionelle Belange bezogen, solange spielten die formalen Mittel bloss eine dienende Rolle, etwa so, wie Schauspieler eine Rolle spielen: sie stellen etwas dar, was mittels eines Bildes zum Ausdruck gebracht werden soll. Konkrete Kunst im Sinne von van Doesburg jedoch erfordert die totale Indifferenz gegenüber allem, was sich nicht unmittelbar aus der Konstruiertheit der Mittel selbst ergibt. Etwaige Bedeutungen eines konkreten Werkes sind stets ans Treiben seiner Mittel gebunden. Nicht von ungefähr verglich Hans Arp ein konkretes Kunstwerk mit einem Blatt oder einem Stein. Ihm erschienen diese Naturformen gleichermassen in sich abgeschlossen und in ihrem Wesen unmittelbar sinnlich erfahrbar.[3]

Die Konkreten sahen den Sinn ihrer Neuerung darin, die gestalterischen Mittel aus dem Dienst der Ideen zu entlassen und statt dessen, wie Bill es einmal ausdrückte, an der «Gegenständlich-Machung» von Ideen zu arbeiten.[4] Im Fall der Abstraktion stehen inhaltliche Sachverhalte hinter den formalen Mitteln, die sich nach diesen wie nach Ursachen

---

1 Nakov: *Abstrait/Concret,* 1981, (Vorspann, o.S.)

2 van Doesburg. *Commentaires sur la base de la peinture concrète,* April 1930.

3 Arp zitiert in: Ausstellungskatalog: *Abstraction Création,* 1978, S.26. Vergleiche auch: Seuphor: *L'art abstrait, ses origines, ses premiers maîtres,* 1950, S.13/14.

4 Bill: *Worte rund um Malerei und Plastik,* 1947, (o.S.).

richten. Im Gegensatz dazu meint «Gegenständlich-Machung», dass die Mittel selbst Ursachen von Ideen sind und diese in die Welt stellen.

Van Doesburg, Bill, Arp, Kandinsky - Künstler, die in den dreissiger Jahren den Begriff «konkret» für ihr Werk akzeptiert haben – sahen durch ihre Aktivität das Ende einer jahrhundertealten Tradition künstlerischer Gestaltung heraufziehen. Sie waren sogar bereit, eher den Tod der Kunst in Kauf zu nehmen, als in der herkömmlichen Weise fortzufahren, Kunst zu machen. Deutlich geht dies unter anderem aus einem Artikel hervor, den van Doesburg unter dem Titel «The end of art» publiziert hatte.[1] Eingeleitet mit dem Schlachtruf «Gegen Wien/Gegen Paris/Gegen Holland» wird Kunst als eine Erfindung der Renaissance hingestellt, die bis in die Gegenwart hinein zu immer grösserer Raffinesse getrieben worden sei. Diese Kunst jedoch sei ihrem Wesen nach abstrakt; Abstraktion als Prinzip künstlerischer Gestaltung lenke jedoch vom eigentlichen Leben ab, indem es alles 'verkunste'. Daran anschliessend stellte van Doesburg die nurmehr rhetorische Frage, ob nicht gerade jene Dinge schöner seien, die nicht Kunst sein wollten: Badezimmer, Fahrräder, Maschinenräume, Flacheisen.

Ein Nachhall dieser Polemik in «De Stijl» gegen die traditionelle Kunst findet sich im Konkreten-Manifest von 1930. Erst der Rückzug auf die spezifischen Bedingungen einer einzigen gestalterischen Disziplin, insbesondere der Malerei, und damit auf das Prinzip der Konkretion brachte schliesslich die nötige Grundlage für neue Ausdrucksmöglichkeiten.

5.3 Den formalen Mitteln ausgeliefert

Wesentliche Aspekte, die die Differenz zwischen abstrakt und konkret ausmachen, tauchten erstmals in der Auseinandersetzung zwischen Mondrian und van Doesburg auf. Das 'corpus delicti' waren dabei jene schräg ins Bild gesetzten Linien, die van Doesburg ab 1924 in seine «counter-compositions» einführte. Es ging dabei jedoch nicht allein um die Diagonale als solche,

---

1 van Doesburg: *The end of Art,* 1924/1925.

vielmehr führte die Auseinandersetzung zum Kern dessen, was für die beiden Kontrahenten letztlich das Wesen der Malerei ausmachte. In den Augen Mondrians war die Diagonale deshalb ein geradezu unerhörtes Sakrileg, weil sie die von ihm angestrebte «dynamische Bewegung im Gleichgewicht» als das darzustellende universelle Prinzip ausser Kontrolle geraten liess. Van Doesburg dagegen befreite sich mit voller Absicht von diesem Diktat und führte die Schräge leichtfertig in seine Bildkompositionen ein, einzig weil sie neben den vertikalen und horizontalen Linien ein ebenso taugliches geometrisches Mittel der Flächengliederung darstellt. Für ihn konnte jedes gestalterische Mittel, das sozusagen objektiv zur Malerei gehört, Sache und Ur-Sache der Bilder sein. Imdahl zog aus diesen unterschiedlichen Auffassungen die Schlussfolgerung:

«Hierin beruht der entscheidende und in seinen Konsequenzen vielleicht nicht zu überschätzende Unterschied zwischen dem Neoplastizismus Mondrians und dem Elementarismus van Doesburgs, und eben im Lichte dieses wichtigen Unterschiedes ist es grundsätzlich möglich, zwischen abstrakter und konkreter Kunst danach zu unterscheiden, ob die Bildabsicht auf einen Ausdruck der Natur oder auf einen vollends naturindifferenten Ausdruck des Geistes geht. Demgemäss wären van Doesburgs Bilder konkret, dagegen – was freilich nicht zwingend einsichtig und auch nicht mit letzter Klarheit aus van Doesburgs Text zu erschliessen ist – die Bilder Mondrians abstrakt: Sowohl Farben und Linien der gegenstandslosen Malerei Mondrians als auch die gemalten gegenständlichen Phänomene der gegenständlichen Malerei, zum Beispiel die 'femme', der 'arbre' oder die 'vache', wären gleichermassen 'formes naturelles' und also mit Bezug auf ihre Abstraktheit gleichgestellt insofern, als beide auf die Natur verweisen, wenngleich die gemalten Gegenstandsphänomene der gegenständlichen Malerei auf die Erscheinungen, dagegen die Farben- und Linienkonstellationen der gegenstandslosen Malerei auf Harmonie und Gleichgewicht als auf die tragenden Gesetze der Natur, die durch Gegenstände verhüllt bleiben.»[1]

---

1 Imdahl: *:«Is it a Flag, or is it a Painting?»*, 1981, S.71/72.

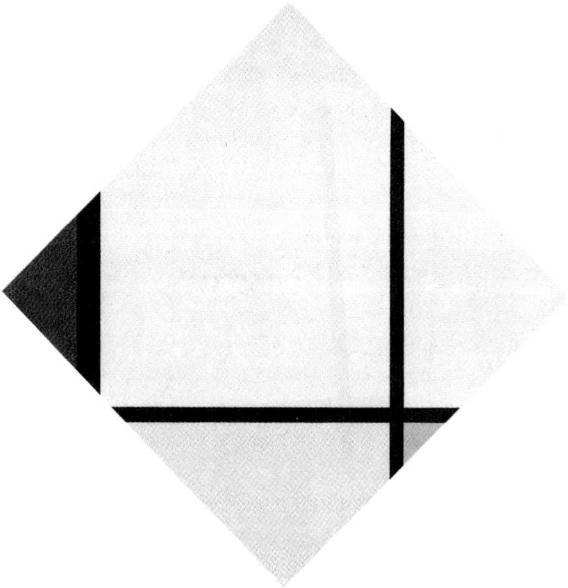

Piet Mondrian: Komposition I mit Blau und Gelb
(1925, Öl auf LW, 112 cm diagonal, Kunsthaus Zürich)

Theo van Doesburg: Contre-Composition XVI en dissonance
(1925, Öl auf LW, 100×150 cm, Gemeente Museum Den Haag)

Insofern für die konkrete Malerei gilt, dass ihre Mittel keine Zeichen sind, die irgendetwas darzustellen haben, sondern generierende Elemente, aus denen etwas entsteht, so kann man mit Peter Hartmann sagen, dass die mimetische Dimension eines konkreten Werkes gegen Null strebt, während die poetische ins Unendliche wächst.[1] Diese Auffassung war zwar um 1930 nicht mehr ganz neu. Ähnliches strebten beispielsweise schon die beiden russischen Brüder und Konstruktivisten Gabo und Pevsner an, als sie 1920 ihr berühmtes «Realistisches Manifest» veröffentlichten.

Im Zusammenhang mit der Definition der konkreten Kunst werden sie von Bill mit dem Satz zitiert: «Die Kunst muss aufhören zu reproduzieren, um schöpferisch zu werden.»[2] Die zusätzliche theoretische Leistung van Doesburgs und der Konkreten bestand jedoch darin, das schöpferische Potential oder die 'Poesis' ausschliesslich an die formalen Mittel gekoppelt zu haben.

So absolut auch der Gegensatz zwischen Abstraktion und Konkretion theoretisch sein mag, und Imdahl zufolge sogar nicht überschätzbar, erschienen die Sachverhalte auf der Leinwand - dies muss man Seuphor zugute halten - weniger offensichtlich konträr. Die Brisanz der Theorie der konkreten Kunst lässt sich an deren Werken allein nicht unmittelbar erkennen. Was hat es zu bedeuten, so könnte man fragen, wenn van Doesburg in «composition simultanée» von 1929 die für den Elementarismus typische diagonale Kompositionsweise wieder aufgab und auf eine vertikal-horizontale Struktur zurückkam? Wurde hiermit der Elementarismus überwunden, oder handelt es sich bloss um eine Spielform des Elementarismus?[3] Anhand der Bilder allein ist keine eindeutige Antwort möglich. Man muss sich auf verbale Aussagen van Doesburgs stützen. Ein ähnliches Problem stellt sich bezüglich der Skulpturen von Jean Arp.

---

1 Peter Hartmann ebenda zitiert: S.3114.

2 Brief von Gabo und Pevsner zitiert von Bill: *Über konkrete Kunst,* August 1938, S.255.

3 Imdahl: *Probleme der Optical Art: Delaunay - Mondrian - Vasarely,* 1981, S.55.

Sind es Abstraktionen von organischen Formen oder reine Kreationen von Figuren? Das selbe Problem werfen Kandinskys Werke auf, insofern dieser den Begriff «konkret» erst nachträglich, ab 1938, auch für seine zuvor als «abstrakt» bezeichneten Werke gelten liess. Entspricht die frühere oder die spätere Lektüre einer angemessenen Bildauslegung? Hatte Kandinsky, wie Felix Thürlemann vermutet, in seinem Einsatz für die Sache der Konkreten etwa einfach übersehen, dass seine Bilder sich einer Analyse erschliessen, die zunächst nach dem Dargestellten fragt?[1] In diesem Sinne lassen sich auch bezüglich van Doesburgs konkreten Bildern letzte Zweifel nicht beseitigen, ob nicht etwa ein arithmetisch-geometrisches Gesetz wirksam gewesen war, das mit den Mitteln der Malerei umgesetzt worden ist (= konkretisiert im wörtlichen Sinne), oder ob die formalen Mittel tatsächlich immer die Ursache der Gestalt gewesen sind (= konkretisiert im künstlerischen Sinne).

Die Unschärfe zwischen abstrakter und konkreter Gestaltung kennzeichnet allgemein die Arbeiten der Konkreten der ersten Generation, die selbst die dazwischenliegende Grenze sukzessive überschritten und sie als beiden Positionen zugehörige Linie erlebt hatten. Der Impuls zu dieser Überschreitung kam aber in erster Linie von der Auslöschung der realen Aussenwelt in den bildnerischen Darstellungen. In allererster Linie war dies ein Akt der Befreiung vom Prinzip der Nachahmung, das seit der Renaissance praktisch uneingeschränkt die Kunstproduktion beherrschte. Das Ausgeliefertsein aber gegenüber den gestalterischen Mittel, wie es die konkrete Kunst nahelegte, führte bereits wieder in Abhängigkeiten von neuen ästhetischen Gesetzen.

Erst die zweite Generation von konkreten Künstlern – und zu diesen zählen insbesondere Richard Paul Lohse und Max Bill – konnte sich damit abfinden und verschärfte durch ihre systematischen, bildimmanenten Untersuchungen den Gegensatz zur Abstraktion, lieferte sich vollständig den Konstruktionsprinzipien der Mittel aus und beharrte auf der steinernen Abgeschlossenheit ihrer Werke. Unschwer festzustel-

1 Thürlemann: *Kandinsky über Kandinsky,* 1986, S.178.

len, dass damit auch eine radikale Neubestimmung des Künstler-Subjekts und seiner Aufgaben innerhalb der Gesellschaft verbunden war.

5.4 Herbert Read und die Begründung einer nicht-humanistischen Kunst

Der erste Kunsthistoriker, der – soweit ich sehe – sich ernsthaft mit der Polarität zwischen abstrakt und konkret auseinandersetzte, war Herbert Read in seinem 1934 erschienenen Buch «Art and Industry».[1] Im ersten und theoretischen Teil («Das Problem in seinen historischen und theoretischen Aspekten») hat er versucht, eine Brücke zwischen einer ihm neu erscheinenden Gestaltungsweise in der zeitgenössischen Kunst einerseits und der Produktion industrieller Güter andererseits herzustellen. Diese neue ästhetische Sensibilität sei unmittelbar an die Mittel gebunden und stelle auf deren unmittelbare Wirkung ab, während die traditionelle Kunst bestrebt sei, menschliche Ideale oder Gefühle auszudrücken.[2] Daraus resultiere eine Gestalt, die den klassischen ästhetischen Normen nicht mehr genüge und an diesen gemessen rein willkürlich erscheine. Sowohl Kunstwerke als auch Gebrauchsgegenstände, die nach solchen Prinzipien geschaffen wurden, stünden für nichts anderes als sich selbst. Sie seien aus diesem Grunde unmittelbar und ohne Anleitung verständlich. Die entscheidende Stelle in Reads Buch über die neue Sensibilität ist folgende:

«Das Vorhandensein intuitiver Formen kann nur an Hand praktischer Beispiele demonstriert werden, die jedoch, der Natur der Sache nach, einer verstandesmässigen Erklärung nicht zugänglich sind. Ich kann nicht mehr tun, als den Leser auf die Abbildungen verweisen, die verschiedene Beispiele moderner Bauten, Möbel, Haushaltgeräte und Gefässe zeigen – es sind sämtlich Industrieprodukte – und ihn auffordern, sie

1 Read: *Art and Industry,* 1934. Falls nichts anderes vermerkt ist, wird im folgenden nach der deutschen Uebersetzung von 1957 zitiert.

2 Ebenda: S.37.

auf sein ästhetisches Empfinden wirken zu lassen; ich könnte dann zeigen, dass die Proportionen dieser Dinge keinen bewusst angewandten Gesetzen folgen, sondern dass hier echte intuitive Formen geschaffen wurden, oder vielleicht auch funktionelle Formen, die zufällig die Intuition ansprechen.

(...) Es ist meiner Ansicht nach festzustellen, dass überall dort, wo eine Fabrik *gute Formen* (Hervorhebung d.V.) produziert, ein verantwortlicher Entwerfer am Werk ist, der ein gutes Formgefühl besitzt. Er wird nicht immer als Entwerfer bezeichnet werden und weiss vielleicht selbst nicht, dass er Formgefühl hat, aber es geht uns hier um Realitäten und nicht um konventionelle Kategorien.»[1]

Read bezeichnete diese neue ästhetische Sensibilität zwar mit dem Begriff «abstrakt», doch ist offensichtlich, dass er de facto eher das meinte, was van Doesburg zuvor als konkrete Kunst definierte. Man muss annehmen, dass er über die Kunstdebatten in Paris sehr wohl informiert war. Immerhin stand er nicht nur in engem Kontakt mit Surrealisten, sondern korrespondierte auch mit Jean Hélion, einem der Gründungsmitglieder von «Art Concret».[2] Vielleicht war seine Entscheidung für den Begriff «abstrakt» und gegen «konkret» auch bedingt durch die Tatsache, dass im Englischen das Homonym «concrete» bereits durch die Bedeutung «Beton» besetzt war. Dazu kommt noch, dass die einzige bislang vorliegende Definition von van Doesburg noch nicht in jeder Hinsicht eindeutig war. Erstaunlich ist aber trotzdem, wie weit sich Read dieser Punkte bereits bewusst gewesen war. Er argumentierte wie folgt:

«Ich bin mir darüber klar, dass das Wort 'abstrakt' ein schwieriger und fragwürdiger Begriff ist; aber präzisere Bezeichnungen wie 'ungegenständlich' oder 'gegenstandslos' sind nicht nur blosse Verneinungen, sondern auch nicht umfassend genug, um sämtliche denkbaren Aspekte einzubeziehen. Die einzelnen Faktoren eines abstrakten Kunstwerks – Material,

1 Ebenda: S.42/43.

2 Thistlewood: *Herbert Read: Formlessness and Form,* 1984, S.178.

Farbe, Gefüge, Mass – sind in Wirklichkeit 'konkret', aber da sie für sich allein noch kein Kunstwerk ausmachen, ehe nicht der gestaltende Geist ihnen ihre Ordnung gegeben hat, ist dies kein stichhaltiger Einwand gegen die Verwendung des Wortes 'abstrakt'.»[1]

Darauf aufbauend entwickelte Read nun seine eigene Argumentation nicht immer konsequent. Denn einerseits schob er jedem Kunstwerk eine letztlich von aussen abgeleitete Konstruiertheit unter, was ihn dazu führte, den Begriff «konkret» zu verwerfen. Andererseits aber definierte er die neue Gestaltungsweise, die er der traditionell-humanistischen entgegensetzte, dadurch, dass das Resultat dieser Gestaltung an die inhärenten Elemente und die davon abgeleitete Konstruiertheit gebunden sei. Letzteres belegt er mit Abbildungen von historischen und modernen Gebrauchsgegenständen: Messern, Wasserhähnen, Instrumenten, Geschirr etc. Ausserdem findet sich in diesem Zusammenhang die einzige Abbildung eines Kunstwerks: es handelt sich um ein konkretes Bild von Jean Hélion. Diesem Gemälde kommt insofern eine zentrale Bedeutung zu, als Read zur Zeit der Niederschrift des Buches vor allem die Frage bewegte, wie die Kunst innerhalb einer industriellen Kultur neu zu situieren sei.[2]

Das Werk von Hélion ist somit das einzige Pendant zu einer grösseren Anzahl von industriell hergestellten Gebrauchsgegenständen und ist entsprechend zu gewichten. Kommt hinzu, dass Read in der Bildlegende ausdrücklich darauf hinwies, dass das Gemälde wie Wasserhähne oder Messer gestaltet worden sei, «in view of the aesthetic value of the inherent formal elements».[3]

Man versteht Read dann wohl richtig, wenn man annimmt, dass die nicht-humanistische Gestaltungsweise und der dabei wirksame «gestaltende Geist», sowohl beim Kunstwerk als auch beim Wasserhahn, ans Treiben der jeweils «inhärenten formalen Elemente» gebunden ist und der Gestalter von diesen

1 Read: *Kunst und Industrie,* 1934, S.20.

2 Kinross: *Herbert Reads Art and Industry,* 1988.

3 Read: *Art and Industry,* 1934, S.38.

aus die Einheit des Werkes zu konstruieren hat. Eine solche Auffassung aber würde sich auch nach Reads eigener Argumentation eher mit der Definition der konkreten Gestaltungsweise decken.

Jene Aussage, die Read unter das Bild von Hélion setzte, liesse sich dagegen schwerlich auf eine Komposition Mondrians beziehen. Ein Werk wie beispielsweise «Rot, Gelb und Blau» (1928) ist nur in Verkennung des künstlerischen Prozesses als ein «Gebilde» zu bezeichnen, das wie Wasserhähne oder Schreibmaschinen gestaltet sei. Ausgerechnet eine Abbildung dieses Werkes ersetzte in der deutschen Ausgabe von Reads Buch das konkrete Bild von Hélion. Und obwohl die ursprüngliche Legende verändert und um die oben zitierte Stelle verkürzt worden war, wirkt sie in diesem Kontext immer noch äusserst irritierend.[1]

Unabhängig aber von all den begrifflichen Definitionen bleibt das Readsche Hauptanliegen die Charakterisierung einer neuen ästhetischen Sensibilität. Zum ersten Mal wurde hier der Versuch unternommen, die sogenannte «freie» und die sogenannte «angewandte» Kunst aufgrund gemeinsamer Gestaltungsprinzipien zu erklären. Insofern, und auch in dieser Beziehung analog zu van Doesburg, stellte Read seine Beobachtungen in Opposition zu den seit der Renaissance vorherrschenden Werten. Die wichtigsten Prinzipien der humanistischen und der nicht-humanistischen Gestaltung lassen sich gemäss Read folgendermassen einander gegenüberstellen:
Humanistische Gestaltung: sie beruht auf einem Dualismus von formal-bildnerischen Elementen und darstellenden Motiven (S.20); das Ziel ist die homogene Vereinheitlichung beider im Werk, wozu eine Theorie (ästhetische Regeln und Konventionen) nötig ist (S.8); die Darstellung bezieht sich auf den «Sinn des Lebens» (S.37).
Nicht-humanistische Gestaltung: sie beruht auf der unmittelbaren Wirkung der ästhetischen Mittel (S.20), und die gestalterischen Qualitäten erweisen sich nur von Fall zu Fall (S.42); es lassen sich mit ihr Traditionen verbinden, die über keine akademischen Institutionen verfügten und trotzdem – oder

1 Read: *Kunst und Industrie.* 1957, S.26.

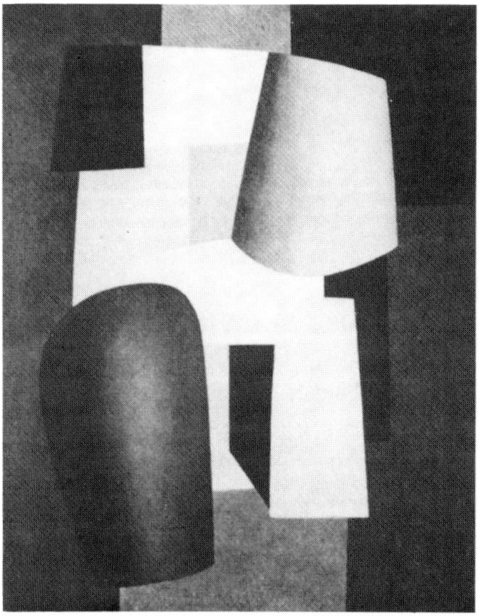

An "abstract" painting by Jean Hélion. 1934. Pure design without any functional intention, and without any representational aim vis-a-vis "nature" or the world of fortuitous events external to the individual. Everything—design, colour, rhythm—is controlled by the intelligence of the artist. The painting is "designed" just as the taps and the knives are designed—in view of the aesthetic value of the inherent formal elements. Photo: Marc Vaux.

Aus Herbert Read «Art and Industry» (1934); die Abbildung zeigt ein Werk von Jean Hélion

gerade deswegen – zu Lösungen von höchster formaler Qualität gelangten, wie das 5. Jahrhundert vor Christus in Griechenland und die Periode des 12. und 13. Jahrhunderts in Nordeuropa zeigen (S.8); sie verkörpert die «Mittel des Lebens» (S.37).[1]

Diese Polarität zwischen humanistischer und nicht-humanistischer Gestaltung erinnert neuerdings an das gedankliche Gerüst, mit Hilfe dessen Max Imdahl zwischen konkreter und abstrakter Kunst unterschieden hat. Der humanistischen Gestaltungsweise etwa wäre in diesem Sinne ein Werk Mondrians verpflichtet, in welchem die «dynamische Bewegung im Gleichgewicht», auf Homogenität und auf die Darstellung eines universellen Prinzips zielt. Anders jedoch liegt der Fall bei der nicht-humanistischen Gestaltungsweise: sie ist primär an das Treiben ihrer formalen Elemente gebunden und deckt sich insofern mit den Werken künstlerischer Konkretion von Hélion und andern.

Wenn man bereit ist, die nicht-humanistische Gestaltungsweise in diesem Sinne mit der konkreten gleichzusetzen, dann bedeutet diese erweiterte Anwendung, über den Bereich der 'freien Kunst' hinaus, keineswegs eine Eroberung neuer Kolonien der Gestaltung. Die Mahnung Otl Aichers, dass nichts gefährlicher wäre, «als im bauen und in der graphik elemente der konkreten kunst anzuwenden», ist in diesem Sinne bereits beachtet. Denn die Erweiterung beruht bloss auf einer Analogie gestalterischer Verfahren, die sich nach Reads Beobachtung unabhängig voneinander sowohl in der allgemeinen Güterproduktion als auch in der Kunst durchzusetzen beginnen.

Zu würdigen ist Reads Buch als ein erster skizzenhafter Versuch, die ästhetischen Implikationen der industriellen Herstellung darzustellen. Vittorio Gregotti bemerkte dazu, dass Read vierzehn Jahre später durch das Buch «Die Herrschaft der Mechanisierung» von Sigfried Giedion überboten worden sei, wo die entsprechenden Fakten weitaus umfassender aufgearbei-

---

1 Alle in Klammern gesetzten Seitenangaben beziehen sich auf: Read: *Kunst und Industrie,* 1957.

2 Aicher: *Die Hochschule für Gestaltung. Neun Stufen ihrer Entwicklung,* 1975, S.12.

tet wurden.[1] Dies mag zutreffen, doch bestand der eigentliche Anlass des Buches für Read ja nicht primär darin, eine vollständige entwicklungsgeschichtliche Abhandlung zu schreiben, sondern zwei damals hierarchisch getrennte Bereiche der Kultur auf die gleiche Ebene zu bringen – ja, auf die gleichen Gestaltungsprinzipien zu gründen.

Zur Debatte um die ästhetischen Verfahren bietet ein anderes Buch von Giedion aufschlussreicheres Material. Dieses Buch, betitelt mit «Raum, Zeit, Architektur», erschien erstmals 1944 und begründete den weltweiten Ruf seines Autors als «Evangelist der Moderne». Zentral darin ist die Beschreibung einer neuen Raumauffassung, die sich, Giedion zufolge, im ersten Drittel des 20. Jahrhunderts als parallele Erscheinung in allen fortschrittlichen Bereichen des modernen Lebens durchzusetzen begann. Das stilistische Zeichen dieser neuen Raumauffassung sah er in der aktivierten, autonomen Fläche.

Auch Read behauptete in «Kunst und Industrie» eine Parallele zwischen den verschiedenen Disziplinen. Doch diese beruhte für ihn ganz im Gegensatz zu Giedion gerade in der Unabhängigkeit jeder Gestaltung von übergreifenden stilistischen Prinzipien. Die nicht-humanistische Gestaltungsweise zeichnet sich durch die Verselbständigung jeder Aufgabe aus, weil sie von den inhärenten Mitteln ausgeht und sich von ihnen treiben lässt.

Bis heute fehlt eine Untersuchung darüber, welcher der beiden Autoren die historischen Verdienste einer avancierten Moderne des 20. Jahrhunderts präziser darzustellen vermochte. Immerhin scheint es, Read habe eine radikalere Interpretation vorgeschwebt, weil er auch noch den letzten Halt einer ausserhalb des Werkes begründeten Ästhetik losliess.

Während Giedions Buch aber lange Zeit jedem Architekturstudenten als eine Art Katechismus der orthodoxen modernen Architektur diente, kann ähnliches über die Wirkung des Buches von Read nicht gesagt werden. Einzig für die Weiterentwicklung der konkreten Gestaltungsweise besass es eine gewisse Bedeutung. Der Gedanke der Analogie der gestalterischen Verfahren, den Read als erster dargelegt hat, wurde später vor allem von Max Bill praktisch umgesetzt.

---

1 Gregotti: *Il disegno del prodotto industriale, Italia 1860-1980,* 1986, S.4.

Bezeichnenderweise ist in «Kunst und Industrie» zum ersten Mal der Ausdruck «gute Formen» zu finden.[1] Auch liess Bill 1952 in seinem Buch «Form» eine Illustration aus Reads Buch abdrucken.[2] Weitere Anleihen finden sich bezüglich der Auswahl und Präsentation der Gegenstände, sowie der Argumentation insgesamt. Auch Bill proklamierte einleitend eine neue ästhetische Verfahrensweise und dokumentierte diese sodann mit Produkten aus dem Bereich der Güterproduktion und der Kunst. Wie Read verwies er auf Parallelen zwischen den traditionellen, anonym hergestellten Produkten und den neuen Industrieprodukten. Diese geistige Verwandtschaft führte schliesslich dazu, dass Herbert Read Anfang der fünfziger Jahre, von Bill aufgefordert, dem Kuratorium der Hochschule für Gestaltung beigetreten ist. Zu einer persönlichen Begegnung kam es jedoch erst später in Südamerika.

Bleibt noch auf das Paradoxon einzugehen, warum die konkrete Gestaltungsweise mit der nicht-humanistischen identifiziert werden soll, obwohl sie wie diese gleichfalls auf menschliche Bedürfnisse hin orientiert ist. Was liegt - wie sich Herbert Read in seinem Buch einleitend fragte - an iesem sehr feinen Unterschied zwischen humanistisch und human?[3]

In diese vermeintliche Spitzfindigkeit ist ein Argument eingeschrieben, das dem Muster der Marxschen Religionskritik folgt. Religion und Humanismus sind nach Marx gleichermassen als Ideengebäude zu verstehen, die bestimmte Erklärungen und Rezepte angesichts realer Probleme anbieten. Positiv daran sei, dass sie somit existierende Ungereimtheiten anerkennen, negativ aber, dass sie diese nur darstellen und nicht lösen. In den Worten Peter Bürgers beruht die Verbindung zum Thema der Gestaltung auf folgender Grundlage:

«Wie Marx in der Religion ein 'affirmatives' Moment aufzeigt (als Trost entlastet sie die Gesellschaft vom Druck der auf Verdrängung drängenden Kräfte), so Marcuse in der bürger-

1 Read: *Kunst und Industrie,* 1957, S.43.

2 Bill: *Form,* 1952, S.46.

3 Read: *Kunst und Industrie,* 1957, S.8.

lichen Kultur, die humane Werte nur als Fiktion zulässt und damit zugleich deren reale Vermenschlichung verhindert.»[1]

So wie nun der Kommunismus in den Augen von Marx die Abschaffung der Religionen zum Zwecke der Einlösung ihrer Versprechen bedeutet, so kann die nicht-humanistische oder konkrete Gestaltungsweise als die Einlösung dessen gesehen werden, was die humanistische Kunstproduktion immer nur als Schein vor Augen geführt hatte. Kein Platz mehr findet sich darin für eine Gestalt, die spekulativ zusammengehalten wird. Kunstwerke wie Wasserhähne, Messer wie Kunstwerke: die Gegenstände kommen einander näher. Diese Auffassung sollte das hierarchische Gefüge unter den Gegenständen radikal verändern und bahnte jene Erweiterung an, die Max Bill dem Begriff «konkret» in der Folge geben wird.

1 Bürger: *Theorie der Avantgarde,* 1974, S.13.

Kapitel VI

Die Billschen Erweiterungen

1936 löste sich die Pariser Künstlervereinigung «abstraction - création» auf. Im selben Jahr erschien im Katalog der Zürcher Ausstellung «Zeitprobleme in der Schweizer Malerei und Plastik» ein kleiner Beitrag von Max Bill, der mit den fettgedruckten Worten «konkrete gestaltung» eingeleitet wird.[1] Diese beiden Ereignisse stehen für den Szenenwechsel der konkreten Kunst von Paris nach Zürich. Der Samen der künstlerischen Konkretion fiel in der Schweiz auf günstigen und vorbereiteten Boden. Eine Kunstauffassung, die repräsentative Funktionen ablehnte, war wie geschaffen für ein Land, das eben diese Abstinenz zu den 'Tugenden' seines politischen Alltags zählt. Konkrete Kunst ist zwar nicht eigentlich zur schweizerischen 'Staatskunst' befördert worden, womit sich spezifisch schweizerische Inhalte hätten ausdrücken lassen. Doch die Rede, die Nationalrat Bill[2] im politisch bewegten Jahre 1968 über «Das Behagen im Kleinstaat» hielt, war mehr als eine pflichtbewusste Danksagung für den ihm verliehenen Zürcher Kunstpreis.[3] Es war schon eher eine Huldigung an die kleinteiligen demokratischen Strukturen und an die durch sie beförderten Visionen künstlerischer Gestaltung. Der Kleinteiligkeit bekommt eine gestalterische Konzeption sehr wohl, für welche äussere Konventionen nichts, innere Bedingungen aber alles bedeuten.

Auf dem Gebiet der konkreten Kunst sind denn auch wichtige - wenn nicht gar die wichtigsten - Beiträge der Schweiz zur Kunst des 20. Jahrhunderts gemacht worden.[4] Anders als etwa

---

1 Bill: *Konkrete Gestaltung,* 1936, S.9.

2 Bill wurde 1967 für eine Legislaturperiode auf Vorschlag des Landesrings ins eidgenössische Parlament gewählt.

3 Bill: *Das Behagen im Kleinstaat,* 24. Dezember 1968.

4 Ausstellungskatalog: *art concret suisse: mémoire et progrès,* 1982; Ausstellungskatalog: *Konfrontation 2 - mathematisch-konkrete Kunst/Surrealismus,* 1971; Ausstellungskatalog: *Konstruktive Kunst* 1915-1945, 1981.

die Dada-Bewegung, die während des Ersten Weltkrieges in Zürich Gastrecht genoss und anschliessend fast spurlos wieder von der Limmat-Bühne verschwand, anders auch als die berühmtesten Schweizer Künstler, die aus der Enge flohen und erst im Ausland beruflich gross geworden sind, haben sich die Konkreten in den Verhältnissen dieses Landes mehr oder weniger zurechtgefunden. Zu den wichtigsten Künstlern dieser Gruppe zählen Max Bill, Camille Graeser, Verena Loewensberg und Richard P. Lohse. Die Impulse aus Paris aufnehmend, wurden die Prinzipien der Konkretion systematisiert und auf den Punkt gebracht - nicht ohne rigorose Beschränkung, Hartnäckigkeit und auch eine gewisse Frostigkeit.

Innerhalb der Gruppe der sogenannten «Zürcher Konkreten» nehmen Bill und Lohse insofern eine Sonderstellung ein, als sie über die künstlerische Tätigkeit hinausgehend auf die Gestaltung der Lebenswelt zu wirken versuchten. Im Falle von Bill - auf den ich mich im Rahmen dieser Arbeit konzentriere - zeigt sich dies zunächst in einem entsprechend breit gefächerten Gesamtwerk, das Bauten, Gebrauchsgegenstände, Bühnenbilder, Graphiken, Ausstellungsgestaltungen ebenso wie Kunstwerke umfasst. Zudem soll Bill zufolge auch die künstlerische Tätigkeit gesellschaftliche Relevanz erhalten. Für einen Konkreten allerdings liegt dies «nicht im Abbildhaften, sondern im Prinzipiellen, das heisst im Versuch, Leitbilder zu gestalten für den Aufbau von Umwelt und Gesellschaft», begründet.[1] Dies meint nicht die Veredelung von Gegenständen, sondern bezieht sich ausdrücklich auf die Anwendung analoger gestalterischer Verfahren im Sinne der konkreten Kunst. Kunst ist nur jener Bereich, in dem diese Verfahren wie unter Laboratoriumsbedingungen ungestört untersucht werden können. Das Ziel aber ist, dass dem Massenprodukt ebenso zugute kommen soll, was der Künstler seinem Werk antut.

Die Transversale, die alle gestalterischen Disziplinen durchzieht und Massenprodukte mit Werken der konkreten Kunst verbindet, wurde erstmals in Bills Gestaltung des Schweizer Beitrags für die Mailänder Triennale von 1936 vorgeführt. In der Ausstellung «Die gute Form» von 1949 sodann, wie auch in der

---

1 Bill: *Malerei, Architektur, Plastik. Kunst im halbierten Jahrzehnt,* 1976, S.108.

Max Bill: Ausstellungsstand, 1934

Max Bill: Schweizer Sektion an der IV. Triennale von Mailand, 1936

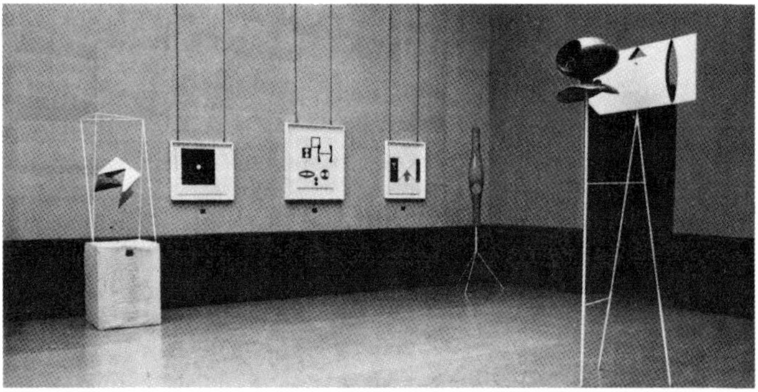

Ausstellung «Zeitprobleme in der Schweizer Malerei und Plastik», Kunsthaus Zürich, 1936, Saal mit Werken von Bill

Publikation «Form», die sich im wesentlichen auf das Material der Ausstellung stützte, konnte sie weiter ausgebaut werden. Schliesslich jedoch ist Bills Tätigkeit an der Hochschule für Gestaltung als die umfassendste praktische Realisierung der Transversale anzusehen. Die Transversale zwischen den Gattungen hängt mit der Erweiterung des Begriffs der konkreten Kunst, so wie er 1930 definiert worden ist, zusammen. Bevor er auf ein ganzes Universum von konkreten Gegenständen auszustrahlen vermochte, waren einige Präzisierungen und Ergänzungen nötig. Es soll deshalb zunächst besprochen werden, wie Bill den Begriff neu fasste und in welchem Sinne man ihn infolgedessen auf Phänomene der Massenkultur anwenden darf. Dann soll die Transversale anhand verschiedener Werke aus dem Schaffen Bills aufgedeckt werden.

6.1 Präzisierungen zu van Doesburg

Zur genaueren Definition der künstlerischen Konkretion schrieb Bill eine Reihe von Texten, die in einschlägigen Katalogen und Zeitschriften veröffentlicht worden sind. Der erste, bereits erwähnte, erschien 1936 und bezog sich nicht bloss auf «konkrete kunst», sondern allgemeiner auf «konkrete gestaltung», wie die ersten beiden Wörter des Billschen Manifests lauten.[1] Als offensichtlichste Änderung gegenüber van Doesburg wird der Anwendungsbreich auch auf die Plastik ausgedehnt. Entsprechend ergänzte Bill die Liste der gestalterischen Mittel: Raum, Licht und Bewegung kamen zu den beiden von van Doesburg erwähnten Faktoren – Fläche und Farbe – hinzu. Damit hätte sich wohl auch van Doesburg einverstanden erklären können, sind doch die spezifischen Mittel beider Gattungen bloss aufgelistet, ohne im Hinblick auf eine höhere ästhetische Einheit von Malerei und Plastik miteinander vermischt zu werden. Im Gegenteil: Bill unterstrich die Separation und die absolute Autonomie beider Gattungen, indem er nicht nur die Mittel, sondern auch die damit verbundenen Gesetzmässigkeiten als für jede Gattung spezifisch erklärte. In der 1949 überarbeiteten Version

1 Bill: *Konkrete Gestaltung,* 1936, S.9.

konkrete gestaltung ist jene gestaltung, welche aus ihren eigenen mitteln und gesetzen entsteht, ohne diese aus äußeren naturerscheinungen ableiten oder entlehnen zu müssen. die optische gestaltung beruht somit auf farbe, form, raum, licht, bewegung. obschon jede schöpferische gestaltung durch inspiration angeregt wird, ist sie ohne klare und präzise formung nicht zu vollenden. durch die formung nehmen die entstehenden werke konkrete form an, sie werden aus ihrer rein geistigen existenz in tatsache umgesetzt, sie werden zu gegenständen, zu optischen und geistigen gebrauchsgegenständen.

wenn es auch nicht angeht, ohne weiteres musikalische formbildung mit der formung innerhalb von malerei und plastik zu vergleichen, ist es dennoch möglich, parallelen zu ziehen, um dadurch auf einfache weise anzudeuten, von welchen gesichtspunkten aus die konkrete optische gestaltung betrachtet werden kann. die musik hat formen herausgebildet, wie z. b. die bachsche fuge, welche ewige gültigkeit behalten werden; diese musikalische form beruht nicht auf naturnachbildung, sondern ist die rein geistige schöpfung des themas, welches durch phantasievolle, plan- und gesetzmäßige bearbeitung verwandelt und gesteigert wird und dadurch die der musik eigene wirkung, eines tonalen ablaufs, innerhalb von raum und zeit, vollendet erstehen läßt.

ebenso wie die klaren, sauberen musikalischen formen dem hörenden angenehm sind, dem wissenden in ihrem aufbau freude bereiten, sollen die reinen, klaren formen und farben den betrachter optisch erfreuen.

zürich, juni 1936. *bill*

Text von Max Bill im Katalog der Ausstellung «Zeitprobleme in der Schweizer Malerei und Plastik», 1936

des Manifests betonte Bill noch eindeutiger, dass Kunstwerke nur dann «konkret» genannt werden sollen, wenn sie «aufgrund ihrer ureigenen Mittel und Gesetzmässigkeiten (...) entstanden sind».[1] (Vergleiche Anhang 1.) Die inhärenten Gesetzmässigkeiten nehmen somit den Platz der «mathematical data», wie es bei van Doesburg heisst, ein.[2] Damit ist dem Missverständnis, wonach konkrete Werke bloss mathematische Sachverhalte illustrieren und somit von auswärtigen Regeln gemeistert werden, endgültig ein Riegel geschoben.

Auch der Titel des wohl bekanntesten Billschen Traktats «Die mathematische Denkweise in der Kunst unserer Zeit»[3] sollte diesbezüglich nicht irreleiten, denn hier sind ausdrücklich nur Denkprozesse gemeint, auf welchen die exakte Mathematik ebenso wie die konkrete Gestaltung aufbauen. Hier wie in jedem Fall, wo Bill verschiedene Diziplinen oder Fakultäten miteinander in Beziehung bringt, liegt sein Blick auf den Verfahren und nicht auf den stilistischen oder symbolischen Merkmalen.

Des weiteren fällt besonders bei der ersten Fassung von 1936 auf, welche Wichtigkeit der Analogie zur Musik zukommt - ein Argument, das übrigens auch in «Die mathematische Denkweise in der Kunst unserer Zeit» nochmals aufgegriffen wurde. Bill könnte sich dabei an einen ähnlichen Gedanken erinnert haben, den Mondrian in seinem Bauhausbuch von 1925 ausführte.[4] Doch während dieser auf Jazz und auf Kompositionen des Holländers van Domselaer hinwies, um derart das Generalprinzip der «Neuen Gestaltung» zu veranschaulichen, interessierte Bill sich mehr für die zeitunabhängige, grundlegendere Analogie zwischen der nicht-mimetischen Tonkunst und dem, was er unter konkreter Gestaltung verstand. Genau in diesem Sinne hat auch der argentinische Schriftsteller Jorge Luis Borges einmal das Wesen der konkreten Kunst erklärt:

---

1 Bill: *Konkrete Kunst.* 1949. Abgedruckt bei Hüttinger: *Max Bill,* 1977, S.61. Zum Vergleich der beiden Fassungen der Billschen Überarbeitung siehe auch: Bätschmann: *Malerei der Neuzeit,* 1989, S.244

2 van Doesburg: *Commentaires sur la base de la peinture concrète,* April 1930.

3 Bill: *Die mathematische Denkweise in der Kunst unserer Zeit,* 1949.

4 Mondrian: *Neue Gestaltung Neoplastizismus Nieuwe Beelding,* 1974, S.22. (erstm.: 1925)

«Sie folgerte, glaube ich, dass genau so wie es der Musik erlaubt ist, eine eigene Welt von Tönen zu schaffen, die Malerei, ihre Schwester, sich an Farben und Formen versuchen kann, die nicht die jener Dinge nachschöpfen, die unsere Augen sehen.»[1]

Der Vergleich mit Musik ist in dieser Form kulturell vorbelastet. Verschiedentlich wurde er als Argument benützt, um eine gewisse Systematik und Hierarchie innerhalb der Kunstgattungen zu begründen. Friedrich Schelling beispielsweise bezeichnete Architektur als «concrete Musik», da sie wie Musik gleichermassen als nicht-abbildende Kunst zu verstehen sei und zudem auf ähnlichen Harmonien und Proportionen aufbaue. In der Architektur komme allerdings hinzu, dass die rein poetischen Beziehungen auch noch der Übersetzung in 'konkrete' Materie bedürften.[2] Dem Kunstsystem Schellings folgend soll der musisch begabte Preussenkönig Friedrich Wilhelm IV einmal von der Architektur gesagt haben: «Das seint schwere nothen.»[3] Wenn auch der Vergleich bei Bill etwas anderes bezweckte als einen Beitrag zum Wettstreit der Künste, so werden dadurch immerhin gedankliche Vorbereitungen getroffen, um die konkrete Gestaltungsweise gattungsüberschreitend als allgemeines ästhetisches Verfahren ins Blickfeld zu rücken.

Der Erweiterung der künstlerischen Konkretion wurde ausserdem dadurch Vorschub geleistet, dass Bill im Manifest von 1936 vorschlug, Kunstwerke als «Gebrauchsgegenstände» für den geistigen Gebrauch zu betrachten.[4] Damit gelangen sie in die unmittelbare Nachbarschaft der alltäglichen Dinge und verlieren ihre angestammte, von der 'eigentlichen' Wirklichkeit abgehobene Aura.

Aus den Präzisierungen bezüglich der Mittel und deren inhärenten Gesetzmässigkeiten, auf welche die Gestalt eines Kunstwerks allein zurückgeführt werden soll, ergeben sich zwei

---

1 Borges: *Das Duell,* 1981, S.190.

2 Schelling: *Philosophie der Kunst,* 1959, S.244.

3 Zitiert von Ponten: *Architektur die nicht gebaut wurde,* 1987, S.7.

4 Bill: *Konkrete Gestaltung,* 1936.

Folgerungen. Zum einen: Hielt van Doesburg die konstruktiv-geometrischen Formen noch für die einzige Möglichkeit konkreter Kunst, so sah Bill darin bloss noch eine unter vielen. A-morphe und a-geometrische Formen waren für ihn gleichermassen denkbar, vorausgesetzt, dass sie auf den Gesetzmässigkeiten der jeweiligen Mittel aufbauen und nicht von der Dingwelt abgeleitet oder willkürlich gesetzt sind.[1] (Vergleiche auch Anhang 1.)

In demselben Katalog, in dem Bill die Öffnung der konkreten Kunst erstmals behandelte, ging Jean Arp gar so weit, dass er auch Werke surrealistischer Künstler als «konkret» bezeichnete.[2] Von da aus gesehen mag es auch nicht mehr überraschen, wenn die Entstehung der konkreten Kunst schliesslich auf das Jahr 1910 vorverlegt wurde, auf jenes Jahr nämlich, in dem Kandinsky das sogenannte «erste abstrakte Aquarell» gemalt hatte, welches nun anlässlich des 50. Geburtstages der konkreten Kunst als «première oeuvre concrète» ausgegeben wurde.[3]

Die zweite Folgerung betrifft eine Akzentverschiebung innerhalb der Verfahren künstlerischer Konkretion. Van Doesburg hatte sich im Rahmen seiner Definition der konkreten Malerei praktisch ausschliesslich auf deren Ausdrucksmittel bezogen. Bezeichnend ist nun, dass Bill vergleichsweise mehr Gewicht auf die Gesetzmässigkeiten der Mittel, auf ihre Syntax legte und explizit forderte, dass sie ihrer «innersten Natur gemäss» eingesetzt werden müssten.[4] Eine allgemeine Tendenz, die Karl Gerstner in der Entwicklung der modernen Kunst beobachtet hat, scheint sich somit auch in der konkreten Kunst zu bestätigen: dass nämlich in einer ersten Phase die «Worte zu einer neuen Bildsprache» erfunden worden sind, um dann in der zweiten die Syntax der neuen Sprache zu entwickeln.[5]

Die Betonung der «ureigenen Gesetzmässigkeiten» findet sich in allen frühen Traktaten Bills. Zu Beginn der sechziger

---

1 Bill: *Ein Standpunkt,* 1944, S.9.

2 Arp: *Art concret,* 1944.

3 Ausstellungskatalog *Konkrete Kunst. 50 Jahre Entwicklung,* 1960, S.9; Staber: *Die Anfänge der Konkreten Kunst,* Oktober 1960, S.370.

4 Bill: *Ein Standpunkt,* 1944.

5 Gerstner: *Kunst seit Mondrian,* Februar, S.65.

Jahre, etwa im Essay betitelt mit «Struktur als Kunst? Kunst als Struktur?», wurde dieser Aspekt gar zum wesentlichsten Faktor der konkreten Gestaltung erklärt.[1] Ein Grund, warum Mondrian trotz seiner abstrakten Gestaltungsweise auch für die Konkreten der zweiten Generation wichtig blieb, liegt gerade darin, dass er die Elemente und die Beziehungen zwischen den Elementen als gleichwertige Momente der Komposition auffasste.

Was Kunst letztlich als Ordnungsgefüge von jenen Strukturen, die man von der Wissenschaft her kennt, unterscheidet, liegt Bill zufolge in der Auswahl von Strukturen, in deren Begrenzung und schliesslich in der Findung neuer Gestalt-Möglichkeiten.

«das bedeutet, dass kunst nur dort und nur dann und nur deshalb entstehen kann, wenn und weil individueller ausdruck und persönliche erfindung sich dem prinzip der struktur unterstellen und diesem ordnungsprinzip neue gesetzmässigkeiten und gestalt-möglichkeiten abgewinnen können.»[2]

Im Gegensatz zu Mondrian versteht Bill unter der künstlerischen Tätigkeit nicht die Nachschöpfung eines einzigen, universellen Prinzips! Vielmehr soll in jedem künstlerischen Werk eine individuelle Lösung angestrebt werden, worin die «Struktur zur Gestalt» werden kann.[3]

Die theoretischen Präzisierungen Bills waren Voraussetzung dafür, dass die Verfahren künstlerischer Konkretion überhaupt auf die 'angewandten Künste' übertragen werden konnten. Innerhalb der Gestaltung von Gebrauchsgegenständen oder Bauten wäre es angesichts des unermesslichen Spektrums an

---

1 Bill: *Struktur als Kunst? Kunst als Struktur?,* 1967. Vergleiche dazu auch: Bill 1960 im Ausstellungskatalog über Enzo Mari: «Die konkrete Kunst ist gekennzeichnet durch ein Merkmal: die Struktur. Die Struktur des Aufbaues in der Idee, die Struktur des Visuellen in der Realität, die Realität als Struktur der Idee, die Idee als Struktur der Realität.» (Zitiert von Staber: *Die Anfänge der Konkreten Kunst,* Oktober 1960, S. 360/361.)

2 Ebenda: S. 155.

3 Ebenda: S. 155.

Mitteln und Anforderungen nicht möglich, diese im Sinne von van Doesburg auf ein bloss beschränktes Set elementarer Ausdrucksformen zu beschränken, ausser man würde dazu ideelle Kriterien zur Aussortierung einführen. Hingegen lässt sich mit jedem beliebigen Mittel im Sinne der konkreten Gestaltung umgehen, wenn man seine spezifischen Gesetzmässigkeiten herausarbeitet und sie dem gestalterischen Verfahren zugrunde legt. Insofern ist also das entscheidende Kriterium bei der erweiterten Auslegung der konkreten Gestaltung nicht mehr die Definition der Mittel, sondern die Art und Weise, wie die Mittel in der Gestalt eines Werkes - handle es sich um ein Gemälde oder um einen Gebrauchsgegenstand - vermittelt werden.

6.2 Übertragung auf die 'angewandten Künste'

Dass es sich geradezu anbietet, die Billsche Konzeption der konkreten Kunst auf Probleme des Designs und der Umweltgestaltung zu übertragen, ist mehrfach festgestellt worden. Insbesondere sind in diesem Zusammenhang Max Bense, Richard Paul Lohse, Alfred Roth und Konrad Farner zu erwähnen. Es handelt sich dabei um Personen, die alle wegen ihren engen persönlichen Beziehungen zu Bill für ihre Aussagen durchaus Zeugnischarakter beanspruchen dürfen. Beispielsweise schrieb etwa Max Bense in diesem Zusammenhang:

> «das werk max bills, wie überhaupt die konkrete malerei und plastik, lassen sichtbar werden, dass die moderne kunstproduktion aus einem hermetischen raum für kunst herausgetreten ist und im wirklichen sinne öffentlich, übertragbar, fast ein gesellschaftliches phänomen geworden ist.»[1]

Sinngemäss benützte Alfred Roth das Argument der erweiterten Auslegung der konkreten Kunst. In seinem 1940 erschienenen Buch «Die Neue Architektur» stellte er unter zwanzig prominenten Bauten auch den von Bill gestalteten Sektor der Schweiz an der Triennale in Mailand (1936) vor. Roth sah

---

1 Bense: *Aspekte Hegels in einer Ausstellung von Max Bill,* 1968, S. 23.

darin eine «Nutzanwendung der Erkenntnisse auf dem Gebiet der konstruktiven Malerei und Plastik».[1]

Bill selber hatte sich ebenfalls verschiedentlich über die Anwendbarkeit konkreter Kunst geäussert. Erstmals 1938 in der Entgegnung auf eine wenig optimistische Einschätzung der damaligen Kunstszene, die der «Werk»-Chefredakor Peter Meyer in der März-Nummer 1938 veröffentlicht hat. Dieser attackierte insbesondere die «nicht-gegenständliche» Kunst als eine «Kunst des Nihilismus», «des Überdrusses» und «der Verurteilung», die keine Werte setze oder anerkenne, sondern nur zertrümmere.[2] Bill parierte die Vorwürfe nicht etwa indem er sie widerlegte, sondern indem er in die Offensive ging und den Nihilismus verteidigte. Denn dank dem Nihilismus in der Kunst könne endlich jedwelche Repräsentation von Macht und individuelle Zurschau-Stellung verhindert werden. Gerade dies mache die konkrete Kunst frei, um sich den «Notwendigkeiten des Lebens» zu stellen und eine «demokratische Auffassung» von Kultur zu entwickeln.[3]

An sich erinnern solche Formulierungen sehr an Legitimierungsversuche der klassischen Avantgarde der zwanziger Jahre. Dabei hing von ideeller Haltung gegenüber dem Leben ab, wie die Konsequenzen für die kreative Tätigkeit ausfielen. Geht man aber vom Kunstbegriff der Konkreten aus, so entfällt diese Art von weltanschaulicher Vorbestimmung. Angepeilt ist mit den «Notwendigkeiten des Lebens» ganz einfach und direkt ein grösserer Bereich der Gestaltung, in dem dieselben Verfahren wie in der konkreten Kunst angewendet werden sollen. Konkrete

---

1 Roth: *Die Neue Architektur,* 1975, S.176. Offensichtlich konnte sich Roth dabei auf einen damals noch nicht publizierten Beschrieb von Bill stützen, in dem von der »anwendung von erkenntnissen auf dem gebiet konstruktiver malerei und plastik» die Rede ist. (Bill: *Die Schweizer Abteilung an der Triennale di Milano 1936,* 1981, S.95.) Auch R.P. Lohse benutzte 1953 diesen Wortlaut und veränderte ihn wenig, aber bedeutsam, wenn er von der ersten «Anwendung der Erkenntnisse und Methoden auf dem Gebiet der konkreten Kunst im Zusammenhang mit der neuen Architektur» schrieb. (Lohse: *Neue Ausstellungsgestaltung,* 1953, S.28.)

2 Meyer: *Moderne Kunst in der Schweiz,* März 1938, S.76.

3 Bill: *Über konkrete Kunst,* August 1938, S.250.

Kunstwerke sind, so schrieb Bill 1939 in einem andern Aufsatz, «Laboratoriumsarbeiten» für Aufgaben der nahen Zukunft, sie stellen keine Ideale dar, sondern sind als Wegleitungen zu benützen.[1]

Aufgaben solcher Art stellten sich dann nach dem Zweiten Weltkrieg tatsächlich und in einem nicht vorhergesehenen Ausmass. Es fällt auf, dass Bill ausgerechnet von diesem Zeitpunkt an seltener in seinen nach wie vor zahlreichen Publikationen rein kunsttheoretische Fragen behandelte. Diesbezügliche Ausnahmen wie vor allem «Die mathematische Denkweise in der Kunst unserer Zeit» (1949) und «Struktur als Kunst? Kunst als Struktur?» (1967) hat Eduard Hüttinger in seinem Buch über Bill zusammengestellt.[2]

Daneben begann Bill jedoch mit Veröffentlichungen, die sich stärker auf die Gestaltung von Gebrauchsobjekten und Bauten konzentrierten. Hier seien insbesondere erwähnt: «Wiederaufbau» (1945); «Erfahrungen bei der Formgebung von Industrieprodukten» (1946); «Schönheit aus Funktion und als Funktion» (1949); «Form» (1952); «Konstanz und Veränderung» (1954); «Grundlage und Ziel der Ästhetik im Maschinenzeitalter» (1955) und «[Gestalt]» (1956).

Ging es in den kunsttheoretischen Schriften vor allem darum, Gesetzmässigkeiten der Form nachzuspüren, so wird in den späteren Texten dargelegt, wie noch im geringsten aller Gegenstände neben funktionalen auch ästhetische Komponenten wirksam sind. In der ersten Textgruppe befasste sich Bill vorwiegend damit, den Status der künstlerischen Werke auf das Niveau gewöhnlicher Gegenstände zu drücken, weil sie ebenso einem Zwecke dienen und an das Treiben ihrer materiellen Voraussetzungen gebunden sind. Nun, da die gewöhnlichen Gebrauchsgegenstände ins Zentrum der Aufmerksamkeit gerückt werden, wird deren Niveau angehoben, indem sie auch unter dem Aspekt der Schönheit und der ästhetischen Vermittlung betrachtet werden.

---

1 Bill: *Die Beherrschung des Raumes,* 1940, S.14. Vergleiche dazu die Kritik von Hans Schmidt: *Bemerkungen zu Max Bill 'Die Beherrschung des Raumes',* 1. Januar 1940. (Archiv GTA, Zürich)

2 Hüttinger: *Max Bill,* 1977, S.105-116, S.154/155.

Die in diesem Zusammenhang wohl aufsehenerregendsten Äusserungen machte Bill in einem Vortrag an der Tagung des Schweizerischen Werkbundes von 1948. Die These wird in formelhafter Kürze bereits im Titel ausgedrückt, der da lautet: «Schönheit aus Funktion und als Funktion». Unter diesem Motto führte Bill aus, dass jeder Gegenstand eine ästhetische Dimension besitze, die sich nicht bloss mittelbar aus der Erfüllung von Materialbedingungen und Zwecken ergebe («aus Funktion»), sondern die als absoluter Parameter («als Funktion») unmittelbar, neben den funktionalen, bei der Gestaltung zu berücksichtigen sei:

«Die Massenkonsumgüter sollen derart gestaltet werden, dass nicht nur eine relative Schönheit aus ihren Funktionen heraus entsteht, sondern dass diese Schönheit selbst zur Funktion wird.»[1]

Damit brach Bill eindeutig mit einem der wichtigsten Dogmen der modernen Architektur überhaupt, welches nach dem Kriege selbst von weniger orthodoxen Nachfolgern als gültig erachtet wurde: mit der Meinung nämlich, dass ästhetische Aspekte strikte von den funktionalen zu trennen seien und sich, wenn schon, aus der Verkettung mit jenen ergeben. Bill provozierte mit seinem Vortrag den spontanen Widerspruch der meisten Anwesenden, als deren Wortführer sich der Basler Kunsthistoriker Georg Schmidt hervortat.

In der darauffolgenden Debatte aber fand der «Verräter an der Werkbundidee»[2] ausgerechnet Unterstützung bei Henry van de Velde, einem der prominentesten Vertreter der Werkbundbewegung, der mit der Gründung der Kunstgewerbeschule in Weimar auch die Grundlagen für das spätere Bauhaus geschaffen hatte. Bekannt geworden war er vor allem wegen seines Auftritts an der Kölner Werkbundtagung von 1914, als er sich mit einem Thesenpapier gegen die Typisierung wandte und dafür

---

1 Bill: *Schönheit aus Funktion und als Funktion.* Zitiert von Staber: *Max Bill und die Umweltgestaltung,* 20. Januar 1962, S.62. (Der Vortrag ist in überarbeiteter Form abgedruck in: Werk: August 1949, S.272–274.)

2 Bill: *Vom Bauhaus bis Ulm,* Juni 1976, S.15.

eine Gestaltung forderte, die er als funktional und künstlerisch zugleich verstanden wissen wollte. Der über 90 Jahre alte Ehrengast der Tagung des SWB sei, so berichtet Bill, «anderntags gegen den Sturm auf die Barrikade» gestiegen und habe seine Thesen verteidigt.[1] Van de Velde sah in den Ausführungen Bills eine Fortsetzung dessen, was er einst selber unter dem Begriff der «vernunftgemässen Schönheit» gefordert hatte.[2].

Gegen Ende seines Vortrags vor dem SWB kam Bill ausserdem in knapper Form auf die Problematik der Ausbildung zu sprechen und skizzierte dabei ein Programm für einen neuen Typus des industriellen Gestalters. Obwohl er dabei ganz bewusst an die Reformen der Kunstgewerbeschulen der Zwischenkriegszeit und insbesondere an das Bauhaus anschloss, ging er in einem Punkt doch entscheidend darüber hinaus und nahm damit die wichtigsten Grundzüge, die die spätere Hochschule für Gestaltung in Ulm charakterisieren sollen, um einige Jahre vorweg.

Die künftigen Gestalter von Industrieprodukten sollten lernen, so forderte Bill 1948, sich als wirkliche Künstler zu verstehen, die gegen die Idee gefeit sind, «dass das Bildermalen oder Plastikenmachen viel wichtiger oder von höherem Wert sei als das Herstellen guter Geräte von vollkommener Schönheit».[3]

Das Programm der Hochschule für Gestaltung war dann insofern eine logische Weiterführung der rudimentären Skizze von 1948, als es an ihr tatsächlich keine Kunstateliers gab, hingegen die «unscheinbaren Dinge» wie Kunstwerke behandelt wurden.

---

1 Ebenda.

2 van de Velde: *Form – die reine zweckmässige Form,* August 1949, S.248.
Dass van de Velde Einfluss auf die schweizerische Architekturdebatte der Nachkriegszeit hatte, geht auch aus einem Essay des seit 1943 amtierenden neuen «Werk»-Redaktors Alfred Roth hervor, der zwar das Formproblem selbst nur streifte, dafür aber auf den oben zitierten Artikel van de Veldes verweist: Roth: *Zeitgemässe Architekturbetrachtungen,* März 1951.
Das Dilemma der funktionalistischen Form ist behandelt in: von Moos: *Alfred Roth und die «Neue Architektur»,* 1985, S.21 ff..

3 Bill: *Schönheit aus Funktion und als Funktion,* August 1949, S.274

6.3 Die gute Form

Einen Eindruck, wie künstlerische und alltägliche Dinge unter dem Aspekt der künstlerischen Konkretion gleichwertig nebeneinander stehen können, gab die Ausstellung «Die gute Form». Bill erhielt nach seinem Vortrag von 1948 vom «Schweizerischen Werkbund» (SWB) den Auftrag, seine Vorstellungen genauer darzulegen. Die Folge davon war eine Ausstellung, die erstmals an der Mustermesse 1949 in Basel gezeigt wurde. Sie bestand aus grossformatigen Phototafeln, worauf Gegenstände des alltäglichen Bedarfs, technische Geräte, Gebäude, Inneneinrichtungen, Kleider und Einrichtungen des Verkehrs abgebildet waren. Diese wurden begleitet von einigen Tafeln mit mikroskopischen Naturaufnahmen, Photos mathematischer Modelle und Abbildungen plastischer Werke Bills. Ein Teil des Materials wurde dann 1952 im Buch «Form. Eine Bilanz über die Formentwicklung um die Mitte des XX. Jahrhunderts» wiederverwendet.[1] Das darin angelegte Universum der Gestaltung soll im folgenden etwas eingehender betrachtet werden.

Im Unterschied zur Ausstellung war die Buchfassung mit vier kurzen Texten von Bill ergänzt worden. Die Einleitung ist überschrieben mit «Form und Kunst». (6–11) Kunst wird darin als der «reinste sichtbare Ausdruck der geistigen Strömungen» einer Zeit bezeichnet. Die jüngste Entwicklung stellt Bill anhand von Bildpaaren mit Automobilen einerseits und Kunstwerken andererseits dar – ein signifikantes Arrangement, das Le Corbusier mit seiner Gegenüberstellung von Automobilen und griechischem Tempel in «Vers une architecture» vorweggenommen hatte. Aufgrund der ausgewählten Illustrationen muss man annehmen, dass Bill damals die führende Rolle der konkreten Kunst zugedacht hat, vertreten durch eine Abbildung seiner «Konstruktion aus einem Kreisring». Einflüsse auf die Gestaltung von Erzeugnissen des täglichen Bedarfs werden nicht bloss für diesen Fall festgestellt, sondern allgemein postuliert.

---

1 Bill: *Form. Eine Bilanz über die Formentwicklung um die Mitte des XX. Jahrhunderts,* 1952. (Die im folgenden in Klammern angegebenen Ziffern beziehen sich auf Seitenzahlen dieses Buches.)

Illustrationen zum Kapitel «Form und Kunst» in Bills Buch «Form. Eine Bilanz über die Formentwicklung um die Mitte des XX. Jahrhunderts», 1952

An den ersten Essay schliesst eine Serie von vierunddreissig ganzseitigen Photos an. Abbildungen aus dem Bereich der Natur folgen jene von mathematischen Modellen, dann zwei von Skulpturen Bills und schliesslich eine Reihe von Aufnahmen verschiedenster Werkzeuge, Maschinen und Apparate.

«Vom Werkzeug zum Schleckzeug» (46) heisst der Titel des nächsten Essays, der die unmittelbar vorausgegangenen Bilder bezüglich ihrer ästhetischen Erscheinung kommentiert. Der Autor betont in diesem Zusammenhang, dass Schönheit im Bereich der sogenannten 'angewandten Kunst', im Gegensatz zur 'freien Kunst', nicht autonom ist. «Diese Formen sind immer und in allen Fällen abhängig von Qualitäten und vom Gebrauch des Gegenstandes.» (46) Die Betonung ästhetischer Prinzipien, das Streben nach Schönheit dürfe nicht als Aufforderung zum Dekorativismus aufgefasst werden. Bei Werkzeugen oder Instrumenten sei eine «ehrliche Form» relativ einfach zu erreichen. Schwieriger werde es bei Gegenständen, die beispielsweise mit dem Wohnen zusammenhängen. Hier seien ungleich mehr Anforderungen und ausserdem widersprüchlichste Geschmacksurteile zu berücksichtigen. Doch der guten Form drohe Gefahr: aus geschäftlichen Gründen werden Nebensächlichkeiten übertrieben, folgt man modischen Trends und übergiesst die zweckmässige Form mit Zuckerguss.

In der zweiten Bildserie folgen zunächst weitere Abbildungen von Gebrauchsgegenständen wie Küchengeräte, Lampen, Möbel. Dann aber folgen Photos von Spielzeugen, Schmuckgegenständen und Kleidungsstücken. Schliesslich werden auch Gegenstände aus dem Verkehrswesen, Brückenkonstruktionen und Hallenbauten gezeigt.

Der dritte Essay bezieht sich auf die ihm unmittelbar vorangehenden und nachfolgenden Bilder. Thematisiert wird unter dem Titel «Planen und Bauen» (138/139) das architektonische Werk: «Architektur ist glücklicherweise nicht allein abhängig von bestehenden Einzelteilen und rein technischen Einflüssen; ausschlaggebend ist vielmehr die Art und Weise, wie diese ausgewählt und geordnet werden, so dass sie, zu einem Ganzen gefügt, eine Einheit bilden.» (138) Ebenso ist das Einzelobjekt immer auch als Teil einer Siedlung, einer Stadt und einer Landschaft zu sehen.

Der Text über «Erziehung und Gestaltung» (162-167) gibt als Abschluss des Buches einen kurzen Abriss über die Geschichte der Kunstschulreform. In Wort und Bild werden vier Stationen besonders hervorgehoben: Henry van de Veldes Kunstgewerbe-Seminar von Weimar (gegründet 1902), das Bauhaus als dessen Nachfolgeinstitut, das Walter Gropius 1919 übernahm, die Schule Frank Lloyd Wrights in Taliesin-West (ab 1938) und schliesslich der Campus des IIT, dessen Bauten Ludwig Mies van der Rohe 1939 geplant hat. Den Abschluss dieser 'Ahnengalerie' bildet das Projekt der geplanten Hochschule für Gestaltung in Ulm. Hier sollen die begonnenen kunstgewerblichen Reformen weitergeführt werden. Äusserst bezeichnend ist, dass Bill schon bei dieser Gelegenheit es nicht versäumt, die HfG in einen viel breiteren Kontext zu stellen als etwa einseitig nur in die Tradition des Bauhauses.

Wenn aus dem Buch, dessen Untertitel es als eine «Bilanz über die Formentwicklung um die Mitte des XX. Jahrhunderts» ausweist, seinerseits Bilanz gezogen werden soll, dann ist zunächst festzuhalten, dass dem funktionalistischen Ansatz zwar nicht direkt widersprochen wird, aber dass er um ästhetische Momente bereichert wird. Zweitens, dass diese Prinzipien nicht als Stil, sondern als Methode auf die Gebrauchsgegenstände anwendbar sind und mit den Erfahrungen der konkreten Kunst verbunden sind. Und dass drittens die Anwendung und Übertragung dieser Prinzipien innerhalb einer sehr breit gefassten Tradition von Kunstschulreformen steht, deren Erbe die Hochschule für Gestaltung übernehmen soll.

Dass der Untertitel des Buches dabei fast gleich lautet wie die Überschrift «Bilanz des 20. Jahrhunderts», die Amédée Ozenfant über den ersten Teil seines 1931 auf deutsch erschienenen Buches «Leben und Gestaltung» setzte, mag ein blosser Zufall sein.[1] Die Art, wie die beiden Autoren abrechnen, vermag jedoch einiges Licht auf die jeweils dahinterliegenden Absichten und Denkstrukturen zu werfen. Dass beide darüber hinaus ohne zwingendes Datum diese Bilanzierung unternehmen, zeigt, dass sie weniger an einem abgerundeten Rückblick, denn an einem zukunftsträchtigen Programm interessiert sind.

1 Ozenfant: *Leben und Gestaltung.* 1931.

Wie ein Ethnologe folgt Ozenfant den verschiedensten Spuren menschlicher Tätigkeit, um die gerade von allen akademischen Regeln befreiten Künstler vor dem Missbrauch der neu erworbenen Freiheit zu warnen und sie an die Gültigkeit unabänderlicher Regeln zu erinnern. Die Auswahl der Illustrationen unterscheidet sich auffallend von der Aufmachung in der Zeitschrift «L'Esprit Nouveau», die Ozenfant in den Jahren 1920-1925 zusammen mit Le Corbusier herausgegeben hat. Hatte der Stil dieser Zeitschift etwas mit moderner Werbetechnik zu tun, worin Stanislaus von Moos «einen zunehmend schärferen Sinn für paradoxe Montage, ja für quasi-dadaistischen Nonsense» feststellte[1], so führen die Illustrationen des Buches «Leben und Gestaltung» unterschiedlichste Phänomene vor, die eine gemeinsame 'Tiefenstruktur' verbindet. Für seinen 'appel à l'ordre' benutzte Ozenfant sowohl Zeugnisse aus ursprünglichen wie auch aus modernen Kulturen.

Auch aus dem Buch «Form» lässt sich eine Tiefenstruktur herausschälen. Die Abfolge der Bilder wird durch zwei Parameter bestimmt: einerseits gibt es eine Tendenz von kleinen zu grösseren Gegenständen, andererseits eine qualitative Steigerung von einfachen technischen Aufgaben zu den komplexeren des Wohnens.

Rätselhaft erscheinen in diesem Rahmen nur die einleitenden Aufnahmen von Naturphänomenen, mathematischen Modellen und Werken konkreter Kunst. Wie kann dieser Vorspann sinnvoll mit dem Rest zusammengebracht werden? Handelt es sich dabei um die Darstellung einer «sittliche(n) Macht», wie etwa Peter Erni in seinem Buch über «Die gute Form» bezüglich der Naturphänomene nahelegt?[2] Im vorliegenden Fall allerdings müssten sich die Naturphänomene ihre Macht mit den mathematischen Modellen und den Kunstwerken teilen. Diese drei Kategorien sind jedoch unter sich zu disparat, als dass sie eine dezidierte Richtung angeben könnten. Die von Bill vorgeführten mathematischen Modelle nehmen sich,

---

1 von Moos: *Im Vorzimmer des 'Machine Age'. Anmerkungen zum Thema der Ausstellung,* 1987, S.22. Vergleiche dazu Colomina: *Modernism versus Mass Culture,* September 1989.

2 Erni: *Die gute Form. Eine Aktion des Schweizerischen Werkbundes,* 1983, S.78.

verglichen mit den üblicherweise zitierten elementaren geometrischen Körpern, wie wahre Monster aus. Die Naturphänomene sind zu ungefasst und flüchtig, während die Kunstwerke zu komplex sind, um eine eindeutige Botschaft zu vermitteln.

Es scheint, als könnte der Zusammenhang zwischen Vorspann und dem Hauptteil des Buches ebenso wie zwischen den im Vorspann präsentierten Dingen selbst nur dann begriffen werden, wenn man von Kategorien der konkreten Kunst ausgeht. Dann nämlich können die einleitenden Beispiele als Musterbeispiele für die «Gegenständlich-Machung» von inhärenten Natur- oder Formgesetzen betrachtet werden, wobei es sich bei den Naturphänomenen und Kunstwerken um die beiden extremen Pole handelt. In den ersteren konkretisieren sich im wörtlichen Sinne uneingeschränkt gültige Naturgesetze, während bei letzteren allgemeine Strukturen durch Auswahl, Begrenzung und Vermittlung in eine individuelle Gestalt verarbeitet werden. Dazwischen liegen die mathematischen Modelle, die auf dem Wege von der wörtlichen zur künstlerischen Konkretion eine Mittelstellung einnehmen. Sie sind Ausdruck allgemeingültiger Gesetze, aber sie sind gleichzeitig wenigstens in Ansätzen begrenzt und formalisiert. Dasselbe gilt für die Reihe der gewöhnlichen Gebrauchsgegenstände, die den weitaus grössten Teil des Buches beanspruchen. Weder sind sie direkte Materialisierungen innerer Gesetze – dazu sind selbst die einfachsten Gegenstände zu komplex – noch sind sie rein ästhetisch vermittelte Einheiten – dazu sind sie zu sehr an praktische Erfordernisse gebunden.

Das Gemeinsame unter all den abgebildeten Dingen wird also durch einen analogen Entstehungsprozess gestiftet. Im Sinne der Konkretion beruht die Gestalt eines Gegenstandes auf unterschiedlichen, aber objektivierbaren Voraussetzungen, die gegenständlich gemacht und – im Falle von Artefakten – in eine Einheit vermittelt werden. Deshalb erhalten die entsprechend gestalteten Gegenstände etwas von der Aura einer steinernen Abgeschlossenheit. Würde man sich eine Welt analog zu den Abbildungen im Buch «Form» vorstellen, so würde sie aus lauter 'Ding-Worten' bestehen, die ohne Verb und Adjektiv aneinandergereiht sind: Rauch/Schleife/Schreibmaschine/Wohnhaus. Was sich dazwischen ergibt, wäre die Verneinung jeder Ver-

Aus Bill's «Form» (1952)

Aufsteigender Rauch

Carl-Pearson-Fläche

Max Bill: Kontinuität, 1947

Kippschalter, Feller AG, Horgen

Bally-Schuhe, Schönenwerd

Schmuck von Max Bill

Willys Jeep

Glashaus von Philip Johnson,
New Canaan

kettung, sei es in stilistischer oder erzählerischer Hinsicht. Jeder Gegenstand erschiene primär als ein für sich alleine stehendes, abgeschlossenes Ding. Entsprechend zeigen ja auch alle Abbildungen in «Form» auf je einer Seite einen Gegenstand, der soweit als möglich aus seinem 'natürlichen' Umfeld isoliert worden ist.

Die 'konkrete Welt' stellt auch in dieser Hinsicht den denkbar grössten Gegensatz zur abstrakten Welt dar. Abstraktion würde eine innere formale Ausrichtung beinhalten; sie würde das grundlegende gestalterische Prinzip auf ein Gesamtkunstwerk oder eine Weltanschauung hin ausdehnen wollen, worauf sowohl Mondrian als auch die russischen Konstruktivisten ausdrücklich bestanden haben.

Konkrete Gestaltung enthält dagegen Möglichkeiten, punktuell im Sinne von Gelegenheitsarbeiten in die real existierende Welt einzugreifen, bar jeden symbolischen und utopischen Gehalts. Davon ausgehend konnte Lawrence Alloway eine Verbindung zwischen konkreter Kunst und der existentialistischen Philosophie herstellen: die Gesetzmässigkeiten seien für jeden Fall neu zu bestimmen («occasional») und würden immer wieder von neuem ein persönliches Projekt gegen die Leere darstellen.[1] Die subjektive Kreativität wird demzufolge zugunsten sachlicher Voraussetzungen geopfert, um sich dann an ihrer Vermittlung in die Einheit des Werkes zu entfalten. Hinter dem Widerstreit des heterogenen Materials verbirgt sich kein organisierender letzter Sinn, höchstens die Realität des vorliegenden Falls. Im besten Fall sind heterogene Elemente zu einer Gesamtform verarbeitet, in der sie bleiben, was sie waren.

Auch das Buch «Form» stellt nicht die endgültige Fassung einer ästhetischen Theorie Bills dar. Eher ist es als Darlegung eines Verfahrens zu verstehen, das der Gestaltung künstlerischer und aller Sorten nützlicher Dinge gemeinsam unterlegt werden kann. Die methodische Bereinigung eines solchen Verfahrens ist dann ansatzweise Inhalt von Vorträgen und Artikeln, die zum grössten Teil im Zusammenhang mit der HfG entstanden sind. In dem bereits erwähnten Vortrag von 1956 an der Werkbundtagung in Ulm führte Max Bill etwa aus, dass «Umweltgestal-

1 Alloway: Vorwort zum Ausstellungskatalog: *Max Bill,* 1974, S.12.

tung nach morphologischen Methoden» – so das Thema des Vortrags – auf zwei Schritten von gekoppelter Gegenläufigkeit beruhe.[1] Zunächst seien die Möglichkeiten systematisch zu erfassen, was Bill auch für sein eigenes Kunstschaffen zugesteht. Ein Problem wird in seine Bestandteile zerlegt. Darauf folgt als zweiter Schritt jene nicht zu systematisierende, nach innen gerichtete Vermittlung der heterogenen Elemente in eine Einheit. Es handelt sich dabei um zwei verschiedene Fäden, die gestalterisch ineinander verwirkt werden und die theoretisch gesehen die Transversale der Konkretion ausmachen.

6.4 Einheit aus Ungleichartigem

Trotzdem aber vermag sich beim Durchblättern des Buches «Form» - darin liegt ein irritierendes Moment - der Eindruck einer gewissen Uniformität einzustellen, etwa so wie einem eine Landschaft trotz Formenvielfalt als uniform vorkommen mag. Obwohl verschieden voneinander, sind die Gegenstände ähnlich spröde, ornamentlos und direkt. Deshalb ist bezüglich Bills Schaffen denn auch der Vorwurf erhoben worden, seine Werke, die den verschiedensten Gattungen zugehören, würden den Anspruch auf Vielseitigkeit nicht einzulösen vermögen.[2] Was die verschiedenen Werke verbindet oder aber trennt, ist denn auch jene entscheidende Frage, die im Hinblick auf Bills Schaffen immer wieder gestellt worden ist. Handelt es sich primär um Vielfalt oder Einheit?

Konrad Farner aber war der erste, der dafür eine Erklärung fand, die mit dem Kunstbegriff der Konkreten in Übereinstimmung zu bringen ist. Die Einheit im Ganzen – so Farner – komme wider Erwarten und ohne übergreifendes Gesetz zustande, weil die Gestaltung materiell ist, diesseitig und sozial fundiert.[3] Bill unterscheide seine Tätigkeit als Produktgestalter, Maler, Architekt, Plastiker usw. nicht prinzipiell, sondern nur graduell, indem jede dieser Tätigkeiten «uneingeschränkt auf

1 2 Bill: *Umweltgestaltung nach morphologischen Methoden,* November 1956.

2 Ulmer Nachrichten: *Zukunftweisend oder nur ein Durchgang?,* 1957

3 Farner: *Max Bill oder die Gerade in der Spirale,* August 1966.

den Menschen bezogen ist und sich nur durch die Verschiedenheit eben dieser Bezogenheit und den daraus folgenden Darstellungsmitteln und Materialien differenziert».[1] Während eine vergleichbare Methode solchermassen bei jeder Aufgabe angewendet wird, sind ihre resultierenden Produkte einander nicht ähnlich, sondern im Sinne eines konkreten Kunstwerks als «völlig neue, aus sich selber existierende Gebilde» anzusehen.[2] «Vielfalt und Einheit» – so der Titel eines Artikels von Gomringer[3] – treffen gleichermassen zu und sind Folge einer Verkettung allgemeiner methodischer Ansätze und individueller Voraussetzungen.

Auf der Ebene des einzelnen Werks wird das Kunststück fertiggebracht, Ungleichartiges in einer Einheit zu versammeln, ohne die Heterogenität zu verleugnen. Das gleiche Kunststück ist auf der Ebene des Gesamtschaffens von Max Bill festzustellen. Während jedoch van Doesburg von einem solchen Abstand genommen hatte, führen die Präzisierungen Bills gerade wieder daraufhin zurück. Das Ziel ist allerdings keine Neuauflage einer Synthese aller gestalterischen Disziplinen, wie sie etwa am Bauhaus erträumt wurde, an der alle gestalterischen Disziplinen mitbeteiligt sind. Die möglicherweise bedeutendste theoretische Leistung Bills besteht darin, die unterschiedlichsten Gestaltungsaufgaben auf zwei Prinzipien reduziert zu haben. Das erste betrifft die Gebundenheit der Gestaltung an die jeweiligen Voraussetzungen, das zweite die Vermittlung des bunten Treibens heterogener Teile in eine einheitliche, individuelle Gestalt. Die Einheit kommt gerade durch die Ungleichartigkeit der Werke zustande.

---

1 Ebenda: S.92. (Soweit ich sehe, machte Bill selbst die Unterscheidung «graduell/prinzipiell» erst nach Farner. Vergleiche dazu Bill: *Feststellungen 1974-1976,* 1977.)

2 Farner: *Der Aufstand der Abstrakt-Konkreten oder die «Heilung durch den Geist»,* 1970, S.18.

3 Gomringer: *Max Bill: Vielfalt und Einheit der gestalteten Welt,* August 1960. Vergleiche dazu auch bei Grohmann: *Max Bill und die Synthese,* Juli 1957; von Moos: *Entre «art froid» et «science chaude»,* Frühjahr 1990.

Kapitel VII

«Konkretion» als Transversale durch das Werk Bills

Warum soll der Begriff «Konkretion» auf die Gestaltung von Alltagsgegenständen und Architektur übertragen werden, wenn man feststellen muss, dass Bill selber dies stets vermieden hat und wenn man ihm zudem bereitwillig zugestehen will, dass er für diese Haltung seine Gründe hatte? - Die Erweiterung wäre dann keinesfalls zulässig, wenn mit dem Begriff ausschliesslich die Definition der elementaren Mittel einer Gattung und deren Syntax gemeint wäre. Solchermassen lassen sich die Mittel von Architektur und Produktgestaltung niemals einschränken. Zu ihren Voraussetzungen gehören immer auch Kategorien, die – um hier eine Metapher van Doesburgs zu benützen – spekulativer als eine Linie, eine Farbe etc. sind. Es handelt sich um eine unabsehbare Fülle materieller, technischer, ökonomischer und funktionaler Bedingungen. Bill nun hat den Begriff «konkret» stets nur im Zusammenhang mit elementaren Formen benutzt und muss deswegen jede Anwendbarkeit auf dem Gebiet der 'angewandten Künste' verneinen.

Hier ist die von Kenneth Frampton aufgeworfene Frage relevant: «Which aspect has the most weight and to what degree and in what context - the logic of aesthetic measure derived from pure art or the means of production?»[1]

Eine Verschiebung im Interesse an konkreter Gestaltung ist vielleicht nur zeitbedingt, aber deshalb nicht uninteressant. Wenn jede Norm, jeder Stil, jede Konvention in Frage gestellt und Gestaltung auf das Niveau eines beliebigen Tun-oder-Lassens heruntergekommen ist, könnten die Verfahren der künstlerischen Konkretion, welche ja gerade ohne Norm, ohne Stil und ohne Konvention auskommen, aber trotzdem eine kritische Disziplin besitzen, sich als äusserst brauchbar erweisen.

---

1 Frampton: *On Max Bill,* 1974, S.157.

Fasst man die künstlerische Konkretion unter dem Aspekt ihrer Verfahren statt ihrer Elemente, so wird eine entsprechend gestaltete Lösung nach dem Mass der Ineinssetzung von heterogenen Mitteln und deren Gesetzmässigkeiten zu beurteilen sein. Egal ob es sich um elementare oder um zufällig gegebene Mittel handelt, die Abwicklung des gestalterischen Verfahrens bleibt sich gleich: zuerst sind die Komponenten einer Aufgabe zu differenzieren und dann im Vermittlungsgeschäft, entsprechend der Formel «[Summe aller Funktionen in harmonischer Einheit] = [Gestalt]», in eine einheitliche Gestalt zu bringen.[1] Von den Verfahrensweisen her ist es demnach berechtigt, von einer Transversale zwischen den verschiedenen Anwendungsbereichen zu sprechen – zumal dies durch Bills Präzisierungen zur konkreten Gestaltung vorbereitet und in seinen Werken realisiert wurde.

7.1 Konkrete Malerei

Laut der Billschen Definition der konkreten Kunst ist beispielsweise ein Bild wie jenes mit dem Titel «Weisses Element» deshalb als 'konkret' zu bezeichnen, weil es aufgrund der «ureigenen Mittel und Gesetzmässigkeiten – ohne Anlehnung an Naturerscheinungen oder deren Transformierung entstanden» ist.[2] Es kann dergestalt in einzelne Form- und Grautonwerte auseinandergenommen werden, die einerseits auf geometrischen Regeln der Flächenteilung und andererseits auf der 'Tonleiter' der Grauwerte beruhen.

Am einfachsten ist das Bild wohl dann zu beschreiben, wenn man von der geometrischen Grundform ausgeht. Einem auf der Ecke stehenden Quadrat wurde ein kleineres, um fünfundvierzig Grad gedrehtes Quadrat eingeschrieben. In dieser an sich neutralen Grundform sind nach Massgabe der Grau-'Tonleiter' verschiedene Grautöne, inklusive Schwarz und Weiss, angelegt. Die Überlagerung zweier heterogener Gesetzmässigkeiten bewirkt, dass die Grundform auf zwei verschiedene Arten

---

1 Bill: *[Form, Funktion, Schönheit] = [Gestalt],* 1956, S. 20

2 Bill: *Konkrete Kunst,* 1949.

Max Bill: Weisses Element

(1959, Öl auf LW, diagonal 68 cm)

interpretiert werden kann. Das kleinere weisse Quadrat erscheint zum einen als tatsächliches «Element», wie im Titel des Gemäldes angedeutet. Dementsprechend würde es die dahinterliegenden, grauen Flächen abdecken, von denen nurmehr die überlappenden Eck-Dreiecke zu sehen sind. Zum andern aber kann das mittlere weisse Quadrat auch als leere Fläche zwischen vier grauen Dreiecken gelesen werden.

Durch die Konfiguration eines weissen Quadrats und vier grauer Dreiecke entstehen also zwei divergierende Gestaltungsverbände, in denen der eine oder andere Teil als positive Figur aktiviert wird. Bill hatte diesen mysteriösen Kipp-Effekt an eben diesem Bild in eine 'meta-physische' Formel gebracht: «grösste Realität / erzeugt grösste Irrealität.»[1] Das irrationale Moment des Bildes wird dadurch erzeugt, dass zwei heterogene Gesetzmässigkeiten - die geometrische Gliederung und die Farbe - in einer einzigen, vollkommen klaren Figur in eins gesetzt sind. Die inneren Beziehungen der an sich einfachen Figur bilden einen komplexen Verband. Entsprechend ist denn auch für die konkrete Gestaltungsweise allgemein festgehalten worden, dass sie über das blosse Materialisieren von Form und Farbe hinausgeht (= Konkretion im wörtlichen Sinne), und dass die heterogenen Materialien mit ihren Gesetzmässigkeiten die Form des Ganzen hervorbringen sollen. Die Mittel der künstlerischen Konkretion sind nicht dazu da, sich in irgendeiner Form einzugliedern, sondern sich in der selbstevidenten Form zu realisieren. Statt die Beziehungen hierarchisch zu gliedern, werden die Werke künstlerischer Konkretion entsprechend der Heterogenität der Mittel zum Pulsieren gebracht. Oder, dasselbe in Bills eigenen Worten ausgedrückt: «konkrete Kunst (...) gibt mit künstlerischen Mitteln diesen Ordnungen das Leben.»[2]

Die Ineinssetzung heterogener Mittel liess Max Bense zum Schluss gelangen, dass Bill derjenige Künstler sei, dem es

---

1 Ausstellungskatalog: *Max Bill,* 1959, S.12. Max Imdahl beschrieb einen ähnlichen Zusammenhang im Bild »Quathlamba» von Frank Stella: «Die Irrationalität des Gesamtphänomens ist dank der ambivalenten Funktion der Streifen sofort überführt in die Rationalität seiner Bedingungen.» (Imdahl: *«Is it a Flag, or is it a Painting?»,* 1981, S.77.)

2 Bill: *Konkrete Kunst,* 1949.

gelang, «eine Struktur-Idee zur Grundlage einer Gestalt-Idee» zu machen und der «wie kein anderer eine Synthese beider Arten der Konzeption» erreicht habe.[1] Für Valentina Anker dagegen erscheinen die konkreten Kunstwerke im «Schnittpunkt von Natur und Kultur», als perfekte Gleichung im Sinne der symbolischen Yin/Yang-Darstellungen.[2] Diese Spekulationen auf eine wie auch immer aufgefasste Synthese treffen den Sachverhalt des Vermittlungs-Geschäfts nicht präzise. Denn von einer Synthese kann deshalb nicht die Rede sein, weil die Ausgangsmaterialien keine absoluten Gegensätze darstellen müssen (etwa: Gestalt/Struktur, Natur/Kultur), sondern weil sie 'bloss' voneinander irgendwie verschieden sind und solchermassen einen Widerstreit innerhalb der sie vermittelnden Gestalt bewirken.

Letztlich hat Bill für sein Werk stets jene Frage bejaht, die er 1967 als Titel einem seiner Essays über Kunst voranstellte: «Struktur als Kunst? Kunst als Struktur?» Die Kunst, schreibt Bill in diesem Text, folge objektivierbaren Regeln, an denen der Künstler nichts ändern könne; die kreative Leistung bestehe einzig darin, aus dem Sortiment der vorgegebenen Strukturen auszuwählen und die gewählten zu begrenzen. Die Mittel der konkreten Gestaltung sind so gesehen alles andere als von ideellen Kategorien abhängig; sie sind, wie van Doesburg schon 1930 betonte, nicht spekulativ.[3] Wohl sind sie verschieden voneinander, jedoch nicht so, dass sich zwei als Gegensätze in einem Punkt treffen und aufheben würden. Vielmehr bewirkt ihre Ineinssetzung, dass die Gestalt des Werks mehrfach lesbar ist und die Wahrnehmung zwischen verschiedenen Lektüren hin- und herpendelt.

7.2 Konkrete Plastik

Die plastischen Werke enthalten ähnliche Quantensprünge von «grösste(r) Realität» zu «grösste(r) Irrealität». Man kann diese besser begreifen, wenn man zunächst zwischen reinen Skulp-

1 Bense: *Aesthetica und Zivilisation,* 1958, S.88.

2 Anker: *Max Bill ou la recherche d'un art logique,* 1979, S.161.

3 van Doesburg: *Commentaires sur la base de la peinture concrète.* April 1930.

turen und Denkmälern unterscheidet. Ein Schlüsselwerk der ersten Gruppe stellt die «Unendliche Schleife» dar, die Bill von 1935 an bis 1953 in mehreren Varianten ausführen liess. Dem Prinzip nach besteht diese Skulptur aus einem Band, dessen Enden nach einer einmaligen Drehung um 180 Grad zusammengefügt wurden. Das geometrische Prinzip dieser wie auch der meisten andern Skulpturen von Bill ist derart einfach, dass es sich zur Veranschaulichung leicht nach dem «do it yourself»-Prinzip nachbauen und zu Hause studieren lässt. Bill selbst hat solche 'Schnittmuster' seiner Skulpturen veröffentlicht.[1]

Die Grundform der «Unendlichen Schleife» ist in der Mathematik, in Erinnerung an ihren Entdecker, als «Möbiussche Fläche» bekannt. Wenn sie aber nicht bloss als mathematisches Modell, sondern auch als konkretes Kunstwerk Geltung haben soll, so beruht dies auf einem für die Konkretion typischen Effekt. Die simple Umdrehung eines Bandes lässt eine Figur entstehen, an der die ursprünglichen Merkmale wie beispielsweise die Unterscheidung von Unter- und Oberseite plötzlich nicht mehr vorhanden sind. Ausserdem wird die Möbiussche Fläche durch eine einzige, nicht geknickte Linie, die zu sich selbst zurückkehrt, begrenzt, was beim Band nicht der Fall ist.

Infolge der Manipulation hat der Rohstoff also seine ursprünglichen Eigenschaften verändert. Von Konkretion im künstlerischen Sinne ist in diesem Falle deshalb zu sprechen, weil sowohl der primäre Rohstoff wie die verarbeitete Figur zugleich real vorhanden sind, aber eben mit einer sonderbaren Differenz bezüglich geometrischer Eigenschaften. Die «Unendliche Schleife» leugnet ihre Konstruiertheit aus einem bestimmten Rohmaterial nicht, und gerade deswegen ist vor Ort ein Widerstreit der Eigenschaften festzustellen.

Ähnliche Phänomene, die wie Quantensprünge der Form erscheinen, sind auch in andern Skulpturen zu beobachten, wie zum Beispiel bei dem aus einem Wellrelief gestanzten Kreis, der sowohl als Loch als auch als Hinweis auf ein abwesendes

---

1 Bill: *Vom Bauhaus bis Ulm,* Juni 1976, S.50. Vergleiche auch: Gerstner: *Das Apollinische in der Kunst,* Oktober 1988, S.28 ff.

Max Bill: Unendliche Schleife

(1935–1953, Granit, 150×100×120 cm,

Musée d'art Moderne Paris)

Formstück verstanden werden kann.[1] Oder bei der röhrenförmigen «Langen Plastik», die sich gerade an jenen Stellen baucht, wo sie ein Loch verschlingt.[2]

Bei den Denkmälern kommt ein neues Moment hinzu: die plastisch-räumliche Lösung kann sich nicht absolut frei im Sinne eines ästhetischen Objekts entfalten, sondern steht im Zusammenhang mit einem vorgegebenen Thema.[3] Somit werden die reinen ästhetischen Bedingungen bereits in dieser Gattung, die noch lange nicht dem alltäglichen Gebrauch zuzuordnen ist, durch formfremde, inhaltliche Aspekte 'verunreinigt'. Aber gerade an solchen Lösungen ist prinzipiell zu erkennen, wie konkrete Gestaltung und Bedeutung, etwa im Unterschied zur Abstraktion, aufeinander bezogen sind.

Das «Denkmal des unbekannten politischen Gefangenen» bietet sich hier aus besonderen Gründen einer näheren Untersuchung an, da es zum einen begehbar ist und schon insofern architektonischen Lösungen gleicht. Zum andern, weil es im Jahre 1952 parallel zur Planung der Ulmer HfG entstanden ist, wo in den zentralen Bereichen ähnliche räumliche Beziehungen auftauchen. Das Diktum von den konkreten Kunstwerken als «Laboratoriumsarbeiten»[4] ist kaum irgendwo sonst im Schaffen Bills wörtlicher zu nehmen als hier, wo in zwei verschiedenen Werken zeitgleich dasselbe räumliche Thema verarbeitet wurde.

Das unausgeführte Projekt für das Denkmal entstand im Rahmen eines international ausgeschriebenen Wettbewerbs des «Institute of Contemporary Art» in London, ohne dass die Veranstalter dafür einen bestimmten Standort vorgesehen hätten.[5]

---

1 «Well-Relief»: 1931-1932, weiss bemaltes Eisenblech, 80x120 cm. In: Hüttinger: *Max Bill,* 1977, S.53.

2 «Lange Plastik»: 1933, Holz und Eisen, Höhe = 200 cm. Ebenda: S.54.

3 Von Bill stammen folgende Entwürfe für Denkmäler: «Werkplatz» (Wettbewerb 1939), das «Denkmal des unbekannten politischen Gefangenen» (Wettbewerb, 1952, ausgezeichnet mit einem 3. Preis), das Büchner-Denkmal (1955) und das Albert Einstein Monument (1982, in Ulm), die alle, bis auf die letzte Arbeit, nicht ausgeführt werden konnten.

4 Bill: *Die Beherrschung des Raumes,* 1940, S.4.

5 Max Bill: *Ein Denkmal,* 1952. Ebenso: Jehle-Schulte Strathaus, Reichlin: *Monumento di Caduti nei Campi di Germania,* 1989.

Max Bill: Denkmal des unbekannten politischen Gefangenen. Wettbewerbsprojekt, 1952 (3. Preis)

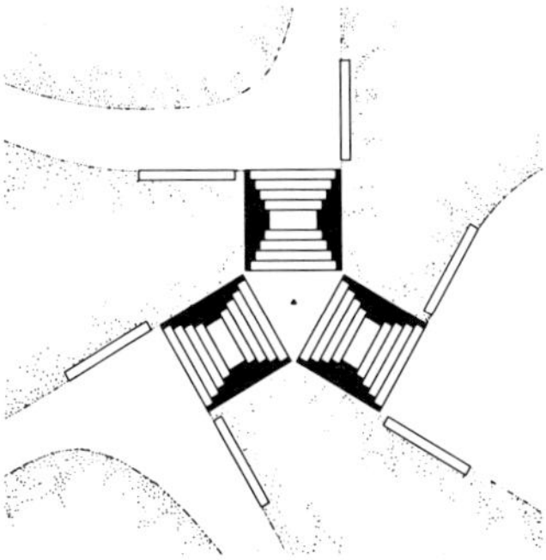

Bill stellte sich als Standort seines Vorschlags ein offenes, parkähnliches Gelände vor, das einen allseitig freien Zugang erlaubt hätte. Drei durchtunnelte Kuben von circa vier Metern Kantenlänge sollten so zueinander gruppiert werden, dass sie einen dreieckigen Hof bilden, in dessen Mitte eine gleich hohe schlanke Säule aus Chromnickelstahl geplant war. Um ins Zentrum der Anlage zu gelangen, hätte man einen der Tunnels benützen müssen, wobei sich der Weg wie in einem doppelten Trichter zuerst über fünf Stufen verschmälert und dann wieder entsprechend erweitert hätte. Vorgesehen war, die Innenseite mit weissen, die Aussenseite mit grauen Granitplatten zu verkleiden, was einen wegen des symbolischen Materialeinsatzes an das 1980 entstandene Venedig-Projekt für einen «Friedhof der Asche des Geistes» von John Hejduk denken lässt.[1] In beiden Fällen beruht die Wirkung auf ähnlichen, einfachen und gestaltpsychologisch deutbaren Mustern: aussen/innen, weiss/dunkel/reflektierend.

Wenn man sich in den Vorschlag Bills hineinzudenken versucht, beginnt man bald, trotz der einfachen Anordnung, eine überraschende Zweideutigkeit zu entdecken. Von aussen gesehen erscheint die Säule im Hof als reflektierende, spiegelnde Mitte, die nur über drei 'Pfade' erreichbar ist und folglich die Bewegungsfreiheit dessen, der sich im freien Parkgelände aufhält und das glänzende Ziel in der Mitte des Denkmals erreichen möchte, auf wenige Verhaltensweisen einschränkt. Wenn man sich dagegen in der Mitte des Hofes befindet, stehen einem, um nach aussen zu gelangen, zwar wiederum nur diese drei Möglichkeiten offen, doch sie lassen nun den Hof paradoxerweise als rundherum offen erscheinen.

Obwohl also die Gestalt des Denkmals eindeutig bestimmt gewesen wäre, hätte man sie auf zwei ganz verschiedene Arten erleben können. Insofern erinnert der Entwurf auch an das Denkmal des lokalen Widerstands gegen die Deutschen, das Constantin Brancusi in den dreissiger Jahren im rumänischen Tirgu-Jiu errichtete. Auch hier liegt das entscheidende Moment der 'Erschliessung' des Gehalts darin, dass sich der Besucher bewegt und verschiedene Eindrücke der an sich neutralen Gestalt gewinnt. Im erläuternden Bericht zum Denkmal begründete Bill

1 Ausstellungskatalog: *10 immagini per Venezia,* S.66.

die Doppeldeutigkeit der Beziehungen mit dem Sinn des Denkmals. Er betonte zunächst, dass es ihm keineswegs um eine «Kunst der reinen Beziehungen» im Sinne Mondrians gegangen sei. Durch das Denkmal sollten sehr wohl abstrakte Ideen in «konkreter Gestalt» sichtbar gemacht werden. Er habe mit dem Werk zeigen wollen, dass «Ideen-Kunst und konkrete Kunst keine Gegensätze sind».[1] Der Sinn seines Entwurfs nun liegt für Bill nicht im heroischen Kampf eines Einzelnen gegen ein diktatorisches Regime, sondern vielmehr in der inneren Disposition eines Menschen, der wegen seiner «aufrechten Haltung und Treue zur Erkenntnis, mit der freien Wahl für den eingeschlagenen Weg in eigener Verantwortung»[2] immer und überall zum politischen Gefangenen prädestiniert ist.

Das Denkmal vermag diese Bedeutung deshalb auszudrücken, weil seine formale Struktur mit der Struktur der inhaltlichen Aussage übereinstimmt; Form und Inhalt sind bezüglich ihrer Strukturen äquivalent. Eine solche Übereinstimmung mag sich aber auch in Werken Mondrians finden, der ja ebenfalls auf Beziehungen struktureller Art zwischen seinen Bildern und der Welt bestand. Da diese Beziehungen jedoch nur dann nachempfunden werden können, wenn man von der gleichen Vision ausgeht, sind die Formen als eher nachahmend, denn als sich selbst genügend zu bezeichnen. Für die Werke Bills trifft dies gerade nicht zu. Warum? – Weil eine Gestalt wie beispielsweise die des «Denkmals des unbekannten politischen Gefangenen» eine Struktur besitzt, die über das Ikonographische hinaus sprechend ist.[3] Zwischen die Formen und ihre Bedeutungen ist etwas geschoben, was man als die geometrisch genau beschreibbaren Gesetzmässigkeiten der Form bezeichnen kann. So wie die Idee an ihre innere ethische Logik gebunden ist, so ist es die Form an die Geometrie. Es braucht nun keine Vision, die hilft, die Gestalt des Denkmals nachvollziehbar zu machen, sondern nur eine geistige Operation, die die Beziehungen zwischen den beiden Diskursen der Form und des Inhalts herstellt.

---

1 Bill: *Ein Denkmal,* 1952, S.124.

2 Ebenda: S.118.

3 Zum Vergleich zwischen Bill und Mondrian, siehe Gerstner: *Kalte Kunst,* 1957, S.19/20.

Freilich kann von keinem Betrachter erwartet werden, dass er vom Erlebnis des Denkmals allein ausgehend den Inhalt des Denkmals erkennt. Die Form erübrigt nicht die Deklaration des Inhalts. Es gibt infolge der sukzessiven Wahrnehmung des Denkmals höchstens Anhaltspunkte, die einem eine zuvor deklarierte Bedeutung 'konkret' sichtbar, respektive nachvollziehbar machen.

Die formale Struktur des Denkmals baut auf der Durchdringung zweier Prinzipien auf, die analog ist zur Struktur der Tragödie eines politischen Gefangenen. Dieser Inhalt ist nicht direkt den formalen Elementen aufgeprägt, vielmehr sind die formalen Elemente zu ihrem 'Materialwert' genommen, ausgewählt, begrenzt und in eins gesetzt. Dies aber ist ein wesentliches Merkmal konkreter Kunst, dass nämlich die Konstruiertheit der Form sozusagen sich allein verpflichtet ist. Deshalb ist sie selbstevident, folgt den eigenen Gesetzmässigkeiten und wird nicht durch abzubildende Inhalte dirigiert.[1]

Das Bindeglied zwischen der Form des Denkmals und seinem Inhalt ist die Analogie der Struktur, das heisst in diesem Falle der Widerstreit zwischen offener und geschlossener Form und der Widerstreit zwischen freier Wahl und aufrechter Haltung. Anders formuliert: Ähnliche Beziehungen sind einerseits der Fall einer Figur und andererseits der Fall eines Inhalts. Da sich aber beide Seiten nach eigenen Gesetzmässigkeiten richten, ist es korrekt, nicht mehr von einer Abhängigkeit im Sinne von Repräsentieren zu sprechen, sondern von ihrer Darlegung oder «Gegenständlichmachung».[2]

7.3 Konkrete 'angewandte Kunst'

Ausgehend von dem bisher herausgeschälten Verfahren künstlerischer Konkretion – Differenzierung heterogener Strukturen, Ineinssetzung in eine Figur, Darlegung eines Falls – könnte man

---

1 Vergleiche dazu Imdahl: *Serras 'Right Angle Prop' und 'Tot'. Konkrete Kunst und Paradigma,* 1978, S.168.

2 Vergleiche auch die Lektüre Reichlins des Billschen «Denkmals der Arbeit» (1939) in: Reichlin: *L'Art concret au travail,* 1990.

nun leicht zum Schluss gelangen, dass solche Probleme sich schwerlich auf die Gestaltung alltäglicher Produkte im weitesten Sinne übertragen lassen. Denn üblicherweise stehen ja gerade in den 'angewandten' Gestaltungsgebieten die gültigen Lösungen als Typen zum voraus fest. Es gilt dann nur noch, sie den neusten Technologien und Materialien anzupassen. Wo aber ein gültiger Typus bereits vorhanden ist und akzeptiert wird, richtet sich das Entwurfsverfahren nurmehr nach dessen Leitlinie, womit die Verfahren künstlerischer Konkretion gerade um die entscheidenden Aspekte der Vermittlung und der Darlegung eines Falles verkürzt werden.

In den meisten von Bill gestalteten Gebrauchsobjekten, Graphiken und Bauten sind tatsächlich Spuren typischer Vorlagen zu finden. Darüber hinaus jedoch ist trotzdem auf einen Faktor in der Gestaltung aufmerksam zu machen, der Ursache genug ist, die Gestalt eines solchen Gegenstandes trotzdem nicht restlos auf den vorgegebenen Typus zurückzuführen. Allgemein beschrieben besteht dieser Faktor darin, dass ausgehend von materiellen Neuerungen auch der Typus in Frage gestellt wird. Er ist bloss virtuell vorhanden, gleichsam eine Folie des Allgemeinen, welche durch die Syntax der neuen Mittel gestört wird und häufig in eine neue, individuelle Gestalt gebracht wird. Aus einer andern Perspektive betrachtet, bedeutet dies, dass der virtuelle Typus die Erfindung neuer Gestalten einschränkt. Diese Einschränkungen beziehen sich nicht bloss auf die Mittel, sondern auch auf den Aufbau des Ganzen. Trotz den Bedingungen bleibt aber etwas erhalten, was auf eine neu zu vermittelnde Einheit zielt und was sich im Kern als Vermittlungs-Geschäft erweist, welches für die konkrete Gestaltung von so eminenter Bedeutung ist.

Die fruchtbare Inszenierung der Spannungen zwischen virtuellem Typus und individueller Gestalt kann an einer von Bill entworfenen Bestrahlungslampe gezeigt werden. Dieser seriell hergestellte Gegenstand besteht aus zwei gleichen, kegelförmigen Metallstücken und einem flexiblen Metallschlauch, der als Handgriff dient. Insgesamt gleicht der Gegenstand eher einer Hantel als einer Lampe. Denn ausgehend von der funktionalen Bestimmung würde man eher drei verschiedene Teile – Bodenstück, Stiel und Schirm – erwarten. Die irritierende und unübliche Identität von Bodenstück und Lampenschirm vermag sich gegenüber der konventionellen Lösung nicht ganz durchzusetzen, mussten die Teile doch entsprechend den Anforderungen unterschiedlich installiert werden. Mittels sekundärer Gestaltmerkmale wie Gewicht, Kabelanschluss, Schalter, Lampe manifestiert sich der konventionelle, durch die beiden identischen Formstücke 'verfremdete' Typus. Als eine Folie des Allgemeinen wirkt er hinter der individuellen, konkreten Gestalt der Lampe.

Man kann davon ausgehen, dass es bei jeder gestalterischen Aufgabe einen Freiraum gibt, der nicht restlos durch den Typus, die Mittel und deren Gesetzmässigkeiten bestimmt ist. Nur ist dieser Freiraum unterschiedlich gross, zum Beispiel bei einem künstlerischen Werk weitaus grösser als bei einem Wasserhahn. Die künstlerische Konkretion lässt jedoch in keinem Falle zu, dass ausser den inhärenten formalen Regeln irgendeine andere, ideelle Kategorie Anspruch auf diesen Freiraum erheben kann. Deshalb ist für die konkrete Gestaltung neben dem ersten Grundsatz der gekoppelten Gegenläufigkeit von Differenzierungs- und Vermittlungs-Geschäft ein zweiter hinzuzufügen, der lautet: Intensivierung der mit der Aufgabe gegebenen Mittel und Gesetzmässigkeiten. Dies trifft ebenso auf den 'Widerstreit des Innern' zwischen heterogenen Teilen zu wie auf den 'Widerstreit des Äussern' zwischen Typus und Kontext.

Max Bill hat diesen zweiten Grundsatz, der sich vor allem bei Werken der sogenannten 'angewandten Kunst' wirksam erweist, in seinem Buch über den Schweizer Brückenkonstrukteur Robert Maillart hervorgehoben.[1] Maillarts Brücken seien mehr als technische Werke, sie seien als eine besondere «Art von Kunstwerken» zu betrachten.[2] Im einführenden Essay, der den bezeichnenden Titel «Der künstlerische Ausdruck der Konstruktion» trägt, schrieb er des weiteren:

«Wohl war Maillart ein grosser Erfinder und Techniker, aber, vor allem seinen Brückenkonstruktionen, haftet etwas an, das sie über das rein Technische gerade durch die Intensi-

1 Bill: *Robert Maillart,* 1949.

2 Ebenda: S. 27.

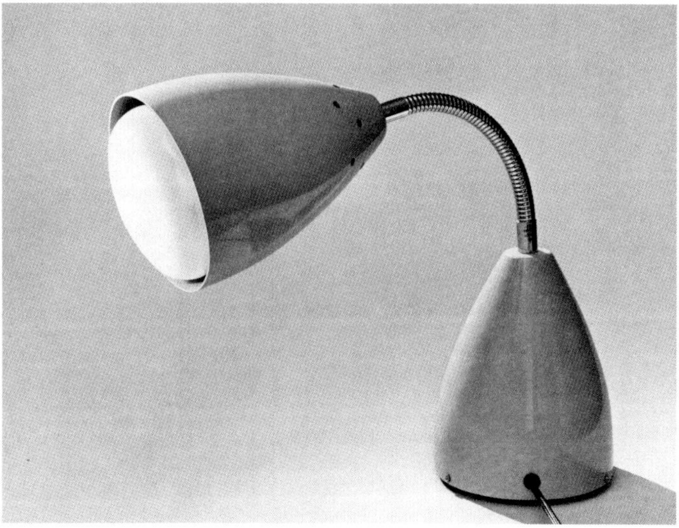

Max Bill: Bestrahlungslampe für

 Novelectric AG, Zürich

Die Skulptur «Kontinuität» (Max Bill) und die Schwandbachbrücke (Robert Maillart): eine Gegenüberstellung aus dem Buch über den Brückenkonstrukteur Robert Maillart von Bill

vierung des Technischen hinaushebt. (...) Die Materie hat wohl ihre eigenen Gesetzmässigkeiten, aber innerhalb der Gesetzmässigkeiten lässt sie der schöpferischen Phantasie verschiedene Möglichkeiten offen, woraus sich verschiedene Formen bilden. Und gerade weil diese Materie ihre strengen Gesetze hat, und ihrem Wesen nach nicht zum Dekorativen, sondern zum Konstruktiven hinneigt, gerade deshalb ist es von ganz besonderem Wert, sie in hartem Ringen mit ihren inneren Möglichkeiten zu formen und zu meistern, wie Robert Maillart dies tat.»[1]

Vom Prinzip der Intensivierung her ist es Bill im folgenden möglich, zwei so verschiedene Werke wie die «unendliche schleife» und die Schwandbachbrücke als wahlverwandt zu betrachten. Dazu kann nichts anderes die Grundlage geboten haben als das gestalterische Verfahren selbst. Voraussetzung dafür ist der Freiraum der Gestaltung, der im Falle der 'angewandten' wie der 'freien' Kunst mit der gleichen Strategie ausgefüllt wird. Solchermassen ist die künstlerische Konkretion in allen gestalterischen Gattungen anwendbar, wenn auch jeweils in den spezifischen Erfahrungshorizont eingebunden, durch den sich die Gattung definiert.

1 Ebenda: S.25.

Teil 3

Max Bill als Architekt

Künstlerische Konkretion umfasst ein gestalterisches Verfahren, das ein Doppelgeschäft impliziert: Differenzierung und Vermittlung. Als Resultat davon werden die Mittel, an die die Aufgabe gebunden ist, intensiviert.

Das Paradigma künstlerischer Konkretion gilt auch für die meisten Bauten, die Max Bill projektierte und zum Teil ausführen konnte. Es bewirkt gleichzeitig zweierlei: die Herausbildung erstens von individuellen Gestalten und zweitens einer spezifisch architektonischen Thematik.

Anders etwa als die grossen Meister der klassischen Moderne (Loos, Le Corbusier, Mies van der Rohe) hatte sich Bill nur zu Beginn intensiv mit Gestaltungsmöglichkeiten eines einzelnen Baukubus auseinandergesetzt. Später aber treten gestalterische Themen in den Vordergrund, bei denen es um Beziehungen zwischen einfachen Boxen und den Zusammenhang innerhalb einer grösseren Einheit geht.

Der Querschnitt durch das architektonische Werk von Max Bill kann deutlich machen, welch grossen Stellenwert es innerhalb seines gesamten Schaffens einnimmt. Die Kohärenz der Architektur-Entwürfe in methodischer Hinsicht einerseits und die Analogie des architektonischen Entwerfens zu Verfahren in Malerei und Plastik andererseits lassen es berechtigt erscheinen, von «konkreter Architektur» zu sprechen.

Kapitel VIII

Max Bill als Architekt

Als sich Max Bill im Jahre 1927 am Bauhaus in Dessau einschrieb, tat er dies, weil er dort Architektur studieren wollte.[1] Während des ersten Jahres hatte er den obligatorischen Vorkurs zu besuchen. Doch auch danach, während seines insgesamt zweijährigen Aufenthalts in Dessau, war er nie in der von Hannes Meyer geleiteten Bauabteilung tätig. Vielmehr besuchte er die freien Kunstateliers von Paul Klee und Wassily Kandinsky.

Bekannt ist nur ein einziges architektonisches Projekt, an dem Bill während der Bauhaus-Zeit gezeichnet hat. Zusammen mit dem Schweizer Kommilitonen Hans Fischli, der vor dem Eintritt ins Bauhaus eine Lehre als Bauzeichner abgeschlossen hatte, reichte er 1928 ein Projekt zum Wettbewerb für ein Quartierzentrum mit Kindergarten in Zürich-Wiedikon ein. Zu den hauptsächlichen Merkmalen dieses Projekts zählen die nutzungsbedingte Gliederung der Baumassen und deren fabrikmässiges Aussehen. Zur optimalen Belichtung der Unterrichtsräume sollten mehrere Baukörper mit Sheddächern eingedeckt werden. Aus dem sich herausbildenden stilistischen Repertoire des Neuen Bauens stammten ausserdem die Bandfenster. Diese wurden in den «Fünf Punkten zu einer neuen Architektur», die Alfred Roth im Namen Le Corbusiers gerade ein Jahr zuvor publiziert hatte, als vierter Punkt proklamiert.[2]

1929 kehrte Bill definitiv in die Schweiz zurück. In der Folge verstand er sich in erster Linie als Architekt und wollte bauen.[3] Ohne Abschlussdiplom in der Tasche, nur mit der Vision einer neuen Architektur vor Augen, hatte er allerdings wenig Chancen, sich durchzusetzen. Er musste sich einstweilen damit

1 Bill: *Vom Bauhaus bis Ulm,* Juni 1976, S.12.

2 Roth: *Zwei Wohnhäuser von Le Corbusier und Pierre Jeanneret,* 1927, S.7.

3 Max Bill: *Meine 30 Jahre.* In: Ausstellungskatalog: *um 1930 in Zürich,* 1977, S. 186.

begnügen, die graphische Ausstattung für die wenigen Bauten seiner Gesinnungsfreunde innerhalb des Schweizerischen Werkbundes (SWB) und der CIAM zu entwerfen.[1] So zum Beispiel die Beschriftungen des Verkaufslokals «Wohnbedarf» (1930), jene des Corsotheaters (1934) und am Lagerhaus der Firma Pestalozzi, alle in Zürich und im Auftrag von Architekt Ernst F. Burckhardt ausgeführt; die Beschriftungen am Strandbad Küsnacht (1930) und am Limmathaus (1931) in Zusammenarbeit mit den Architekten Karl Egender und Adolf Steger; schliesslich waren auch das geschosshohe, in den Strassenraum auskragende «Z» am sogenannten «Zett-Haus» in Zürich sowie die Beschriftung der Strassenfassaden von dessen Annexbau (1932) Vorschläge von Max Bill, der diese beiden Aufträge von den verantwortlichen Architekten Carl Hubacher und Rudolf Steiger erhielt.[2] Zur gleichen Zeit gestaltete Bill verschiedene Ausstellungsstände von privaten Firmen. Ausserdem war er an den schweizerischen Ausstellungen in Posen (1930), Brüssel (1935) und Mailand (1936) in unterschiedlichem Masse für die Gestaltung verantwortlich.[3] Er arbeitete des weiteren auch für die Schweizerische Landesausstellung 1939 in Zürich. Den allerdings sehr bescheidenen Auftrag vermittelte ihm Hans Schmidt, der damals für die Städtebau-Ausstellung zuständig war.

Alle diese Auftragsarbeiten sind nicht völlig loszulösen von den künstlerischen Werken, die Bill nebenher in seinem Atelier schuf. Diese Verwandtschaft offenbart sich etwa beim Ausstellungsstand für die Bitumen-Firma «cola». (Vergleiche Abbildung Seite 170.) Das Fass mit Bitumen wurde hier wie ein Kunstwerk auf einen Dreifuss gestellt und interessierte Bill sicherlich weniger seines Inhalts als vielmehr der gewellten Oberfläche

---

1 CIAM = Congrès internationaux d'architecture moderne (Internationale Kongresse für neues Bauen). Ab 1938 war Bill Mitglied der CIAM, nahm jedoch nur ein einziges Mal an einem internationalen Kongress teil, nämlich 1949, am 7. Kongress in Bergamo.

2 Ausstellungskatalog: *Um 1930 in Zürich,* 1977. Ebenso: Bill: *Über Gebäudebeschriftung,* August 1933; Bill: *Ausstellungs-Reklamebauten.* Oktober 1934.

3 Gubler: *Nationalisme et Internationalisme dans l'Architecture Moderne de la Suisse,* 1975, S.225.

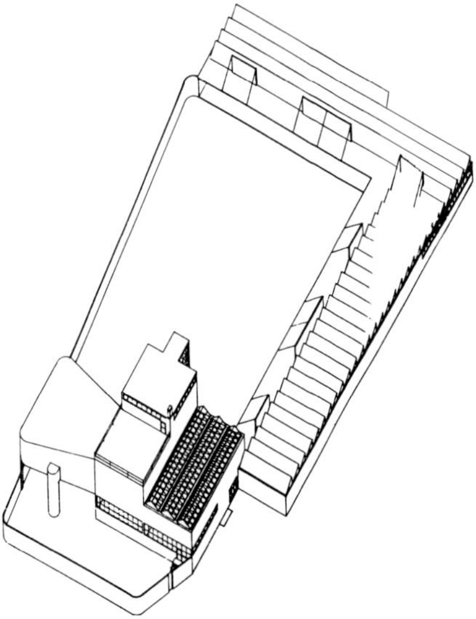

Max Bill: Schriftzug für das Corso-Theater, Zürich, 1934; Signet am «Zett-Haus», Zürich, 1934

Hans Fischli und Max Bill: Quartierzentrum und Kindergarten, Zürich-Wiedikon, 1928, Wettbewerbsprojekt

seiner Verpackung wegen. Ihre formale Erscheinung 'lebt' von einer ähnlichen Spannung zwischen gewellter Oberfläche und runder Form wie das 1932/33 entstandene «Well-Relief».

8.1 Zwischen 'Bauen' und 'Architektur'

Das erste Haus, das Bill 1932/33 bauen konnte, war sein eigenes Wohn- und Atelierhaus in Höngg, einer Aussengemeinde Zürichs, die 1934 in die Stadt eingemeindet wurde.[1] Der einfache, weisse Kubus wurde, statt mit einem obligaten Flachdach, mit einem Satteldach aus Kupferblechen eingedeckt. Allein schon darin zeigt sich, dass das Haus zwar durchaus Merkmale des «Neuen Bauens» aufzuweisen hat, wenn diese auch zurückhaltend eingesetzt und den üblichen Bauvorschriften angepasst wurden. Bill hatte sich allem Anschein nach nicht einmal um eine Ausnahmebewilligung für ein Flachdach, das aus baupolizeilichen Gründen verboten war, bemüht. Der umstrittenen Frage der Dachgestaltung wich er aus. Der pragmatische Kommentar, den Bill später zu seinem Haus lieferte, ist darüber hinaus auch für alle weiteren Projekte bezeichnend. Er schrieb in diesem Zusammenhang:

> «ich war entschlossen, nicht spektakuläre bauten zu machen, sondern mich zu bemühen, wirtschaftlich vernünftig zu bleiben und keinerlei unnötige ausgaben zu verursachen.»[2]

Das einzige am Höngger Haus, das uneingeschränkt dem «Neuen Bauen» verpflichtet ist, wie es etwa in der Zeitschrift «ABC»[3] propagiert wurde, und sich trotzdem mit Bills Kommentar vereinbaren lässt, ist seine industrielle Konstruktions-

---

1 Bisherige Publikationen: Bill: *Moderne Schweizer Architektur, (MSA),* 1942, 2. Lieferung; Domus: Juli 1943, S.302/303; Bill: *Vorfabriziertes Bauen - Freiheit oder Bindung,* November 1963, S.10/11; Ausstellungskatalog: *Um 1930 in Zürich,* 1977, S.189-195; Bechstein: *Die Häuser von Max Bill in Zürich-Höngg und Zumikon,* 1985, S.255-267.

2 Bill: *Vom Bauhaus bis Ulm,* Juni 1976, S.14.

3 Vergleiche dazu den Reprint der Zeitschrift in Gubler: *ABC,* 1983.

weise. Sie besteht aus vorgefertigten, geschosshohen Betonlatten, auf deren Innenseiten Luftkammern ausgespart wurden. Der Wandaufbau beträgt inklusive innerer Isolationsschicht bloss vierundzwanzig Zentimeter. Zur Entwicklung dieses Systems trug der Architekt Robert Winkler, der zuvor schon beim «Zett-Haus» die Bauausführung geleitet hatte, massgeblich bei.

Ebenfalls modern, aber – gemessen an den Kriterien des «Neuen Bauens» – auf eine wiederum eher unspektakuläre Art wirkt die Fassadengliederung. Natürlich verzichtete Bill in diesem Fall auf die modischen Bandfenster. Statt dessen wurden die Längsfassaden in vier Felder unterteilt. Die Gliederung basiert nicht auf der Geometrie des Tragsystems, sondern auf dem Mass der Öffnungen, die jeweils eine Feldbreite einnehmen.

Auf der zur Strasse liegenden Nordseite wechseln sich teilweise geöffnete Felder mit vollständig geschlossenen ab. Die Südfassade wurde in den späten siebziger Jahren durch einen ebenfalls von Max Bill geplanten Anbau verändert. Im Gegensatz zur Vorderseite umfasste sie wegen des Terraingefälls drei Geschosse. Die Abfolge der Felder begann links mit einem geschlossenen Feld. Die drei folgenden waren dergestalt mit Öffnungen versehen, dass die Fassade wie eine stilisierte Maske aussah. Im untersten Geschoss waren alle drei Felder offen, die Wand der Loggia zurückversetzt und der Gliederungsraster durch fassadenbündige, runde Stützen markiert. Über den Loggia-Öffnungen lag ein geschlossenes, geschosshohes Mauerband, in dem sich nur ein einzelnes kleines Fenster befand. Von allen Öffnungen der Längsfassade war es die einzige, die in der Breite weniger mass als ein Rasterfeld. Ausserdem war sie aus der Achse der mittleren Loggia-Öffnung verschoben. Das oberste Band bildete mit französischem Fenster und Balkon die 'Augenpartie' der Fassade. Zwischen den beiden Öffnungen herrschte eine Art 'plastische Äquivalenz': je grösser die Auskragung der Bodenplatte, desto mehr war die Wand- respektive Fensterfläche zurückversetzt.

Demgegenüber besitzen die Stirnfassaden keine die ganze Fläche gliedernde Ordnung. Die wenigen Öffnungen sind hier eher nach Bedarf in der tragenden Mauerscheibe ausgespart worden. An der Ostfassade wurde ausserdem ein Kamin vom

Keller bis über das Dach hochgeführt. Später musste wegen eines Chemineeeinbaus im Atelier ein zweiter Aussenkamin gebaut werden, der auf die westliche Schmalseite des Hauses zu liegen kam.

Der strenge geometrische Aufbau kann, abgesehen von den Fassaden, auch gut aus dem ursprünglichen Grundrissplan des Obergeschosses ersehen werden. Auch hier sind vier aneinandergereihte Felder zu erkennen, wobei deren Länge jeweils das Doppelte ihrer Breite misst. Der Wohn- und Schlafraum beansprucht zwei Felder, die sich zu einer offenen quadratischen Fläche fügen. Der davon benutzbare Teil reduziert sich allerdings auf eine 'L'-förmige Fläche, da eine quadratische Öffnung von der Grösse eines halben Feldes ausgespart ist, um den Wohnbereich mit dem darunterliegenden Atelier räumlich zu verbinden. Die andere Hälfte der Grundrissfläche ist für Nutzflächen von Küche, Bad, Erschliessung und Essplatz nach Mindestmassen unterteilt.

Angesichts einer derart klar hervortretenden, konstruktiv aber nicht unbedingt erforderlichen geometrischen Gliederung darf man wohl mit Recht auf analoge bildnerische Gestaltungen Bills hinweisen. Insbesondere scheint sich dafür das zehn Jahre später entstandene Bild «Vierteiliger Rhythmus» anzubieten.[1] Für die Bildfläche gilt ebenso wie für Grundriss- und Fassadengliederung, dass vier quadratische Grundeinheiten so miteinander verkettet sind, dass verschiedene Zusammengehörigkeiten herausgelesen werden können. Die einfache Addition von vier Feldern wird jeweils durch verschiedene Formen der Verkettung moduliert.

Wie beim ersten Bau wird sich Bill auch später nie für eine technisch besonders raffinierte Lösung stark machen. Vielmehr wird das Konstruktive immer nur eine banale und 'lautlose' Voraussetzung des Entwurfs sein. Auffallend am Höngger Haus bleibt somit einzig sein über die Notwendigkeiten hinaus getriebener geometrischer Rigorismus. Dies erinnert an das Atelierhaus, das van Doesburg nur zwei Jahre früher in Meudon bei

---

1 Vergleiche dazu Bechstein: *Die Häuser von Max Bill in Zürich-Höngg und Zumikon,* 1985, S.256. Die Autorin vergleicht die Grundrissordnung mit dem Bild «Zwei Gruppen aus Doppelfarben», 1957-1962.

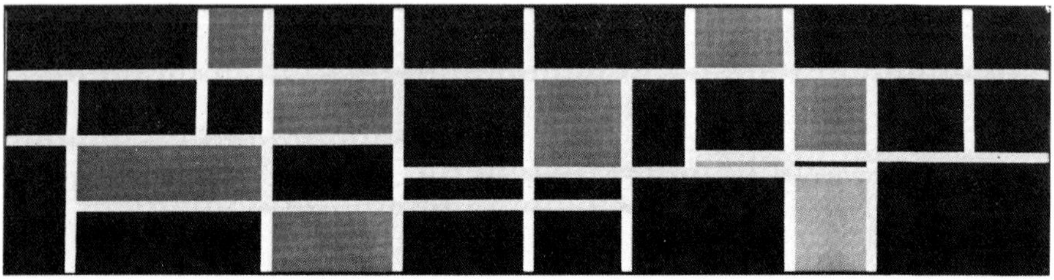

Max Bill: Vierteiliger Rhythmus (1942, Öl auf LW, 160×40 cm)

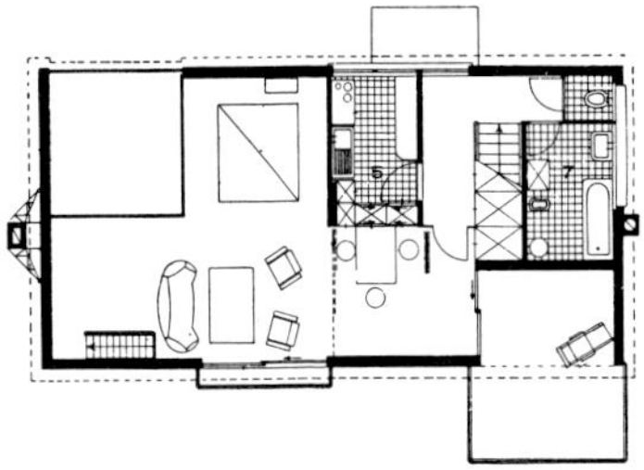

Max Bill: Wohn- und Atelierhaus in Höngg, 1932, Ansicht von Süden und Grundriss des Wohngeschosses

Paris erbauen liess. (Vergleiche Abbildung Seite 145.) Der holländische Künstler löste sich mit diesem Entwurf von der dynamischen Raumkonzeption aus Scheiben und Platten, die er Mitte der zwanziger Jahre zusammen mit van Eesteren entwickelt hatte. Statt dessen definierte er nun zwei klare Volumen, die um ein Geschoss gegeneinander versetzt sind. Vielleicht tat er diesen Schritt nicht zuletzt unter dem Eindruck von Le Corbusiers Pariser Villen, der sich bekanntlich seinerseits von der Ästhetik der früheren De Stijl-Projekte inspirieren liess.[1] Van Doesburg jedenfalls fand um 1930 zu einer eher konventionellen, auch statischeren und körperhafteren Konzeption zurück. Sein primäres Gestaltungsinteresse lag nun in der geometrischen Gliederung respektive der Integration der Bauvolumen[2] und entspricht in dieser Beziehung dem Haus von Bill.

Andere Beobachtungen am Höngger Haus mögen dagegen eher Bezüge zur sogenannten «composition très facile» rechtfertigen, die Le Corbusier 1927 programmatisch an einem Einfamilienhaus in der Weissenhofsiedlung in Stuttgart realisiert hat. Es handelt sich in diesen beiden Fällen um kompakte geometrische Volumen, die je einen doppelgeschossigen Raum besitzen, der die beiden Hauptetagen verbindet. Des weiteren zeichnen sie sich durch eine auf entsprechende Weise gegliederte Fassade aus (was bei Le Corbusiers Haus allerdings tatsächlich konstruktive Gründe hatte), und besitzen je eine über die ganze Höhe des Hauses reichende Glaswand («pan de verre»). Und nicht zuletzt fühlt man sich durch jenes 'verrückte', wie aus zwei Ohrensesseln zusammengebaute Kanapee im Stil des «second empire», inmitten der sonst kühlen und konkreten Atmosphäre von Bills Wohnraum an die «technique des groupements» erinnert, womit Le Corbusier 1925 im «Pavillon de l'Esprit Nouveau» Trödelware und puristisch gestaltete Gegenstände an einem Ort versammelte.[3]

---

1 von Moos: *Le Corbusier. Elemente einer Synthese,* 1968, S.138.

2 Doig: Theo van Doesburg. Painting into architecture, theory into practice, 1986, S.205.

3 Bill: *Le Corbusier & P. Jeanneret. Oeuvre complète, 1934-1938,* 1967, S.157. (erstm.: 1939). Ebenso Rüegg: *Der Pavillon de l'Esprit Nouveau als Musée imaginaire,* 1987, S.134 ff.

Le Corbusier: Zwei Wohnhäuser in der Wiessenhof-Siedlung, Stuttgart, 1927, Ansicht von Süden, Grundriss des Obergeschosses des Einfamilienhauses

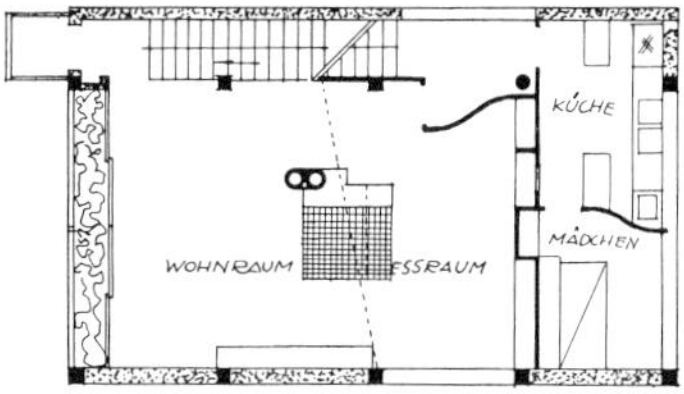

Paul Artaria, Hans Schmidt:
Haus Huber, Riehen bei Basel, 1929,
Ansicht von Südwesten,
Grundriss des Erdgeschosses

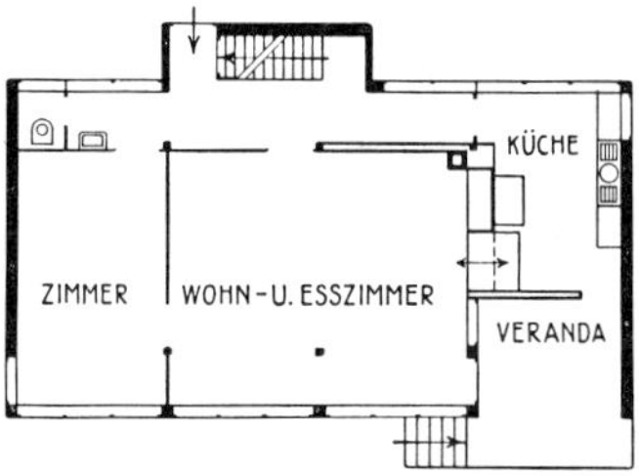

Von der Art und Weise, wie die Teile ins Ganze vermittelt werden, hängt aber schliesslich ab, ob das Billsche Haus mehr der einen oder der andern Seite zugeschlagen werden darf. Le Corbusier hatte, wie Bruno Reichlin überzeugend darlegen konnte, die verschiedenen Teile des Baus nicht bloss nach Möglichkeit variiert, sondern die Bandbreite der Variationen für jedes Element in einem «système de structures» durchgespielt und zur Anschauung gebracht.[1] Die Lösung Bills ist davon ebenso wie diejenige van Doesburgs zu unterscheiden. Wohl werden auch hier Freiheiten innerhalb eines geometrischen Rahmens genutzt («liberté dans l'ordre»), beispielsweise bei der Gestaltung von Öffnungen, jedoch wird darauf verzichtet, bis zur «Freiheit durch die Ordnung» («liberté par l'ordre») vorzustossen, wodurch auch der ganze Spielraum der gestalterischen Möglichkeiten exemplarisch dargestellt wäre.[2]

Damit soll nicht etwa behauptet werden, dass Bill vom einen mehr als vom anderen beeinflusst worden sei. Es geht vielmehr um die Bestimmung einer Bauauffassung, die sich mit der Position van Doesburgs besser verträgt als mit jeder andern. Dies lässt sich durch weitere Beispiele belegen, die Bill sogar unmittelbarer zum Studium gedient haben könnten als die Beispiele aus Paris und Stuttgart. Gemeint sind die Villenbauten von Hans Schmidt und Paul Artaria aus den späten zwanziger Jahren. Bezüglich der geometrischen Rigorosität übertreffen diese gar das Atelierhaus von van Doesburg. Eines der hervorragendsten Projekte dieser beiden Basler Architekten, das Haus Huber in Riehen (1929), wurde zum Anlass genommen, die Konzeption Le Corbusiers, wie sie in Stuttgart demonstriert worden ist, zu verbessern. Das nahezu ausschliessliche Gestaltungsthema des Riehener Hauses ist von der Montage vorfabrizierter Teile abgeleitet. Diesbezüglich hatte Schmidt schon 1926, im ausdrücklichen Widerspruch zu Le Corbusier, in einem Artikel der von ihm mitherausgegebenen Avantgarde-Zeitschrift «ABC» die Meinung vertreten, dass «die Technik (...) das Spiel mit der

1 Reichlin: *Das Einfamilienhaus von Le Corbusier und Pierre Jeanneret auf dem Weissenhof. Eine Strukturanalyse,* 1985, S.178.

2 Zur Unterscheidung dieser beiden Haltungen siehe von Moos: *Le Corbusier. Elemente einer Synthese,* 1968, S.215.

Form lächerlich gemacht» habe.[1] Es scheint, als könnte das Höngger Haus von Bill genau aus der Perspektive dieser 'Korrektur' an Le Corbusier verstanden werden.

8.2 Anwendung künstlerischer Konkretion

Es sollte mehr als zehn Jahre dauern, bis Bill sein zweites Haus bauen konnte. In der Zwischenzeit stellten die Aufträge im Ausstellungssektor einen Ersatz, aber auch ein Versuchsfeld für neue räumliche Gestaltungen dar. Den ersten international bedeutenden Erfolg konnte er mit der Gestaltung des Schweizer Sektors an der Triennale von 1936 in Mailand feiern. Der Auftrag an Bill erfolgte auf Grund eines Wettbewerbs, den der Schweizerische Werkbund (SWB) ausgeschrieben hatte. Zwar wurden Stimmen laut, die den Vorschlag Bills als abschreckendes Beispiel einer Visitenkarte der Schweiz hinstellten und wodurch man nun – Gott sei Dank frühzeitig – für die demnächst stattfindende Landesausstellung in Zürich gewarnt sei.[2] Anders aber urteilte die nationale und internationale Fachpresse. Der Raum der Schweiz wurde ausserhalb der Zeitschrift «Werk» vor allem in der italienischen Zeitschrift «Casabella» ausführlich dokumentiert. Von den Veranstaltern wurde Bill dafür sogar mit einem «grand prix» ausgezeichnet.[3] Alfred Roth sowie Richard Paul Lohse nahmen ihn in ihre Sammlung mustergültiger Architektur der dreissiger Jahre, respektive neuer Ausstellungsgestaltung auf. Beide Autoren hielten sich dabei eng an einen Beschrieb von Bill und wiesen auf die Parallelen zur «konstruktive(n) Malerei und Plastik» (Roth) hin, oder gar auf den Zusammenhang mit

---

1 Schmidt: *Die Baukunst und der liebe Gott.* Abgedruckt in Gubler: *ABC,* 1983, S.104.

2 Bill: *Meine 30er Jahre,* 1977, S.187/188.

3 Publikationen in: Labo: *Le sezioni stranieri alla VI Triennale di Milano,* August 1936; Streiff: *Die Schweizer Abteilung an der Triennale in Mailand 1936,* August 1936; Meyer: *Notizen von der VI. Triennale Mailand,* Oktober 1936; Roth: *Die Neue Architektur,* 1940, S.173–178; Lohse: *Neue Ausstellungsgestaltung,* 1953, S.28–31; Bill: *Die Schweizer Abteilung an der Triennale di Milano 1936,* 1981, S.95.

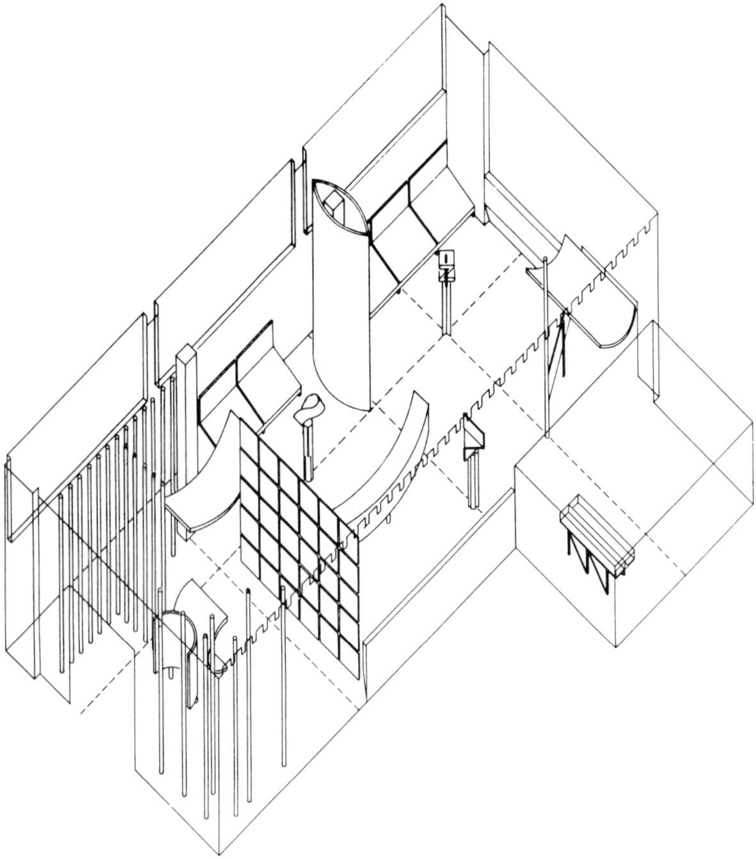

Max Bill: Schweizer Sektion an der VI. Triennale in Mailand, 1936

konkreter Kunst, wie Lohse dies tat. Dieser Meinung schloss sich auch Jacques Gubler an, der den von Bill gestalteten Beitrag mehr für eine «allegorie concrète» denn für eine Parade schweizerischer Qualitätsprodukte hielt.[1]

Über die Auswahl der Exponate hinaus ist unschwer die Absicht erkennbar, durch ihre Anordnung eine neue Art von Kontrolle über den vorgegebenen, neutralen Raum zu erlangen. Die auffälligen Formen und Farben der Einrichtung, die sowohl als Behälter für die Exponate wie auch als Schleusen des Besucherstroms dienten, hoben sich vom gleissenden Weiss des Raumes ab. Mitten in die Abfolge hinein stellte Bill drei Werke konkreter Kunst, jedes im Zentrum eines thematischen Bereichs. Es waren nicht sehr grosse Werke, aber sie vermochten trotzdem der dynamischen räumlichen Bewegung zu widerstehen. Wie Totems gruppierten sie die Exponate und Ausstellungs-Möbel um sich. Ihre Gestalt war jeweils auf die sie umgebenden Gegenstände abgestimmt. So stand in der Mitte der typographischen Produkte, auf einen schlanken Säulenschaft gestellt, ein Gebilde, bei dem ein röhrenförmiges 'A' und ein bandförmiges 'Z' ineinander verschränkt waren.[2] Im Zentrum der Abteilung mit kunsthandwerklichen und industriellen Produkten schwebte über einer Stelle eine Variante der «Unendlichen Schleife», die Bill, ursprünglich für ein Haus von Marcel Breuer entworfen, in Mailand erstmals öffentlich ausstellte. Schliesslich stand in der Mitte des architektonischen Bereichs eine Plastik, die aus drei jeweils um neunzig Grad gekippten und gedrehten Platten aufgebaut war.

Im Falle des Schweizer Sektors in Mailand von «konkreter Gestaltung» zu sprechen, liegt nicht so sehr am Einsatz von Plastiken, die der konkreten Kunst zuzurechnen sind, als an der Gestaltung des Raumes selbst. Man kann Bills Lösung so lesen, als seien zwei Konzeptionen, eine fliessende und eine zentristische, in einer Gestalt in eins gesetzt worden. Die Differenz dazwischen entspricht der Differenz zwischen laufen und

---

1 Gubler: *Nationalisme et internationalisme dans l'architecture moderne de la Suisse,* 1975, S. 229.

2 Meines Wissens ist dies einer der wenigen Fälle, da Bill mit Grossbuchstaben 'schrieb'.

stehen. Beim schnellen Durchlaufen der Ausstellung wurde der Blick des Besuchers für die Vielfalt der schweizerischen Produkte geschärft, während beim konzentrierten Studium der Gegenstände im Schatten der Werke der konkreten Kunst die einzelnen Formqualitäten hervorstachen. Solchermassen wurde durch die Ineinssetzung zweier räumlicher Organisationsprinzipien gerade das thematisiert, was den spezifischen Charakter der Institution 'Ausstellung' ausmacht. Deshalb kann man hier im Sinne der künstlerischen Konkretion von einem «Gegenständlich-Machen» einer Idee sprechen.

Die Komplexität der Gestaltung findet sich nicht unbedingt in den gleichzeitig entstandenen Architekturprojekten wieder. Bill hatte sich 1936 und 1937 gleich an mehreren Zürcher Bauwettbewerben beteiligt, so an dem für ein Konzert- und Kongressgebäude (1936), für die Seeufergestaltung (1937), für das Warenhaus «Globus» (1937) und für das Ausflugsrestaurant auf der Waid (1937), erhielt jedoch nie einen Preis. Im ganzen zeichnen sich seine Lösungen dadurch aus, dass sie aus mehreren individuell gestalteten Baukörpern bestehen und somit eher auf sein allererstes Projekt zurückweisen, das Bill zusammen mit Fischli entworfen hatte. Auffällig mit Blick auf den Schweizer Raum an der Triennale sind die filigrane, fast zierliche Ausbildung der Details und die häufige Verwendung von Segmentbögen in allen möglichen Dimensionen.

8.3 Tragen und trennen

Im Jahre 1939 gab Bill den dritten Band zu der von Willy Bösiger begonnenen Reihe über das Gesamtwerk von Le Corbusier heraus.[1] Er stellte in seinem Vorwort fest, dass Le Corbusier als Architekt von einer Vision ausgehe, die seine Vorschläge über blosse Interessantheit und Raffinesse, wie sie etwa an der Schweizerischen Landesausstellung in Zürich aufscheine, hinaushebe. Offenbar genügte Bill ein bloss gepflegter Professionalismus nicht, ganz abgesehen davon, dass er auch bezüglich der eigenen Arbeiten einen über raffinierte Lösungen hinaus-

1 Bill: *Le Corbusier & P. Jeanneret. Oeuvre complète. 1934-1938,* 1939, S.9/10.

gehenden Anspruch stellte. Eine weitere Gelegenheit, dies zu beweisen, bot sich, als er mitten im Krieg den Auftrag für ein Wohnhaus in Bremgarten erhielt.[1]

Das heute zerstörte Haus war 'L'-förmig angelegt, wobei es mit zwei Fassaden bündig auf einer quadratischen Ebene lag, die an einem sanft abfallenden Hang aufgeschüttet worden war. Durch den einen Arm des Grundrisses führte ein innerer Gang, von dem aus beiderseits Zimmer sowie der zweite Arm des 'L' erschlossen wurden. Den inneren, gegen den Garten gerichteten Fassaden sowie den beiden Stirnseiten des 'L'-förmigen Baukörpers war ein loggia-ähnlicher Umgang vorgelagert. Die Stützen, die die Loggia gegen aussen abgrenzten, waren nur roh bearbeitete Holzpfosten und mochten in dieser Form an Urhütten-Modelle erinnert haben. Für die dahinterliegenden Aussenwände des Hauses kam ein industriell vorgefertigtes Bausystem («Durisol») zur Anwendung, welches im wesentlichen aus 1,5 Meter langen und 0,5 Meter hohen Betonelementen bestand. Die Stützen der Holzkonstruktion, soweit sie mit den «Durisol»-Elementen oder mit der Inneneinrichtung in Berührung kamen, waren auf einen quadratischen Querschnitt zugeschnitten.

Zweifellos muss man die für das Haus getroffene Auswahl der Materialien im Rahmen kriegsbedingter Einschränkungen sehen. Die ausschliessliche Verwendung von Rohstoffen, die in der Schweiz gewonnen werden konnten, führte jedoch keineswegs in der Verarbeitung zu einem kitschig-stimmungsvollen Heimatstil. Vielmehr könnte es sogar als geistiger Landesverrat verstanden worden sein, dass Bill sich mit diesem Entwurf auf die japanische Bautradition bezog, wie er einmal in einem Brief an Walter Gropius gestand.[2]

Als japanisierende Merkmale sind etwa zu nennen: die Gartenanlage, die kleinteilige Proportionierung, die Offenheit des Gebäudes vor allem gegen den Garten hin sowie die Natur-

---

1 Publikationen in: Bill: *Moderne Schweizer Architektur (MSA), 1942, 3. Lieferung;* Werk: *Wohnhaus in Bremgarten,* März 1943; L'architecture d'aujourd'hui, Januar 1946; Bill: *Wiederaufbau,* 1945; Bauen und Wohnen, Juni 1948; Bill: *Vorfabriziertes Bauen – Freiheit oder Bindung,* November 1963, S.10/11.

2 Brief von Max Bill an Walter Gropius, 11. August 1954. (Bauhaus-Archiv Berlin)

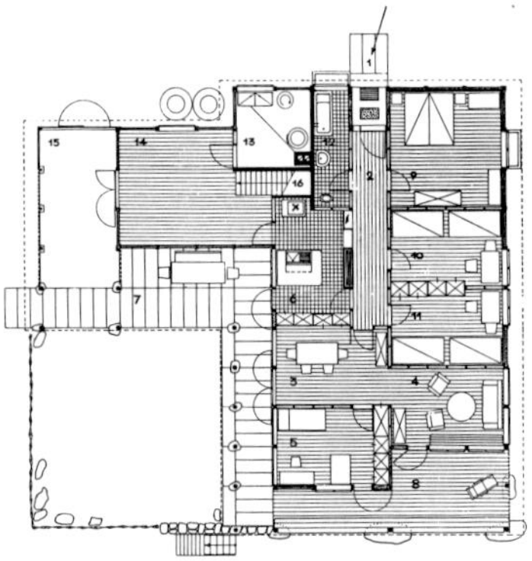

Max Bill: Einfamilienhaus in Bremgarten, 1942, Ansicht von Westen und Grundriss

steine, in denen die äusseren Holzpfosten der Loggia mittels eines Eisendorns verankert waren. Die Anspielungen gingen allerdings über den Sinn des blossen Zitierens hinaus. Sie sind von der Absicht bestimmt, «den strukturellen Aufbau wieder mehr als Gestaltungselement wirken zu lassen».[1] Genau darin bestand letztlich auch die Lehre der japanischen Bauten, welche europäische Architekten im Zusammenhang mit der Industrialisierung des Bauens begierig aufnahmen.[2]

Der Kontrast zwischen der industriell gefertigten Wand und den naturalisierenden Baumstämmen, die Bill davorpflanzen liess, gibt ein Thema einer «weiterführenden» Vision an, die darin bestand, handwerkliche und industrielle Konstruktionsmöglichkeiten in einem Bau zu vereinen. Unter gewissen Umständen war Bill offen gegenüber dem Heimatstil, da durch traditionelle Methoden durchaus berechtigte Anliegen erfüllt werden. Allerdings ging es ihm dabei nicht um eine «Maskerade» mit heimatlichen Versatzstücken, sondern um die echte, handwerksgerechte Formgebung. Diese steht nicht im Gegensatz, wohl aber in Konkurrenz zur industriellen Verarbeitung.[3]

Diese Haltung entsprach in etwa jener der vor allem in England und den skandinavischen Ländern stark beachteten Bewegung des «New Empiricism».[4] Das gemeinsame Anliegen bestand darin, die extremsten technizistischen Grundprinzipien und den stilistischen Purismus bis zu einem gewissen Grad zu mässigen und die zugelassenen Mittel selbst um traditionelle Praktiken zu erweitern.

Neuerdings gab die Allianz von Industrie und Handwerk den theoretischen Hintergrund für das Buch «Wiederaufbau» ab, das Bill termingerecht zum Ende des Zweiten Weltkrieges vorgelegt hat.[5] Es enthält zahlreiche Unterlagen über einfache

---

1 Bill: *Ausstellung «Unsere Wohnung» im Kunstgewerbemuseum Zürich,* 14. April 1943.

2 Josef Frank: *Was ist modern?,* Oktober 1930, S.394.

3 Bill: *Ausstellung «Unsere Wohnung» im Kunstgewerbemuseum Zürich,* 14. April 1943.

4 Architectural Review: *The New Empiricism in Denmark,* Juni 1948.

5 Bill: *Wiederaufbau,* 1945.

Bausysteme aus Amerika, England, Skandinavien und der Schweiz, welche teils auf industriellen, teils auf handwerklichen Methoden beruhen. In diesem Zusammenhang wird auch das Wohnhaus in Bremgarten als eines der formal markantesten Beispiele vorgestellt.

In dem kleinen Haus in Bremgarten klang noch ein weiteres Thema an, das in einem engeren Sinne mit dem Wesen der architektonischen Problematik verbunden ist und auch in verschiedenen anderen Projekten Bills wieder auftaucht. Der Ständerbau besteht in der Regel aus zwei verschiedenen, ineinandergreifenden Systemen: dem System der tragenden und jenem der trennenden Teile. Auch beim Haus in Bremgarten waren die beiden fast nahtlos ineinander verschränkt. Nur die unbehauenen Holzpfosten schienen aus dem Verband herauszutreten, um als tragende Teile eine gewisse, von der übrigen Konstruktion sich abhebende Unabhängigkeit zu signalisieren. Tragen und Trennen waren also als zwei sich ergänzende Systeme behandelt worden, die sich punktuell aber eigenständig zu produzieren vermochten.

Die gestalterische Differenzierung von tragen und trennen war in einer viel konsequenteren Weise auch beim Projekt für den Schweizer Pavillon an der Weltausstellung in New York massgebend. Bill schlug dafür 1938 ein grosses nacktes Stahlskelett vor, in welches nach Belieben Raumzellen und Erschliessungswege wie Organe hätten eingehängt werden sollen. Der Vorschlag erinnert an das skulpturale Raumgitter, das der Oesterreicher Friedrich Kiesler 1925 an der Pariser «Exposition internationale d'art décoratif» ausgestellt hatte. Zeitlich, aber auch formal näher noch stand ihm das Projekt für ein «hängendes Haus», an dem der in Paris lebende Amerikaner Paul Nelson von 1936–1938 arbeitete.[1] Ausserdem waren Raumgitter mit eingehängten Volumen oder Flächen in den dreissiger Jahren zu Inkunabeln der modernen italienischen (Ausstellungs-)Architektur geworden.[2]

Für alle diese Beispiele gilt gleichermassen, dass das tragende Gerüst die primäre plastische Realität darstellt, in die

---

1 Abram: *Paul Nelson: Le crible de la raison,* April 1989, S.8.

2 Jehle-Strathaus Schulte, Reichlin: *Das Monumento ai Caduti nei Campi di Germania,* 1989.

hinein alle möglichen Formen des Ausbaus eingefügt werden können. Das Wohnhaus in Bremgarten wie auch einige andere Entwürfe zeigen jedoch, dass Bill eher auf ein Sichtbarmachen des gleichwertigen Nebeneinanders, als auf eine Hierarchisierung von tragendem und trennendem System hin arbeitete.

Aufgrund der sichtbar gemachten Differenz zwischen zwei Systemen innerhalb eines Bauwerks besteht eine formale Analogie zum Bild «Horizontal-vertikal-diagonal-Rhythmus». Dessen Raster aus schwarzen Balken, die in eigengesetzlicher Progression die Bildfläche gliedern, entspricht den linearen Elementen des architektonischen Traggerüsts. So wie in das Liniennetz des Bildes aber farbige Dreiecke eingefügt sind, die sich darin ebenfalls nach eigenen Gesetzen ausbreiten, so verhält es sich auch mit den raumbildenden Elementen der architektonischen Gestalt. Das Werk als Ganzes besteht aus beiden Systemen, deren jeweilige Autonomie allerdings insofern relativiert ist, als das lineare System bezüglich der Definition des Ganzen wichtiger bleibt, während die Flächen nur modulierend eingesetzt sind.

In den späten vierziger Jahren verfolgte Bill das Thema der Ineinssetzung von Trag- und Trennsystemen weiter, und zwar so, dass die Systeme sich stellenweise aus dem Verband herauslösen, um gerade dadurch ihre Ineinssetzung zu intensivieren. Natürlich war diese Thematik bei all jenen Projekten wichtig, bei denen ausfachende »Durisol»-Platten vorgesehen waren, wie beispielsweise beim nicht ausgeführten Haus für ein Künstlerehepaar in Ascona von 1949.

Weiter spielte die Verbindung, respektive die Unabhängigkeit von Tragen und Trennen bei Wohntürmen eine Rolle, die Bill 1949 für ein Wohnquartier in Zürich plante. Davon könnte kaum die Rede sein, würden die beide Systeme nahtlos ineinandergreifen oder wäre das eine dem andern System konsequent untergeordnet. Doch am Wohnhochhaus-Projekt gibt es einzelne Stellen, die den Eindruck erwecken, als sollte der Charakter des Trag- und des Trennsystems bewusst gesteigert werden, um so das Ganze als Durchdringung zweier Figuren verstehen zu können. Die sichtbare Tragstruktur sollte aus schlanken Betonscheiben, die senkrecht zur Fassadenfläche stehen, errichtet werden. Auf der Höhe des Dachgeschosses hätten sie sich aus

Max Bill: Horizontal-vertikal-Rhythmus

(1942, Öl auf LW, 80×160 cm)

dem eigentlichen, kompakten Bauvolumen 'befreit' und wären zudem durch horizontale Verbindungselemente zu einem Gerüst zusammengefasst worden. Erst durch diese Massnahme wäre die Tragstruktur als eigenständiges plastisches Gebilde wahrnehmbar gewesen.

Ähnliches kann von den trennenden Elementen gesagt werden. Bedingt durch die Stellung der tragenden Scheiben wären die vier Ecken des Wohnturms als Auskragungen konstruiert worden. Weil das Erdgeschoss zudem eine offene Halle bilden sollte, schienen die darüber liegenden Eckräume wie von oben heruntergehängte Raumzellen über dem Boden zu schweben. Unterstützt wird diese Lektüre des weiteren durch die in das Bauvolumen hineingesetzten Balkone. Man kann also sagen, dass in diesem Projekt die trennenden Elemente Gelegenheit erhalten hätten, sich nicht bloss als Ausfachungen, sondern als aktive raumbildende Elemente bemerkbar zu machen. Solchermassen sollten zwei verschiedene, eigenen Gesetzen gehorchende Figuren punktuell auseinandergehalten und in ihrer Differenz intensiviert werden, obwohl sie sich in der Regel gut vertragen. Wie beim Haus in Bremgarten handelte es sich um die doppelte Eigenschaft einer Gestalt, welche sich an der einen Stelle so, an der andern anders in Szene zu setzen vermag.

Schliesslich war die Differenz zwischen Trag- und Trennsystem noch ein weiteres Mal das grundlegende Gestaltungsthema: beim 1955 errichteten Pavillon der Stadt Ulm an der Landesausstellung Baden-Württembergs in Stuttgart. Der Pavillon wurde an der Hochschule für Gestaltung von Bill in Zusammenarbeit mit den Dozenten der Abteilung für visuelle Kommunikation Friedrich Vordemberge-Gildewart und Otl Aicher entworfen.[1] Das umstrittene und nach der Ausstellung wieder abgebrochene Bauwerk bestand aus vier zusammengeschobenen Holzgestellen, deren Dachflächen je in Richtung einer Ecke geneigt waren. In ihrer Mitte liessen sie einen offenen Patio frei, wo eine Kopie der Turmspitze des Ulmer Münsters auf-

1 Publikation in: Roth: *Der Pavillon der Stadt Ulm an der Landesausstellung Baden/Württemberg in Stuttgart,* September 1955; von Seckendorff: *Die Hochschule für Gestaltung in Ulm,* 1989, S.111 und S.117.

Max Bill: Wohnhochhaus, 1949, Wettbewerbsprojekt

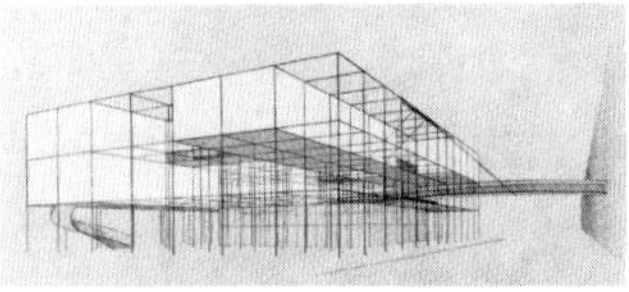

Max Bill: Projekt für den Schweizer Pavillon an der Weltausstellung in New York, 1938

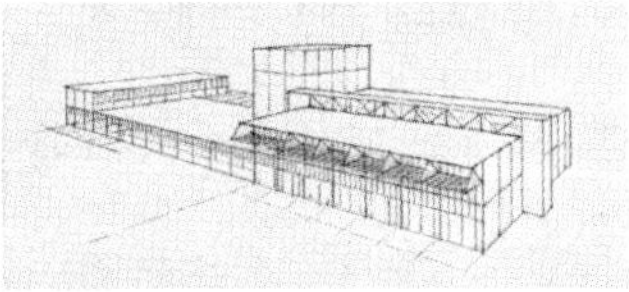

Max Bill: Mehrzweckgebäude in Grenchen, 1949, Wettbewerbsprojekt

Max Bill: Haus für ein Künstlerpaar in Ascona, 1949, nicht realisiertes Projekt

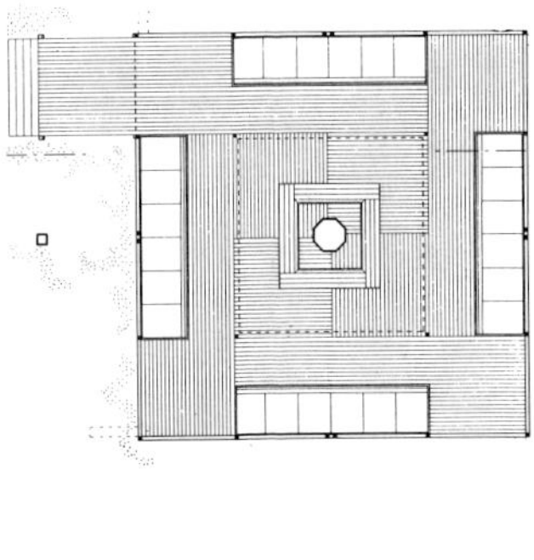

Max Bill zusammen mit Otl Aicher und Friedrich Vordemberge-Gildewart: Pavillon der Stadt Ulm auf der Landesgewerbeausstellung in Stuttgart, 1955

gestellt wurde. An den Innenwänden hingen Photographien der Stadt Ulm, die von der wirklichen Turmspitze aus aufgenommen worden waren. Die Illusion eines Panoramablicks wurde zusätzlich gesteigert durch die Holzkonstruktion, die wie ein Gerüst um die Turmspitze aussah. Allerdings demontierten sowohl die Phototafeln wie das Gerüst alle Vorstellungen praktisch im gleichen Atemzug, wie sie sie erzeugten, da sie ja als Mittel der Ausstellungsinstallation jederzeit durchschaubar blieben.

Tragen und Trennen hatten beim Ulm-Pavillon gewissermassen über ihr So-Sein hinaus ikonographische Rollen zu übernehmen. Auf diese Weise wurde auch die Differenz zwischen ihnen aufgeladen, um sie schliesslich in eine komplexere Einheit zu vermitteln. Auch hierbei zeigt sich, dass konkrete Gestaltung und Darstellung keineswegs Gegensätze sein müssen, vorausgesetzt, die Darstellung bleibt an die Realität der vorhandenen Mittel gebunden.

8.4 Konglomerate einfacher Kisten

Der 1949 für einen Mehrzweckbau in Grenchen eingereichte Entwurf signalisierte bereits ein neues formales Interesse, das schon bald das Thema 'trennen-tragen' verdrängen sollte. Als Tragkonstruktion dieses Mehrzweckgebäudes waren neuerdings vor die Fassade gestellte Scheiben vorgesehen. Der Grundriss ist ein einfaches Rechteck, das im Innern bis auf einige fest eingerichtete Serviceräume und wenige Tragelemente mit Hilfe von drei Schiebewänden hätte frei unterteilt werden können. Die Differenzierung zwischen Tragen und Trennen ist jedoch kaum mehr herausgearbeitet; die Figuren, die beide Systeme erzeugen, sind plastisch kaum voneinander zu unterscheiden, sondern bleiben innerhalb der Gestalt nahezu neutral. Dafür aber zeigt der Aufriss, dass sich der ganze Komplex aus einem Konglomerat verschieden hoher Kuben zusammensetzt. Insofern aber kündigte das Grenchener Projekt das neue Thema des Zusammenfügens von Behältern an.

Prägnanter schon waren die Beziehungen zwischen verschiedenen Baukörpern beim Wettbewerbsprojekt für die Kantonsschule Freudenberg in Zürich von 1949 gestaltet. Bill machte den Vorschlag, die beiden Enden eines achtgeschossigen, zweibündigen Scheibenhochhauses durch je einen Kranz von drei, respektive vier abgewinkelten, gleichhohen Türmen zu fassen. Jeder Turm hätte acht Klassenzimmer enthalten, die der Grösse nach gestapelt und entsprechend auf der Vorderseite zurückversetzt worden wären. Horizontale Abdrehung und vertikale Stufung der Türme hätten solchermassen dem an sich neutralen Scheibenhochhaus beidseitig einen 'Griff' geformt. Das Scheibenhochhaus wäre infolgedessen auch als Füllung zwischen bollwerkartig verstärkten Kopfbauten zu lesen gewesen.

Das gestalterische Thema, das sich mit diesen beiden Entwürfen ankündigt, kann am besten anhand des erwähnten «Denkmals für einen unbekannten politischen Gefangenen» erläutert werden. Das Gebilde besteht aus mehreren ähnlichen Boxen, die so angeordnet werden, dass mehrere Beziehungsstrukturen in die Gestalt hineingelesen werden können. Bereits wurde dargelegt, wie dies in besonderer Weise auf die Bauten der HfG zutrifft. Auf der Ebene der Vorprojekte sind ähnliche architektonische Behälter ins Terrain eingebettet und durch einen Verbindungsgang linear verbunden worden. Im ausgeführten Projekt schliesslich kam eigentlich nichts Neues hinzu, ausser dass die Teile der Erschliessungsstruktur in zentrale Zonen der Anlage verwandelt worden sind und die einfachen Boxen nun auch von innen heraus einen Halt vermittelt bekamen. Insgesamt sind bei dieser Anlage die Beziehungen zwischen den Teilen wichtiger und vielfältiger als etwa die Definition dieser Teile.

Beziehungen zwischen einfachen Behältern prägen auch den ebenfalls nicht ausgeführten Entwurf des Schweizer Pavillons an der Biennale in Venedig aus dem Jahre 1951. Das Ganze sollte aus vier Kuben, die sich bezüglich eines Achsenkreuzes ordnen, zusammengebaut werden. Einer der Kuben hätte als Eingangsfoyer dienen sollen, während die restlichen drei für Ausstellungszwecke vorgesehen waren. Der Hauptausstellungsraum war doppelt so hoch geplant wie die übrigen Volumen. Des weiteren sollte einer der niedrigeren Behälter nicht überdeckt werden und als offener Gartenhof genutzt werden. Trotzdem lag die Quote der Oberkante seiner Umfassungsmauer genau auf

Max Bill: Denkmal des unbekannten politischen Gefangenen, 1952, Modellaufnahme

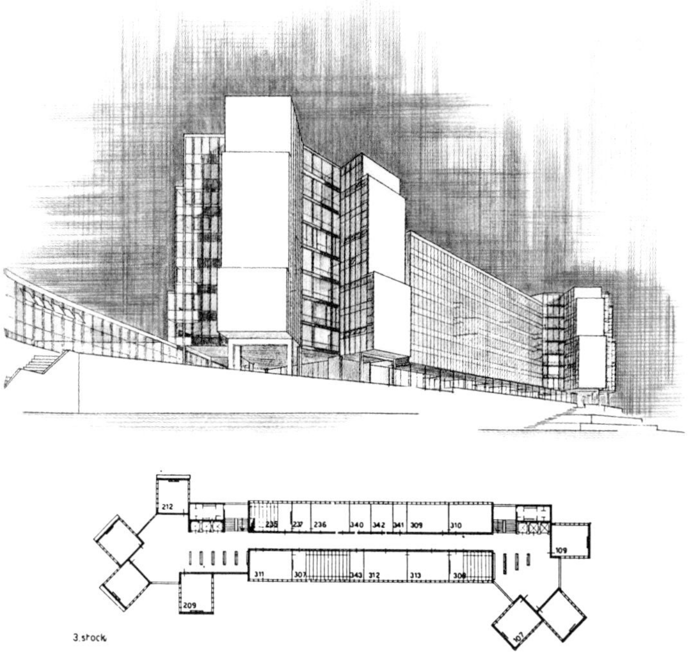

Max Bill: Kantonsschule Freudenberg
in Zürich, Wettbewerbsprojekt, 1949

Schweizer Pavillon für die Biennale
in Venedig, Wettbewerbsprojekt, 1951

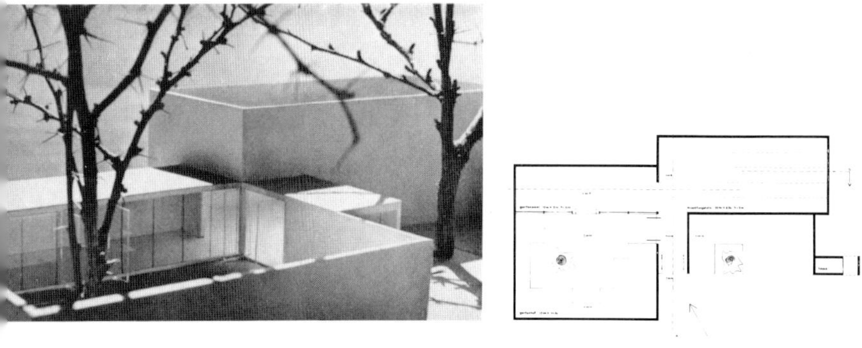

der Höhe der Oberkante des Dachgesimses der benachbarten Behälter. Solchermassen wäre auch der Gartenhof hinreichend als eigenständiger, gleichwertiger Teil des Ganzen charakterisiert gewesen und nicht bloss als Anhängsel eines gedeckten Ausstellungsraumes. Diese Konzeption wäre an sich nichts besonderes, wenn nicht der Ort, an dem die vier Behälter zusammentreffen, auf eine ganz besondere Art ausgezeichnet werden sollte. Dem Projekt zufolge war an dieser Stelle nämlich eine freistehende Stütze vorgesehen, die - im wahrsten Sinne des Wortes - den gemeinsamen Ort aller Behälter markiert. In diesem Sinne wäre sie sowohl Bestandteil jedes Behälters als auch die Vergegenständlichung des Mittelpunkts des Koordinatensystems, das die Anordnung im ganzen regelt, gewesen.

Zwischen 1951 und 1955 wurde Bill vorwiegend von Planung und Aufbau der HfG in Ulm in Anspruch genommen. Nachdem Bill dann 1957 seine dortige Tätigkeit definitiv aufgeben musste, kehrte er nach Zürich zurück, wo er sofort sein Architekturbüro wiedereröffnete. Das Zusammenfügen verschiedener einfacher Behälter blieb einstweilen das vorherrschende gestalterische Thema. Die in früheren Projekten noch uniformen Kisten wurden allerdings in den folgenden Projekten vielfältiger gestaltet. Die grossen Ausstellungshallen, die einen weiteren nicht realisierten Vorschlag Bills für die landwirtschaftliche Ausstellung «Olma» in St.Gallen bestückten, erhielten durch Massstabssprünge zwischen aneinandergefügten Bauvolumen oder durch differenziert gestaltete Dachlandschaften individuelle Züge.

Ebenso ist die Verschiedenheit von Behältern bei gleichzeitiger Ineinssetzung in ein Ganzes eines der hervorstechenden Merkmale eines weiteren Projekts, das etwa zeitgleich für ein Wohn- und Geschäftshaus in Neuhausen am Rheinfall ausgearbeitet und realisiert wurde.[1] Innerhalb von beinahe dreissig Jahren, in denen sich Bill bis dahin schon mit Architektur beschäftigt hat, war dies erst das vierte Projekt, das zur Ausführung gelangte.

---

1 Publikation in: Schaffhauser Nachrichten, 5. Dezember 1957; Staber: *Zu neuen Gestaltungen von Max Bill,* 1958, S.26; Staber: *Max Bill und die Umweltgestaltung,* 20. Januar 1962; Bignens: *Kinos. Architektur als Marketing,* 1988, S.79.

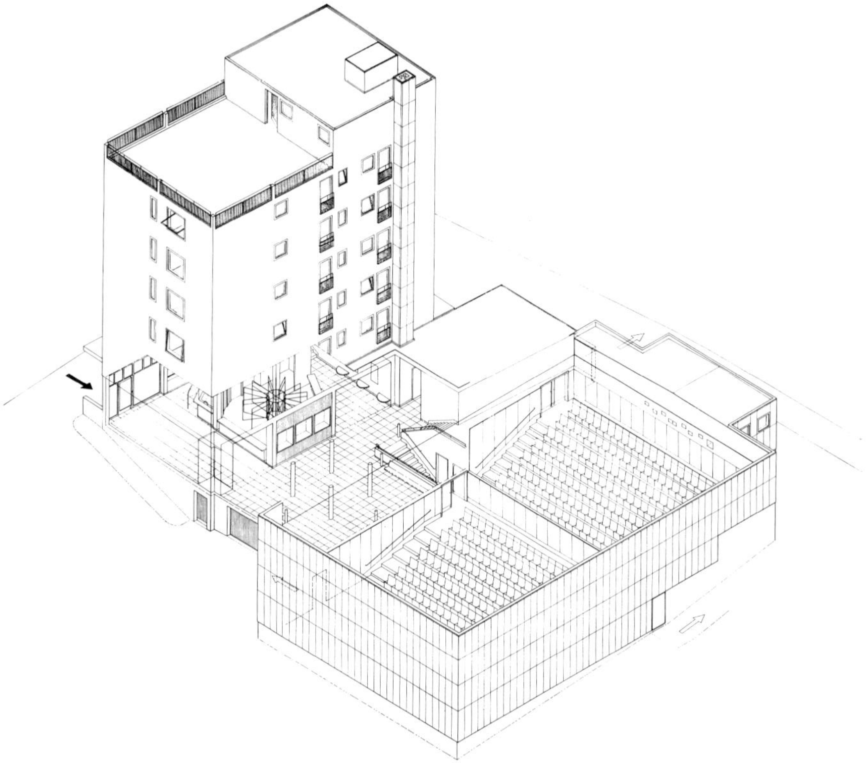

Max Bill: Wohn- und Geschäftshaus «cinévox», Neuhausen, 1957, Axonometrie (Zeichnung Peter Disch) und drehbare Garderobe

Das Bauprogramm umfasste neben einigen Verkaufslokalen einen grossen Kinosaal und fünf Wohnungen. Auf den ersten Blick mag die Lösung als Montage von zwei, entsprechend ihren Funktionen sehr unterschiedlich gestalteten Volumen erscheinen. Das Kino ist auf dem hinteren Teil des Grundstücks in einer flachen, völlig geschlossenen, eternit-verkleideten Box untergebracht. Davor erhebt sich über einem Sockelgeschoss das fünfgeschossige, in einem gebrochenen Weiss verputzte Wohngebäude mit Dachaufbauten. Dessen Nutzung lässt sich von aussen an der Verteilung und Grösse der Öffnungen, insbesondere der Balkone und Badezimmerfenster, ablesen.

Die beiden Bauvolumen werden durch den nach hinten verlängerten Sockelbau miteinander verbunden. Dieser ist gegen die Strassenseite hin mittels Glasfront und Vordach vom Wohnhaus abgesetzt. Seitlich treffen seine schwarz gestrichenen Betonwände auf die graue Eternitverkleidung der Kino-Box. Auch der Sockel besitzt eine Reihe typischer Merkmale, die ihn von den andern beiden Volumen unterscheiden und die ebenso unverblümt wie direkt ausformuliert sind. Damit wird unterstrichen, dass das Ganze letztlich aus drei Teilen zusammengesetzt ist, wobei gerade dem Sockel eine entscheidende Bedeutung zukommt.

Von aussen gesehen mag die Montage eher zufällig erscheinen, doch im Innern übernimmt der Raum im Sockel die Rolle eines verbindenden Gelenks. Die gesamte Nutzfläche besteht einerseits aus einem Stauraum, von wo aus über grosszügige Treppenanlagen das Kino erschlossen wird, und aus dem Bereich unterhalb des Wohnhauses andererseits, welcher durch die Abfang-Konstruktion geprägt ist und neben dem Foyer auch einigen Läden Platz bietet. Der Kinoeingang durchstösst beide Schichten und fasst sie zu einer einzigen Gestalt zusammen. Insbesondere ist der Boden durchgängig mit Terrazzoplatten belegt, auf denen die Einbauten für Kasse und Garderobe zu schwimmen scheinen. Wörtlich trifft die Metapher der Beweglichkeit auf die drehbare Garderobe zu, die Bill speziell für das Foyer entworfen hat. Optisch fest im Boden verankert sind einzig die vier etwas abseits stehenden schlanken Zylinder, die wie der Boden aus Terrazzo hergestellt wurden. Sie unterstreichen damit die Funktion des Bodenbelags als eine plastische Qualität,

Max Bill: «Die gute Form», Ausstellung an der Basler Mustermesse, 1949

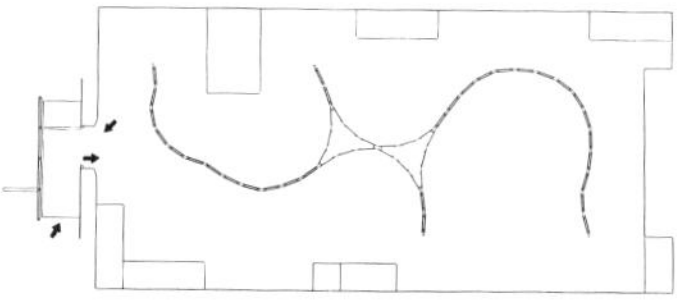

Max Bill: Sektion der Schweiz an der Triennale in Mailand, 1951

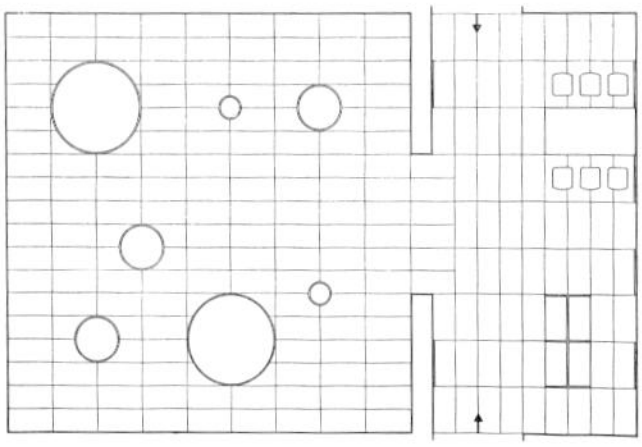

die wesentlich dazu beiträgt, die beiden Bereiche zur Einheitlichkeit eines Raumes zusammenzubinden.

Vielleicht ist es im Zusammenhang mit den architektonischen Projekten der späten fünfziger Jahre nützlich, auch einen Blick auf die wichtigsten von Bill gestalteten Ausstellungen dieser Zeit zu werfen. Das Ziel, mittels der Einrichtung eine Dynamisierung des an sich neutralen Raumes zu erzeugen, blieb vordergründig das gleiche wie an der Triennale von 1936. «Die gute Form», die Bill im Auftrag des Schweizerischen Werkbundes 1949 als Wanderausstellung konzipiert hatte, wurde aus simplen Holzrahmen aufgebaut, die zu jeder beliebigen Figur zusammengehängt werden konnten. Für die Mailänder Triennale von 1951, an der die Schweiz einen wesentlich kleineren Raum als 1936 zugewiesen erhielt, installierte Bill in einem abgedunkelten Raum verschiedene tischhohe, von innen beleuchtete Trommeln. Darin waren die thematisch gruppierten Exponate untergebracht. Den Besuchern bot sich die Möglichkeit, zwischen den Vitrinen wie zwischen Inseln frei hin und her zu kreuzen. In Übereinstimmung mit einigen der architektonischen Projekte wurden also die Gestaltungsmittel auf wenige, zum Teil sogar seriell hergestellte Grundformen reduziert. Und ebenfalls analog zu architektonischen Lösungen wird die übergreifende Figur durch den Raum zwischen den Elementen gebildet.

8.5 Gefasst und ungefasst

Dass Herstellung und Konstruktion zu den von Bill stets beachteten Bedingungen des Bauens gehörten, mag aus dem bisher Dargelegten hervorgehen. 1964 hatte er sich dazu in einem Artikel zum Thema «Vorfabriziertes Bauen» zudem ausdrücklich bekannt.[1] Es wird angesichts seiner Projekte andererseits auch klar, dass die technischen Bedingungen keineswegs die Architektur als künstlerische Disziplin von ihrem Platz verdrängen konnten. Sie sind und bleiben vielmehr Mittel und nicht das Ziel eines ästhetischen Verfahrens.[2]

1 Bill: *Vorfabriziertes Bauen – Freiheit oder Bindung?,* November 1964.

2 Bill: *Architettura Italiana,* Mai 1961.

Allerdings zollen die Bauten, die Bill in den sechziger Jahren realisierte, dem Umstand Tribut, dass Architektur zu dieser Zeit über alle Massen auf technische Fortschritte fixiert war. In zwei Fällen begnügte er sich denn auch mit perfekt durchgestalteten, einfachen Kuben. In allen übrigen Fällen jedoch taucht zusätzlich ein gestalterisches Thema auf, das seinerseits eng mit den Bedingungen der Industrialisierung verbunden ist, aber nicht im Sinne eines Echos auf die Voraussetzungen antwortet, sondern umgekehrt durch die gestaltete Form ein Echo in den industriellen Bedingungen erzeugt. Es geht darum, im systematischen Aufbau, wie er dem vorfabrizierten Bau eigen ist, formale Eigenschaften bewusst zu machen, die ausserhalb der Kontrolle des Systems liegen.

Das beste Beispiel, die Verbindung solcher heterogener Formqualitäten zu veranschaulichen, ist der Entwurf für das nicht ausgeführte Büchner-Denkmal in Darmstadt (1955). Dafür wollte Bill weissen, kubisch geschliffenen Marmor in eine amorphe, schwarze Masse aus Diabas-Gestein betten. Es wäre letztlich unentscheidbar geblieben, was diese Konstellation für das Innere bedeutet: ist der Würfel intakt oder wird er von der schwarzen Masse 'zerfressen'? Bill schreibt dazu:

«beides ist möglich, beides wahrscheinlich.
zwei prinzipien durchdringen sich:
das der gewaltigen naturkraft
das der ordnenden struktur.»[1]

So wie die Gestalt des Denkmalentwurfs also als gespannte Durchdringung zweier Figuren geschildert wird, lässt sich auch bei architektonischen Projekten der Umgang mit seriellen Ordnungen zweifach, nämlich als ein gefasster oder aber als ein ungefasster, auslegen. Es ist, als ob Bill durch diese Projekte hätte bewusst machen wollen, dass auch serielle Ordnungen das Ganze nicht so selbstverständlich im Griff haben, wie man es vermuten möchte, sondern dass ihnen eigene Formen von Ungefasstheit eingeschrieben sind.

---

1 Bill: (Text zum Denkmal für Georg Büchner in Darmstadt). 1959, (o.S.). Vergleiche dazu auch Bill: *Die Welt ist noch in Ordnung?,* 26. März 1976.

GEFASST - UNGEFASST

Max Bill: Denkmal für Georg Büchner,
1955, Modell

Erstmals finden sich Anzeichen einer Dialektik zwischen gefasster und ungefasster Form in den beiden Einfamilienhäusern in Odenthal-Erberich bei Köln, die beide in den Jahren 1960 und 1961 entstanden.[1] Sie bilden insofern ein Ensemble, als sie sich in unmittelbarer Nachbarschaft zueinander befinden, als sie mit denselben rauhen Backsteinen, mit denselben breiten, weiss gestrichenen Fensterrahmen gebaut worden sind, und auch insofern, als die Geschosse auf die gleiche markante Art mit aussen sichtbar belassenen Betondecken voneinander geschieden sind. Allerdings ist die Art und Weise, wie diese Mittel eingesetzt und die Teile zusammengebaut wurden, bei beiden Häusern grundlegend verschieden.

Das Haus Boldt stellt einen klar definierten, zweigeschossigen Kubus dar. Die Loggia im Erdgeschoss scheint dank eines Aushöhlens von Volumen oder als örtliche Dematerialisierung entstanden zu sein. Entsprechend ruht das Obergeschoss an dieser Stelle bloss auf einer Stahlstütze mit minimalem Querschnitt. Verstärkt wird dieser Effekt des 'Aushöhlens' ausserdem durch ein zur Loggia hin orientiertes Fenster, dessen Scheiben an der Ecke ohne Rahmen direkt zusammenstossen.

Das Haus Fleckhaus besitzt demgegenüber ein weit ausgedehnteres Erdgeschoss. Dafür wurde das darüberliegende Geschoss auf drei Seiten beträchtlich zurückgesetzt. Die überdeckten Loggien im Erdgeschoss sind nun nicht mehr Folge einer Subtraktion, sondern eines freien Zusammensetzspiels von Deckenplatten und vor-, respektive zurückspringenden Wandscheiben.

Während also beim Haus Boldt der Quader eine ideale Leitfigur für die Form des Hauses darstellt, von welcher alle weiteren gestalterischen Massnahmen abgeleitet sind, beziehen sich die gestalterischen Massnahmen am Haus Fleckhaus auf kein formales Vor- oder Idealbild, sondern entwickeln sich ästhetisch unbestimmt, entsprechend den jeweiligen Erfordernissen und gemäss den durch die Mittel gegebenen Möglichkeiten.

Das Thema 'gefasst – ungefasst' liegt hier in der Gegenüberstellung von zwei Bauten als ein konzeptuelles Paar vor. Die beiden Häuser bilden somit nicht nur deswegen ein Ensemble,

---

1 Staber: *Max Bill und die Umweltgestaltung,* 20. Januar 1962, S.72–74.

weil sie mit gleichen Mitteln in unmittelbarer Nachbarschaft gebaut worden sind, sondern auch durch einen Dialog, wobei die Gestalt des einen Hauses als Widerrede zur Gestalt des andern aufgefasst werden kann.

Gleichzeitig mit den beiden Häusern in Odenthal-Erberich entstanden zwei Gewerbebauten in Dielsdorf und Leverkusen.[1] In beiden Fällen handelt es sich um reine Bauquader, deren verschiedene Teilsysteme, von der Tragstruktur bis hin zur Fassadengliederung und zu den Installationen, gänzlich durchstandardisiert worden sind und sich nahtlos in die kubische Grundform integrieren lassen. Sie sind symptomatisch für den unproblematischen Umgang mit technischen Möglichkeiten in den sechziger Jahren. Andererseits aber ist damit auch eine gewisse Spannungslosigkeit der resultierenden Gestalt verbunden. Immerhin ist der Kult um das Technische von Bill weniger exzessiv betrieben worden als von Architekten wie Fritz Haller oder Egon Eiermann, um nur zwei prominente Vertreter einer Architekturauffassung zu nennen, die die technische Perfektion als das Mass aller Dinge betrachteten. Dagegen nimmt sich die Billsche Gestaltungsweise nach der Meinung der englischen Architekten Alison und Peter Smithson etwa wie «selbstverständlich und lautlos» aus.[2] Das Bausystem beansprucht für sich keine Bedeutung, erzeugt kein Aufsehen, sondern ergibt sich aus den Verkettungen notwendiger Entscheide.

Im Rahmen der Schweizerischen Landesausstellung «Expo» 1964 in Lausanne erhielt Bill den, neben der HfG, wohl wichtigsten Auftrag seiner Architektenlaufbahn: die Gestaltung des Sektors 2b «Bilden und Gestalten».[3] Dabei ging er von einem Raster mit der Maschenweite von fünf mal fünf Meter aus. Ein Regelfeld wurde durch vier Rohrstützen abgesteckt, an die auf Deckenhöhe Rinnenträger aus Stahlblech angeschraubt wurden.

---

1 Staber: *Max Bill und die Umweltgestaltung,* 20. Januar 1962, S.76/77; Bill: *Vorfabriziertes Bauen – Freiheit oder Bindung,* November 1963, S.12–15.

2 Smithson: *Without Rhetoric, 1976.* Zitiert nach der Übersetzung in Werk/Archithese: Januar 1977, S.20.

3 Publikation in: Bill: *Vorfabriziertes Bauen – Freiheit oder Bindung,* November 1963, S.17; Werk: Vorschau auf die Expo 1964, Februar 1964, S.47; Camenzind: *Lausanne: Eine Ausstellung bauen,* 1964, S.82–97.

Max Bill: Haus Boldt (o.) und Haus Fleckhaus (u.) in Odenthal-Erberich bei Köln, 1960–1961

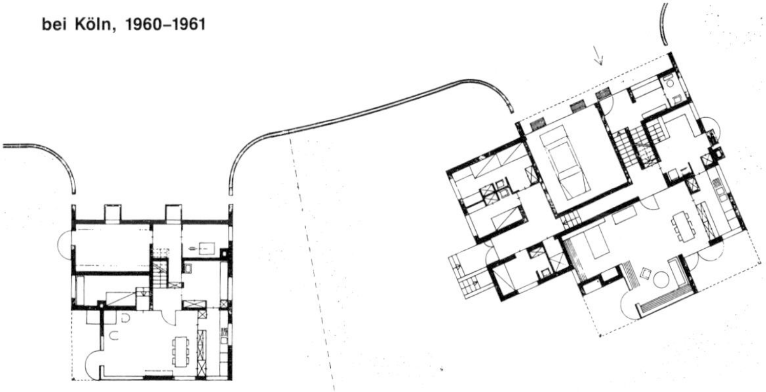

Max Bill: Verwaltungsgebäude in Leverkusen, 1960–1961

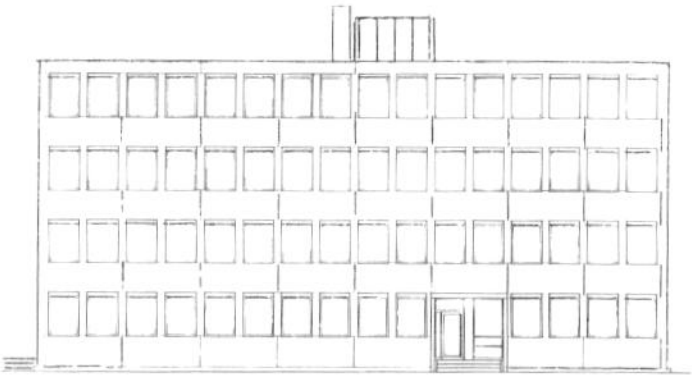

Max Bill: Lichtdruck AG, Dielsdorf, 1960–1961

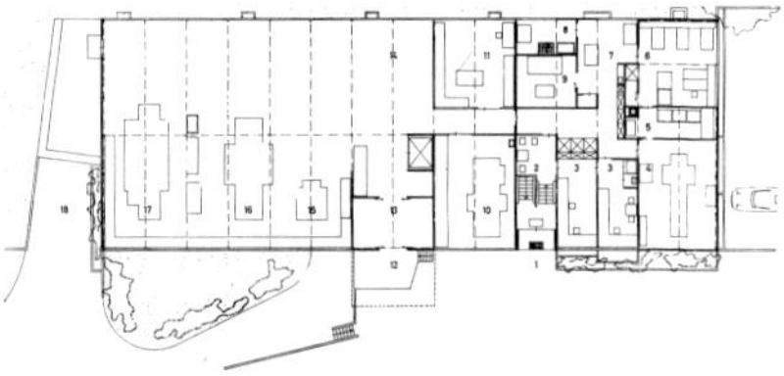

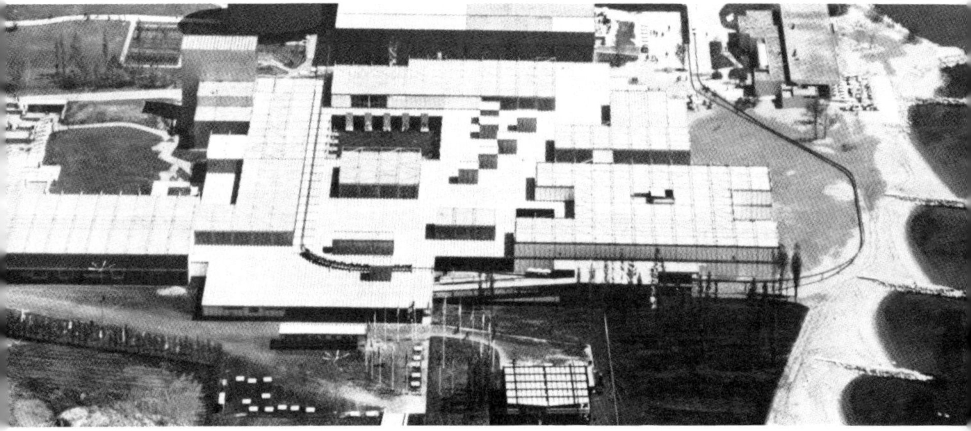

Max Bill: Sektor 2b «Bilden und Gestalten», Schweizerische Landesausstellung, Expo Lausanne, 1964, Vogelschau, Eckausbildung und Stützenkopf mit Rinnenträger)

Das Dach bestand aus gefalteten Eternitelementen, die auf den Rinnenträgern auflagen. In den Teppich der je nach Bedarf aneinandergereihten Konstruktionseinheiten wurden einige grössere Hallen eingefügt, deren Konstruktion jedoch auf den gleichen Prinzipien beruhte. Wegen den grösseren Spannweiten mussten einzig die Rinnenträger in der einen Richtung über dem Dach mit Fachwerkträgern verstärkt werden. Die Hallen heben sich ausserdem von den niedrigen Bauten ab, da die Richtung ihrer Dachelemente um neunzig Grad gedreht wurde.

Über die bloss regelhafte Anwendung des Bausystems hinaus war nichts von einer formalen Fassung des Ganzen zu spüren. Diesbezüglich hatte Kenneth Frampton im Vergleich mit den Hochschulbauten in Ulm eine Veränderung in den gestalterischen Interessen ausgemacht:

> «Thus, where the one stresses materiality, mass, and surface, the other emphasizes immateriality, volume, and joint; where the one is permanent and in certain respects implicitly monumental, the other is permanent and explicitly systematic.»[1]

In diesem Sinne stellte der Billsche Expo-Pavillon ein offenes System dar, das aus seriell hergestellten Teilen bestand. Die Einheit des Ganzen beruhte lediglich auf einer konstruktiven Logik, die sich nach Massgabe der Bedürfnisse beliebig erweitern oder variieren liess.

In dieser Beschreibung fehlen aber zwei Elemente, die sich im nord-westlichen Teil der Anlage befanden. Wie Fremdkörper nisteten sie in dem sonst regelmässigen Muster des konstruktiven Gitters. Es handelte sich um einen quadratischen «Hof der Künste» und um eine dreifach abgestufte, blechverkleidete Theater-Box. Im Gegensatz zu den Modulen handelte es sich um Figuren, die einzigartig waren und isoliert dastanden. Auffallend war des weiteren, dass der Hof und die Box je verschiedene, ja gegensätzliche formale Qualitäten aufwiesen. Man könnte sie deshalb als ein konzeptuelles Paar bezeichnen, welches sich aufgrund der Komplementarität ihrer Eigen-

1 Frampton: *On Max Bill,* Oktober 1974, S.157.

schaften anzog. Während der Hof ein rein räumliches Phänomen darstellte, bestand die Box aus einer kompakt erscheinenden Masse. Sie standen insofern für zwei heterogene architektonische Grundkategorien, die jedes Bauwerk notwendigerweise enthält: Raum und Masse. Zwar mag vom Herstellen aus durchaus das einzelne Modul als das primäre und grundlegende Element des Ganzen betrachet werden. Für die Wahrnehmung und die ästhetische Wirkung eines architektonischen Werks dagegen sind es Gestaltmerkmale wie hohl und voll, die vorwiegend prägen. In diesem Sinne vertraten Hof und Box jene beiden Essenzen, die im umgebenden Teppich wie im einzelnen Modul in sich ergänzender Form vermischt vorkamen.

Hof und Box auf der einen Seite und das Konstruktionssystem auf der andern beziehen sich je auf einen Standpunkt, von dem aus die Gestalt des ganzen Pavillons zu erklären ist. Zueinander verhalten sich diese beiden Anschauungen wie die unförmige Gesteinsmasse zum weissen Würfel im Büchnerdenkmal. Die Entscheidung, welche der Konzeptionen nun die zutreffende und ursprüngliche sei, kann auf Grund der Gestalt nicht gefällt werden. Vielleicht ist es auch richtiger, den Widerstreit zwischen beiden zu belassen, aber nichtsdestotrotz in acht zu nehmen.

Heute stehen vom ursprünglichen Sektor 2b der Expo nur noch das Theater, ein Teil des Hofes der Künste und einige Fragmente des Teppichs der konstruktiven Module. Ohne den ganzen Teppich allerdings stehen die architektonischen Urkomponenten heute etwas verloren da, weil die formale Spannung zwischen Teppich und den kernhaften Verdichtungen nicht mehr besteht.

Zur Gruppe der Bauten mit dem Thema 'gefasst und ungefasst' gehört auch das zweite Atelier- und Wohnhaus, das sich Bill 1967/1968 in Zumikon bei Zürich errichten liess.[1] Von der hangseitigen Zufahrt herkommend ahnt man von dem grosszügig angelegten Plan des Hauses wenig. Eine geschosshohe, langgezogene Wand mit Öffnungen für vier Garagentore beglei-

---

1 Publikation in: Domus: *Il giardino et la casa die Max Bill,* Januar 1974; Bechstein: *Die Häuser von Max Bill in Zürich-Höngg und Zumikon,* 1985, S.255–267.

tet den Zugang zum diskreten Haupteingang auf der Nord-Ostseite. Erst vom Garten her, auf der andern Seite des Hauses, stellt sich die wahre Dimension der Anlage heraus. Zwei Bauvolumen bilden einen nach Westen und zum Tal hin offenen 'L'-förmigen Rahmen, der tief in den abfallenden Hang hineingeschnitten ist. Er birgt zwischen den Schenkeln ein wildes Konglomerat aus kleineren Kuben, Terrassen und Loggien. Diese kleinteilige Gliederung zieht sich bis in den Garten hinein, allerdings verlaufen die abgetreppten Stütz- und Gartenmauern diagonal zur Ordnung des Hauses.

Die Zusammensetzung von 'L'-förmigem Rahmen und kleinteiliger Kristallstruktur schaffte eine Spannung, die dem Aufbau des Büchner-Denkmals vergleichbar ist. In diesem Falle aber ist die Durchdringung nicht auf blosse Spekulationen angewiesen, sondern tatsächlich nachprüfbar. Als Dreh- und Angelpunkt der Raumfolge dient der Wohnraum, der im innern Winkel der beiden Schenkel liegt. Um ihn gruppieren sich andere Räume von unterschiedlicher Grösse. Das Prinzip der Anordnung der Zellen ist formal gesehen bis auf zwei Einschränkungen frei: erstens sind alle Räume rechtwinklig angeordnet und zweitens liegen sie im hinteren Teil auf je einer Fluchtlinie. Demzufolge kann also im Innnern des Hauses nicht mehr von einer Durchdringung zweier Strukturen gesprochen werden. Vielmehr erweist sich, dass der Rahmen und die kleinteiligere Würfelstruktur aus der gleichen 'Substanz' gemacht sind.

Das Ganze lässt sich in diesem Sinne als die Hälfte eines Kubus lesen, der eine etwas unregelmässige Binnenstruktur besitzt und dessen andere Hälfte ungefähr entsprechend der räumlichen Diagonale weggebrochen worden ist. Die regelmässige Fassung ist deshalb nur noch nach drei Seiten hin sichtbar (Boden, Nord- und Ostseite), während sich gegen den Garten hin die innere, unregelmässige Kristallform offenbart. Vom Büchner-Denkmal ist dabei nicht die Lösung übernommen worden, sondern nur sein Thema der Durchdringung von gefasster und ungefasster Form.

Das bislang letzte von Bill realisierte Projekt waren Erweiterungsbauten für das Radiostudio Zürich. Die Planungen begannen 1963 und wurden mit der Inbetriebnahme der zweiten

Max Bill: Wohn- und Atelierhaus in Zumikon, 1967/68, Ansicht von Westen,
Grundriss des Eingangsgeschosses

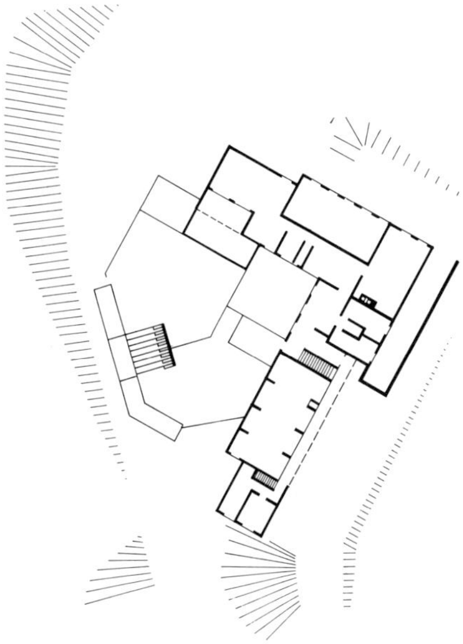

Max Bill: Radiostudio Zürich, 1964–1974, Ansicht von Westen und Grundriss des Erdgeschosses

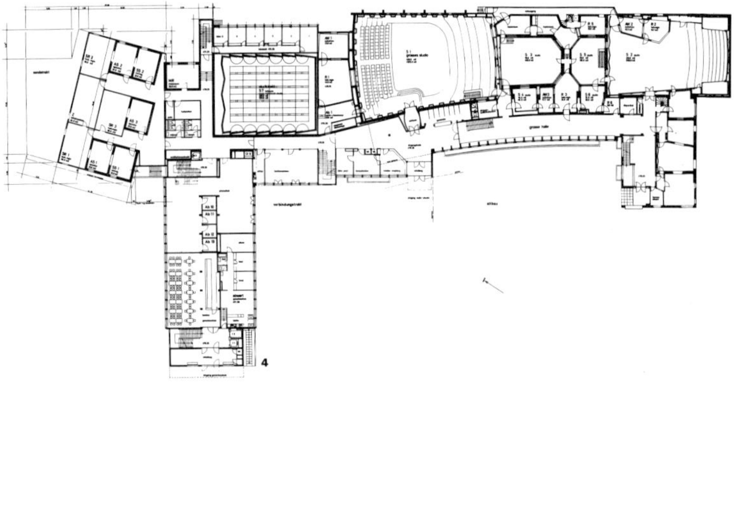

Bauetappe zehn Jahre später abgeschlossen.[1] In der Mitte eines städtischen, dreieckförmigen Grundstücks erhebt sich, ohne Bezug zu einer der umgebenden Strassen, ein markantes achtgeschossiges Scheibenhochhaus. Vermittelnd zu den Strassenseiten hin lagern diesem verschiedene ein- bis zweigeschossige, verwinkelte Bauvolumen vor. Dank dieser Anpass-Stücke gelang es auch, die bereits bestehenden Aufnahmestudios aus dem Jahre 1939 in die neue Situation zu integrieren.

Die kubische Unversehrtheit des Scheibenhauses wird durch seine strenge Gliederung unterstrichen. Die beiden Längsfassaden treten risalitartig aus der Flucht hervor und werden seitlich durch graue Betonschächte für Lift und Treppenhäuser gerahmt. Des weiteren werden sie durch ein seinerseits vorspringendes Rahmenwerk in vertikale Streifen gliedert, die den horizontalen Brüstungs- und Fensterbändern die Waage halten.

Die Anordnung macht so den Eindruck, als würde eine klar gefasste, geometrische Form in einer amorphen Masse stecken. Die Spannung des Büchner-Denkmals wird einem umsomehr bewusst, als die niedere Bebauung die durch die Strassen gegebene Blockstruktur aufnimmt, während sich das Scheibenhaus davon abhebt und ganz isoliert aus dem 'Stadtkuchen' in den Himmel ragt.

In den letzten Jahren hatte Bill weitere Aufträge für Bauten erhalten sowie an mehreren Wettbewerben teilgenommen. Pläne entstanden so unter anderem für die Erweiterungen der Nationalgalerie (1982) und des Bauhaus-Archivs in Berlin. Mit Unterstützung von Giulio Argan, dem berühmten italienischen Kunsthistoriker und ehemaligen Bürgermeister von Rom, ergriff er 1980 die Initiative für ein Museum für zeitgenössische Kunst in Florenz.

Das architektonische Werk Bills ist bestimmt nicht unüberblickbar, aber es nimmt neben den weitaus bekannteren Tätigkeiten einen erstaunlich breiten Platz ein. Es resultiert aus einer kontinuierlichen Tätigkeit, die sich über einen Zeitraum von mehr als einem halben Jahrhundert erstreckt. Geradezu aussergewöhnlich angesichts dieser Dimension ist Bills Resistenz gegenüber jeder Modeströmung. Jedenfalls sind diesbezügliche

1 Publikation in: Bill: *Radio-Studio Zürich – Erweiterungsbauten*, Oktober 1973.

Zugeständnisse unbedeutend gegenüber der Konstanz und der Zeitlosigkeit seiner gestalterischen Themen. Im Prinzip dreht sich alles um den einfachen Behälter. Stand anfänglich eher dessen innere Unterteilung im Vordergund, so waren es später die Möglichkeiten seiner Kombinierbarkeit.

Die architektonischen Projekte Bills gehören insofern zur künstlerischen Konkretion, als die Gestaltung in jedem Fall an die jeweiligen Mittel gebunden ist. Zudem ist erkennbar, dass die Intensivierung der Mittel, worauf das Vermittlungsgeschäft hinausläuft, nie bloss der Interessantheit der Form zuliebe erfolgt. Letztlich werden bei jedem Projekt nicht Einzelfragen, sondern allgemeine Probleme des architektonischen Entwurfs, der Verkettung von Masse und Raum behandelt. Trotz der Reduktion stiess Bill auf verschiedene gestalterische Probleme (tragen und trennen, Konglomerate einfacher Behälter, gefasst/ungefasst), die über den Einzelfall hinausweisen und das 'Selbst' der Architektur als Disziplin betreffen.

Zwar forderte Bill von architektonischen Projekten eine hundertprozentige Beachtung funktioneller und ökonomischer Bedingungen - und hielt sich in jedem seiner Vorschläge daran. Doch dies scheint den formalen Diskurs in keiner Weise einzuschränken. In etlichen Fällen ist die architektonische Formgebung prinzipiell nicht von der plastischen zu unterscheiden, vor allem etwa, wenn die Plastik begehbar sein sollte, wie beispielsweise das «Denkmal für einen unbekannten politischen Gefangenen». Die Rechnung, wonach der Formalismus auf Kosten der Funktionalität geht und umgekehrt, stimmt nicht.

Kapitel IX

Konkrete Architektur

Die bisherige Argumentation entwickelte sich über drei Stationen, um zu einem bestimmten Punkt zu gelangen. Dieser beinhaltet die Bestimmung dessen, was künstlerische Konkretion im Bereich Architektur bedeutet.

Über künstlerische Konkretion im allgemeinen kann folgendes gesagt werden: sie besteht aus zwei miteinander gekoppelten, aber gegenläufigen Geschäften. Das eine ist ein Differenzierungs-Geschäft, das durch Berücksichtigung äusserer Kriterien (funktionalen, ökonomischen, materiellen, konstruktiven) die optimalen Mittel einer Aufgabe liefert. Das andere ist ein Vermittlungs-Geschäft, das an das Treiben der Mittel gebunden ist und auf eine Einheit zielt, die ihre Konstruiertheit nicht verleugnet; eine Einheit auch, die nicht von aussen aufgedrängt ist, sondern aus der Intensivierung der Mittel selbst stammt.

Beide Verfahrensschritte waren im Fallbeispiel der Bauten der Hochschule für Gestaltung deutlich voneinander unterscheidbar. Das Resultat der Verkettung hat weniger mit ästhetischen Positionen am Bauhaus, wohl aber mit der Ausdehnung der künstlerischen Konkretion von der 'freien' auf die 'angewandten' Künste zu tun. Von hier aus ergab sich auch die Möglichkeit, das gesamte architektonische Schaffen Bills unter dem Aspekt der Konkretion im künstlerischen Sinne darzustellen: das heisst als Vermittlung heterogener Mittel in eine einheitliche Gestalt. Damit ist der Bogen vom Einzelwerk (HfG) zur Gattung der Architektur gespannt und zur Diskussion gestellt.

Warum dieser Brückenschlag, warum dieser Interpretationsvorschlag? - Im Verfahren künstlerischer Konkretion steckt ein Potential, das erlaubt, selbst innerhalb einer Welt von besinnungsloser Beliebigkeit an einer gestalterischen Disziplin festzuhalten, ohne auf veraltete Konzepte von universeller Gültigkeit zurückgreifen zu müssen. Denn die künstlerische Konkretion braucht nicht notwendigerweise an die Reduktion der Mittel gebunden zu sein, welcher Bill, aber vor allem noch van Doesburg verpflichtet waren. Ebenso wären neben den elementaren und lautlosen Mitteln auch Aufgelesenes, Trümmer, Symbole, Bilder etc. denkbar – kurz: alles was es gibt –, um in ein Vermittlungs-Geschäft verwickelt zu werden. Egal, was davon an brauchbaren Mitteln aus einem Differenzierungs-Geschäft herauskommt, das daran gekoppelte Vermittlungs-Geschäft ist darauf gerichtet, die heterogenen Mittel zu intensivieren und in eins zu setzen. Künstlerische Konkretion, als Verfahren verstanden, ist letztlich gegenüber der Herkunft der Mittel gleichgültig, aber dafür umso mehr interessiert an ihren inhärenten Möglichkeiten. Anders formuliert: Künstlerische Konkretion ist nicht an die Substanzen, sondern an die Art und Weise ihrer Vermittlung gebunden.

In diesem Sinne bemerkte Bruno Reichlin mit Recht, dass man bezüglich des Lagerhauses «Ricola» in Laufen (1986/1987) der beiden Basler Architekten Jacques Herzog und Pierre de Meuron vom «Vorhandensein einer gewissen konzeptuellen Kontinuität mit der konkreten Kunst» sprechen könne.[1] Für ihn hängt dies damit zusammen, dass sich der Bau als eine gestaltete Einheit sehen lässt, dass diese Einheit jedoch bei näherem Betrachten in eine Reihe von Regelsystemen auseinanderfällt, wie jene der Konstruktion, der Funktion, der architektonischen Bilder. Herzog hatte die Problematik der Vermittlung der Teile in ein Ganzes einmal in einem Vortrag mit dem bezeichnenden Thema «Der Teil und das Ganze, der ganzheitliche Teil und das teilbare Ganze» behandelt. Unter anderem führte er dabei aus:

«So I move back again, destroying the image I have in my mind – this image whose entirety was fallacious, is stagering, is falling apart, the more I get involved with it. What is the constitution of this image? What is its pictorial substance? Destroying the anecdote, I am building up the image again, out of its structural parts which are becoming real and substantial. They are claiming their autonomy withhin the architectural whole. (...) I flash back again, looking for the image which comes out transformed and clear and strengthened by its structural pieces.

1 Reichlin: *Objekthaft,* 1985, S.26.

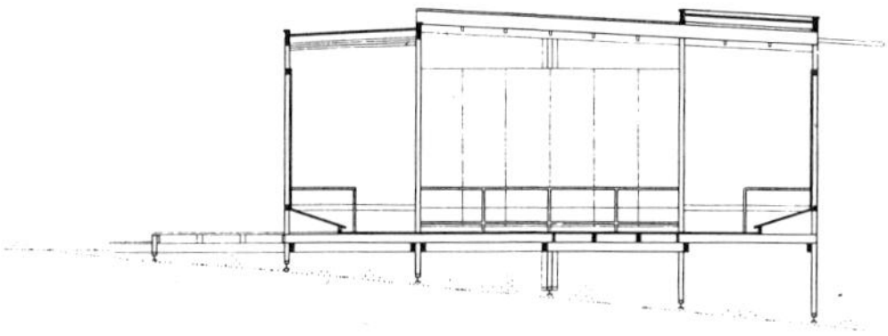

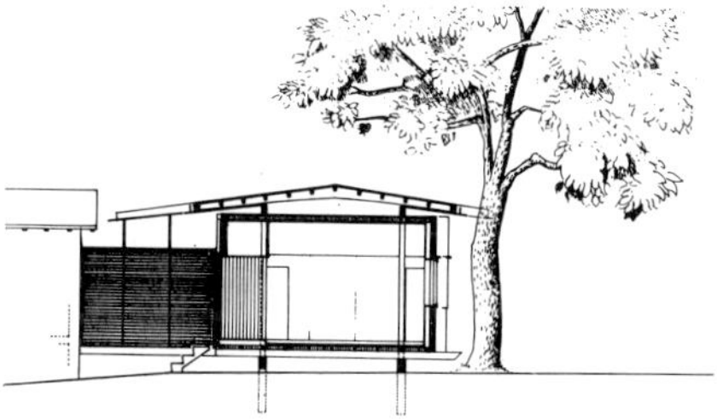

Max Bill mit Otl Aicher und Friedrich Vordemberge-Gildewart: Pavillon der Stadt Ulm, Stuttgart, 1955, Schnitt und Ansicht

Jacques Herzog und Pierre de Meuron: Sperrholzhaus, Bottmingen, 1984–1985, Ansicht und Schnitt

These pieces are autonomous, yet serving the whole – they define my images, filling them up with the presence of their reality.»[1]

Der Unterschied zu Bills architektonischen Projekten liegt einzig darin, dass die Basler Architekten anderes und bedeutungsträchtigeres Material brauchen, das sie in die Einheit ihrer Werke vermitteln, während es bei Bill stets eher lautlose Elemente sind. Dass diese Mittel aber jeweils als vorgefundene Gegebenheiten akzeptiert und ins Werk gesetzt werden, dies macht schliesslich das Entscheidende und auch Gemeinsame aus. Daraus lässt sich folgern, dass immer dann, wenn keine idealen Vorstellungen über die Teile bestehen, wenn kein ikonographisches Programm vorausgesetzt wird, wenn Teile nicht bloss zufällig zusammencollagiert werden, sondern wenn gleichsam den Teilen trotz des Ganzen ihre Eigenständigkeit erhalten bleibt, ein Fall von Konkretion vorliegt.

Konkrete Architektur in diesem Sinne heisst letztlich in acht nehmen, was Teile und Ganzes auseinanderhält, in welcher Art die Teile zu Ganzheiten verkettet werden. Die Problematik von Teilen und Ganzem ist komplex und stellt sich in jedem Werk, das konkret im künstlerischen Sinn gestaltet ist, von neuem. Die architektonischen Werke Bills sind erste Erfahrungen mit diesem Verfahren, das umso wichtiger wird, je mehr die Ketten gültiger Konventionen gesprengt sind. Der 'appel à l'ordre' der künstlerischen Konkretion dient keiner bestimmten Ideologie, sondern ausschliesslich der Art und Weise, wie Mittel, die ein Ding bilden sollen, zusammengebracht werden.

---

1 Herzog: *The piece and the entirety,* Oktober–Dezember, 1985, S.13.

1. Präzisierungen zur konkreten Gestaltung

Max Bill: *Worte rund um Malerei und Plastik (über den Sinn theoretischer Artikel, Werktitel und Begriffe).* – in: Ausstellungskatalog: *Konkrete Kunst.* – Zürich: Kunsthaus, 1947.

Es mag manchem Betrachter moderner Kunst schon aufgefallen sein, dass wir selbst immer wieder zur Feder greifen; denn öfter kann man vernehmen, dass Maler zu malen, Plastiker zu plastiken, Schuster zu schustern, also bei ihren Leisten zu bleiben, nicht zu schreiben, geschweige denn zu denken hätten.

Diese weitverbreitete Ansicht ist falsch. Heute wird viel und über alles geschrieben. Von dem, was über Kunst geschrieben wird, ist das wenigste authentisch, und daher wird das wenigste der Kunst gerecht. Vor allem über neueste Kunst werden Urteile meist ohne die nötige Verantwortung gegenüber einem möglichen Fortschritt, ohne die nötige Kenntnis und Erkenntnis, sondern meist unter dem Eindruck der persönlichen Eindrücke des Kritikers gefällt. Diese aber sind nicht massgebend zur Beurteilung künstlerischer Ereignisse; dafür ist allein der Künstler verantwortlich, denn er kennt die Zusammenhänge seiner Arbeit; er ist Mittler zwischen dem rein Erfindungsmässigen, dem rein Sentimentalen, dem rein ästhetischen Bedürfnis seiner Epoche. Es sind also einzig die Äusserungen der Künstler authentischer Ausdruck ihres Denkens. Richtigkeit und Richtung dieses Denkens sind massgebend für das Aussehen und den Gehalt des Kunstwerkes; denn letzten Endes ist jedes echte Kunstwerk nicht nur ein Spiel mit gegebenen Möglichkeiten, sondern in weit bedeutenderem Masse die Manifestation einer bestimmten Geisteshaltung und Weltanschauung. Bildende Kunst ist also im Schlussresultat optisch dargestellte Philosophie, gestaltete Moralität. Deshalb ist es wesentlich, welche moralische Haltung dem Kunstwerk zugrunde liegt und wie weit persönliche Verantwortung oder Zufall den Anstoss zum Zustandekommen eines Kunstwerkes geben.

Schon daraus ist leicht zu erkennen, weshalb Künstler denken müssen und weshalb sie gezwungen sind, auf andere Weise ihre Gedanken zu formulieren als ausschliesslich innerhalb ihrer Werke. Aber trotz diesen mehr aus äusserer Notwendigkeit entstehenden authentischen Äusserungen bestehen öfter Unterschiede zwischen theoretischer Feststellung und erreichtem

Resultat; schon aus diesem Grunde verlässt sich der Betrachter moderner Kunst mit Vorteil auf den Eindruck, den er selbst empfindet, wenn er die Werke offenherzig betrachtet.

Beinahe alle Kunstwerke haben Titel. Diese Titel haben verschiedene Funktionen. Einmal sind sie aus rein praktischen Gründen entstanden, weil die Werke voneinander unterschieden werden müssen; es sind dann Bezeichnungen, die etwas im Bilde Typisches, doch ohne weiteres Erkennbares festhalten, zum Beispiel «Zürichseelandschaft am Abend» oder «Stilleben mit roten Äpfeln». Es mag auch ein Titel sein, wie zum Beispiel «Sechs gleich lange Linien», der etwas im Bild nicht ohne weiteres Feststellbares bezeichnet und damit den Betrachter auf ein wesentliches Merkmal des Werkes hinweist. Eine weitere Form des Titels drückt eine bestimmte Stimmung aus, oder der Titel wird zu einer poetischen Zutat, einer begleitenden poetischen Erfindung, wie wir ihr in der neueren Kunst öfter begegnen. Schliesslich werden Werke als «Konstruktion», «Komposition», «Konkretion» und ähnlich bezeichnet, Titel, die auf die Entstehungsmethode der Werke hinweisen.

Aber über alle diese Fragen hinaus spielt der Titel für die eigentliche Wirkung des Kunstwerkes keine Rolle oder doch eine sehr nebensächliche, denn das Werk muss für sich allein sprechen.

Wenn wir uns über irgend eine Erscheinung unterhalten wollen, so ist die Voraussetzung dafür, dass wir dieselbe Sprache sprechen. Aber auch innerhalb ein- und derselben Sprache gibt es Verschiebungen und sind Missverständnisse möglich, dann, wenn verschiedene Beteiligte verschiedene Auffassungen haben von bestimmten Worten und Begriffen, dann, wenn sich Wort und die damit bezeichnete Sache nicht decken. Ganz besonders gefährlich ist es nun, sich über Fragen der Philosophie, der Kunst, der Weltanschauungen zu unterhalten, wenn man von verschiedenen Begriffsdefinitionen ausgeht. Denken wir nur an die unterschiedlichen Interpretationen der Begriffe «Freiheit», «Demokratie» oder «Geist»; so ist es nicht verwunderlich, dass Begriffe in der Kunst, die weit weniger lebenswichtig erscheinen für den Weiterbestand einer gesitteten Gesellschaft, auch weniger in ihrer präzisen Definition bekannt sind, und dass Konfusionen kaum zu umgehen sind wenn Unbefugte, in Dingen der gedanklichen Präzision nicht Geübte sich einmischen, oder solche die eine «andere» Sprache sprechen. Es handelt sich also auch hier darum, Begriffe so anzuwenden wie sie durch die Jahrhunderte bis zum heutigen Tage geformt wurden.

Vor einigen Jahren hat es viel Staub aufgewirbelt, als wir wieder einmal mit Nachdruck darauf hinwiesen, dass ein grundsätzlicher Unterschied bestehe zwischen dem, was man abstrakte Kunst nennt und dem, was wir als konkrete Kunst bezeichnen. Eine von Aussenstehenden, hauptsächlich von Kunstschriftstellern, als für moderne Kunst seit über dreissig Jahren gebrauchte Bezeichnung «abstrakte Kunst», wurde für uns als Bezeichnung für die neueste Entwicklung der Kunst in Frage gestellt und abgelehnt. Denn diese neueste Entwicklung weicht immer mehr von dem ab, was als «abstrakt» bezeichnet wird, da es sich nicht mehr darum handelt, umgesetzte Beziehungen von Naturerscheinung und Gestaltungswillen im Kunstwerk zu manifestieren.

Auch heute ist diese Reaktion gegen unsere wohl zu begründende Bezeichnung nicht zu Ende, und wir sind immer wieder gezwungen zu erläutern, warum die eine Kunstrichtung abstrakt, die andere Kunstgattung konkret ist. Neuerdings wurde noch ein dritter Begriff in die Diskussion geworfen: «gegenstandslose Kunst» (in den U.S.A. «non-objective painting»). Wir können uns kaum einen grösseren Gegensatz vorstellen als die Begriffe «gegenstandslos» und «konkret». Hierbei kann etwas nicht stimmen, denn entweder ist etwas gegenstandslos oder ungegenständlich mangels Qualität, mangels moralischer Haltung, mangels Substanz, dann stimmt dieser Begriff. Denn dass keine «Gegenstände» in diesen Kunstwerken abgebildet sind, kann wohl kaum der Sinn dieser Formulierung sein. Jede echte Kunst hat einen Gegenstand der Darstellung, dies ist die grundlegende Idee; diese Idee ist der Inhalt, sei er nun naturalistisch, abstrakt oder konkret. Es gibt also keine gegenstandslose Kunst, sie wäre denn ohne Inhalt, und infolgedessen wäre es dann auch keine Kunst, sondern leere Dekoration. Es ist nicht von der Hand zu weisen, dass es viele derartige Äusserungen innerhalb der Malerei und Plastik gibt.

Noch eine weitere Verwirrung möchte ich bei diesem Anlass aufklären. Es wird behauptet, konkrete Kunst sei identisch mit

Konstruktivismus. Dies stimmt nicht: der Konstruktivismus oder irgend eine andere konstruktive oder mathematisch gerichtete Kunstäusserung ist eine der verschiedenen Ausdrucksmöglichkeiten konkreter Kunst, die sich ebenso in völlig ageometrischen, amorphen Formen ausdrückt.

Ich möchte zur Erläuterung des Vorstehenden nochmals das Begriffspaar abstrakt einerseits und konkret anderseits darstellen (ohne auf den in letzter Zeit aufgetretenen schriftstellerischen Unsinn «abstrakt-konkret», eine begriffliche Missgeburt, näher einzutreten).

Abstrakt ist: unanschaulich, begrifflich, rein gedanklich. Abstrakt im engsten Sinn sind Begriffe wie Menschlichkeit, Weisheit, im Gegensatz zur Bezeichnung bestimmter realer Gegenstände. Aristoteles verstand unter dem Begriff abstrakt das als Einzelnes für sich Abgesonderte, aus dem Zusammenhang Herausgelöste.

Abstraktion ist ein Denkvorgang, der dazu führt, eine bestimmte Vorstellung als einzelnen Begriff aus ihrem Zusammenhang herauszulösen, um sie für sich allein betrachten und darstellen zu können. Die Abstraktion ist ein notwendiges Hilfsmittel des Denkens. Indem alles störende Nebeneinander der Dinge das Unwesentliche und deshalb nur Verwirrende an der realen Erscheinung weggedacht wird, werden die wesentlichen Zusammenhänge klarer ersichtlich. Diese isolierende Abstraktion bezweckt, bei komplizierten Vorgängen die Einzelerscheinungen zu erkennen. Das Abstrahieren bedeuten: Absehen vom Besonderen und Zufälligen zugunsten des Allgemeinen, Wesentlichen, vermittels des analytischen Denkens.

Abstrakte Kunst kann durch die vorstehenden Begriffe erklärt werden. Jedes Kunstwerk entsteht grundsätzlich einmal aus einem Vorgang, der darauf hinzielt, das Wesentliche vom Unwesentlichen zu trennen und ist demnach in diesem Sinne eine Abstraktion. Jedes Kunstwerk versucht denn auch, das Einzelne, Typische aus dem Zusammenhang loszulösen und für sich darzustellen. Begonnen mit der Landschaftsmalerei, die einen ausgewählten Ausschnitt wiedergibt, bis zur Reduktion einer Naturerscheinung in der eigentlichen abstrakten Malerei, ist der Abstraktionsvorgang im Verhältnis zum Naturbild mehr oder weniger wirksam. Als abstrakte Kunst bezeichnen wir jene Kunst, die aus dem Abstraktionsvorgang entstanden ist und worin Naturgegenstände in irgend einer Form noch existieren. Der Grad der Abstraktion kann so weit gehen, bis sich die Grenze zur konkreten Kunst beinahe verwischt und die Begriffe beginnen ineinander überzufliessen.

Konkret ist das wirkliche, das vorhandene, sichtbare und greifbare Objekt. Konkret ist ein nachweisbarer Gegenstand. Jener Gegenstand, der in der Realität besteht, der nicht nur gedacht ist, nicht nur ein Begriff ist, der ist konkret. Konkret ist der Gegensatz zu abstrakt.

Konkretion ist «Gegenständlich-Machung» von etwas, das vorher nicht sichtbar, nicht greifbar vorhanden war. Abstrakte Ideen, Verhältnisse, Gedanken sichtbar zu machen, das ist Konkretion, Vergegenständlichung. Zweck der Konkretion ist es, abstrakte Gedanken in der Wirklichkeit sinnlich erfassbar darzustellen.

Konkrete Kunst macht den abstrakten Gedanken an sich mit rein künstlerischen Mitteln sichtbar und schafft zu diesem Zweck neue Gegenstände. Das Ziel der konkreten Kunst ist es, psychische Gegenstände für den geistigen Gebrauch zu entwickeln, ähnlich wie der Mensch sich Gegenstände schafft für den materiellen Gebrauch. Der Unterschied zwischen abstrakter Kunst und konkreter Kunst besteht darin, dass in der abstrakten Kunst die Bildinhalte von Naturbildern abhängig sind, währenddem in der konkreten Kunst die Bildinhalte unabhängig von Naturbildern entstehen. (Als Beispiel dafür diene ein Grenzfall in der Malerei: auf einer weissen Leinwand befindet sich ein roter Punkt. Dieser kann auf zwei Arten entstanden sein: erstens kann es ein Sonnenaufgang im Nebel sein und ist somit als Abstraktion anzusehen, oder es kann, zweitens, ein roter Punkt sein, der einzig durch sein Verhältnis zur Fläche eine künstlerische Realität ausdrückt; in diesem zweiten Fall handelt es sich um die Konkretion eines abstrakten Gedankens, also um konkrete Kunst.)

Abschliessend möchte ich aber bemerken – um Missverständnissen zu begegnen – dass weder durch noch so exakte Gehirnarbeit noch durch genaueste Begriffsdefinitionen Kunstwerke entstehen können, obgleich beides für die Entstehung der Werke nicht unwichtig ist, sondern von gleicher Wichtigkeit wie anderes zur Verfügung stehendes Material. Doch ist es allein die schöpferische Phantasie, die verantwortungsbewusste Arbeit und die disziplinierte Begabung, die dazu führen können, Kunst entstehen zu lassen innerhalb der verschiedenen Richtungen der Malerei und Plastik.

2. Programm der Geschwister-Scholl-Hochschule (1949/1950)

o.N. *Geschwister-Scholl-Hochschule. Eine aktive Schule für Kultur und Politik.* (Ulm: 1949/1950).

Ausbildungsklassen

Alle Arbeitsgebiete der Hochschule gruppieren sich um vorläufig acht Ausbildungsklassen, die eine abgeschlossene Ausbildung mit einem Abschlussdiplom gewährleisten und jedem Schüler die Möglichkeit geben sollen, damit sein Brot zu verdienen. Obwohl das Diplom vorläufig keine staatliche Anerkennung haben wird, dürfte es durch den Ruf der Schule mit der Zeit einen eigenen Wert darstellen.

Jede Ausbildung, die keine reale Verbindung mit dem Leben hat, wird abgelehnt. Die Schüler sollen mit einem sauberen handwerklichen Können von der Schule abgehen. Auch alle rein künstlerischen und rein wissenschaftlichen Fächer sind an eine praktische Ausbildungsklasse angelehnt.

«In München gibt es 4000 akademisch ausgebildete Kunstmaler und 1400 Anstreicher.»

Trotzdem soll jede nur handwerkliche Ausbildung, die nicht zugleich im Rahmen einer geschlossenen universellen und menschlichen Ausbildung steht, vermieden werden. Mit der praktischen Spezialausbildung ist ein weitverzweigter Bildungsgang verbunden, der den engen speziellen Arbeitsbereich erst ins rechte Licht rückt.

Die Ausbildungsklassen sind: Politik, Presse, Rundfunk, Film, Photographie, Werbung, Industrielle Formung, Städteplanung.

Diese Arbeitsgebiete sind bis heute in Deutschland noch kaum durchforscht und erfasst worden, obwohl sie für das heutige Leben eine ausserordentliche Bedeutung haben. Die vorgesehenen Ausbildungsfächer betreffen Berufe, die in grossem Mass die Öffentlichkeit formen und beeinflussen. Sie verdienen eine umso grössere und sorgfältigere Bildung und geistige Ausrüstung.

Die Schule will verhindern, dass – wie es heute grossenteils der Fall ist – im Film, in der Presse und im Rundfunk berufsfremde Leute sitzen, die ohne politische Ausbildung eine im Grund politische Aufgabe übernehmen und keine Kenntnis von den Arbeiten haben, die die moderne Kultur für den Menschen unternommen hat.

1. Politik
Politik wird im ursprünglichen Sinn verstanden als die Ordnung des Zusammenlebens in der Gemeinschaft. Politik wird auf den Einzelnen bezogen, auf seine Verantwortung für das gesellschaftliche Ganze. Sie ist erst in zweiter Linie eine Sache der politischen Einrichtungen wie Parteien und Parlamente. Erstrebt wird eigenes selbständiges, undoktrinäres Denken, entschiedenes Einstehen für eine freiheitliche Welt, Erziehung zur Diskussion auf der Ebene der Achtung vor anderen Meinungen, solange sie lebendige Äusserungen freier Menschen sind. Die Klasse soll sachlich wissenschaftlich arbeiten und sich aller weltanschaulichen, ideologischen oder parteiprogrammatischen Festlegungen enthalten.

Diese Ausbildungsklasse umfasst folgende Arbeitsgebiete: Geschichte, Soziologie, Wirtschaftskunde, Staatskunde, Massenpsychologie, Rhetorik.

Innerhalb der Klasse muss ein Zeitungsarchiv und ein statistisches Institut aufgebaut werden. Die Klasse müsste praktische Untersuchungen machen (Grossbetriebe, Flüchtlinge...).

2. Journalismus
Der deutschen Presse fehlt es an Leuten, die den Mut haben, das klar auszusprechen, was sie denken, die statt allgemeinen Ansichten eine persönliche Meinung wiedergeben. Es fehlt an Leuten, die zu einer lebendigen, direkten persönlichen Ansprache fähig sind.

Es gibt in Deutschland keinen geschulten journalistischen Nachwuchs. Um diese Ausbildungsklasse sind alle Arbeitsgebiete gruppiert, die sich mit literarischen Problemen beschäftigen.

Arbeitsgebiete: Publizistik, Literatur, Politik, Psychologie, Kritik.

Für praktische Arbeiten wird eine Druckerei aufgebaut. Die Klasse schickt von Zeit zu Zeit einzelne Gruppen auf Expeditionen, die Berichte über in- und ausländische Verhältnisse verfassen sollen.

3. Rundfunk
Der Rundfunk hat für die öffentliche Meinungsbildung eine ausserordentliche Bedeutung. Er verlangt eine entsprechende verantwortungsvolle Ausbildung, die bis heute noch nicht gegeben ist.

Der deutsche Rundfunk krankt noch sehr daran, dass er entweder eine gesprochene Zeitung oder gesprochenes Theater ist und seine eigenen Gesetze und Möglichkeiten noch nicht ausgenützt hat.

Arbeitsgebiete: Nachricht, Reportage, Kritik, Regie, Technik, Programm, Musik, Psychologie, Politik.

Zur praktischen Arbeit muss ein Studio mit Aufnahmewagen aufgebaut werden, das nach und nach zu einem eigenen Hochschulsender erweitert werden könnte. Die Klasse würde wie die vorhergehende keine technischen Leiter ausbilden.

Gedacht ist an Dramaturgen, Regisseure, Ansager, Reporter, Programmleiter.

4. Film
Der Film ist eine viel zu wichtige Erscheinung, als dass er aus rein kommerziellen Gesichtspunkten gestaltet werden darf. Die Bildungsmacht des Films ist so gross und sein psychologischer Einfluss so stark, dass dieser Beruf eine neue verantwortungsbetonte Ausbildung erfordert.

Diese Klasse will eine Vorstufe zur praktischen Filmarbeit sein und soll durch Experimente und Versuche die filmischen Mittel, die heute noch sehr vom Theater her bestimmt sind, herausarbeiten. Die Geschichte des Films zeigt, dass gerade kleine Studios oft entscheidende Anregungen gegeben haben, solange sie nicht in den Filmmarkt einbezogen waren.

Arbeitsgebiete: Filmgeschichte, Dramaturgische Soziologie, Psychologie, Kritik, Drehbuch, Regie, Kamera, Schnitt, Ton, Produktion.

Die Arbeit kann mit der Vorführung von Filmen beginnen, da auch hier nicht an die Ausbildung von technischen Leitern gedacht ist, vielmehr an eine solche von Filmkritikern, Filmdramaturgen, Filmautoren, Regieassistenten, nach und nach soll jedoch ein eigenes Filmstudio aufgebaut werden.

5. Photographie
Die geistige Mentalität des Dritten Reiches hat es bewirkt, dass Deutschland heute keine Photographen hat, die Anschluss an den internationalen Stand der Photographie haben, obwohl Deutschland auf diesem Gebiet einmal hervorragende Ansatzpunkte hatte. Man hat auf der Suche nach dem schönen Bildmotiv die künstlerischen Möglichkeiten aus dem Auge verloren. Wie schon beim Rundfunk im Hinblick auf den Ton, muss hier auf eine elementare Erfassung des Lichtes hingearbeitet werden.

Arbeitsgebiete: Technik, Materialpsychologie, Innen- und Aussenaufnahmen, Reportage, Montage, Photogramm.

6. Werbung
Die Werbung ist heute bereits auf dem Weg, von der blossen Reklame zu einem Mittel zu werden, Kunst in das Leben und den Alltag zu tragen.

Plakate der Ulmer Volkshochschule hängen im Museum of modern Art neben Bildern von Paul Klee. Diese Plakate, die im Strassenbild der Stadt auftauchen, haben eine weit grössere Wirkung als nur die der Werbung. Durch Farben und Formen veranschaulichen sie den Geist der Volkshochschule und geben auch ihr immer wieder neue Impulse.

Auf diese Ausbildungsklasse sind alle Gebiete der graphischen Kunst bezogen.

Graphik, Typographie, Mode, Photographie, Malerei, Kunstgeschichte, Psychologie, Marktanalyse.

Die Klasse arbeitet in Ateliers und in der Druckerei.

7. Industrielle Formung
In unserem industriellen Zeitalter erweist sich das Kunsthandwerk als eine Sackgasse, die beim Kitsch endet. Der Künstler muss sich der Industrie annehmen. In dieser Klasse sollen sich

die Schüler in der Formung von Gebrauchsgegenständen üben und sie aus den eigenen Gesetzen der Maschine gestalten lernen.

Arbeitsgebiete: Plastik, Innenarchitektur, Technik, Materialpsychologie, Kunstgeschichte.

Als Werkstätten sind notwendig: Modellraum, Schreinerei, Schlosserei

8. Städteplanung

Eine der wichtigsten Aufgaben des Wiederaufbaus hat uns in einem unvorbereiteten Zustand angetroffen. Statt sich von sachlichen Gesichtspunkten leiten zu lassen, wird bereits heute wieder auf einen äusserlichen Formalismus hingearbeitet.

«Die ersten Zeichenübungen an der TH in München bestehen für Architekten im Abzeichnen der Führerbauten. Manche Professoren verwenden ihren ersten Unterricht auf eine Kampfansage an die moderne Architektur.»

Arbeitsgebiete: Architektur, Raumplanung, Soziologie, Statistik, Wirtschaftskunde, Malerei.

Die schöpferischen Kräfte müssen auf die innere Kolonisation hingeführt werden, die durch Krieg, Zerstörung und Umsiedlung notwendig geworden ist. Die Diskussion um die zeitgemässe Siedlung ist noch im Fluss und verdient grösste Beachtung und Anteilnahme.

Aus den Ausbildungsklassen ergibt sich folgendes Gerüst der Arbeitsgebiete, in die jeder Schüler eingeweiht wird: Gesellschaft: Geschichte, Soziologie, Staat, Politik, Wirtschaft, Technik / Mensch: Psychologie, Erziehung, Philosophie, Religion / Sprache: Rethorik, Presse, Film, Theater, Literatur / Musik: Gymnastik, Tanz, Musik / Formung: Typographie, Werbung, Mode, Industrielle Formung, Photographie, Malerei, Plastik. / Planung: Architektur, Städteplanung, Raumplanung.

Stundenplan

Der Vormittag wird den speziellen Fächern und der praktischen Ausbildung gewidmet. Der Nachmittag gilt mehr den theoretischen Fächern und der universellen Erziehung. Der Abend wird gemeinsamen Veranstaltungen (Film, Theater, Diskussionen, Disputationen) vorbehalten.

3. Erste öffentliche Präsentation der «Hochschule für Gestaltung», 1952

Max Bill: *Bauhaus-Chronik. – Vom Bauhaus in Weimar zur Hochschule für Gestaltung in Ulm.* in: Deutsche Universitätszeitung, 17. Jg., Nr. 23/24, 22. Dezember 1952, S. 14/15.

Als 1918, nach Ausrufung der Weimarer Republik, der Architekt Walter Gropius auf Vorschlag von Henry van de Velde – seinem Vorgänger und Gründer dieser Institute – als Direktor an die Kunstakademie und die Kunstgewerbeschule Weimar berufen wurde, zeigte es sich, dass diese Institute einer Umwandlung bedurften. Am 1. April 1919 schloss Gropius mit dem Staat den Vertrag, der als «Staatliches Bauhaus» die beiden Schulen vereinigte. Im Bauhaus-Manifest wurden die Architekten, Maler und Bildhauer aufgerufen zur Mitarbeit am Bau: «Das fertige Gebäude ist das Ziel der schöpferisch-künstlerischen Arbeit.»

Drei der fortschrittlichsten Künstler jener Zeit wurden von Walter Gropius als «Formmeister» an das «Bauhaus» berufen, wo sie die Gestaltung leiteten, während die technischen Belange von den Werkmeistern gehütet wurden. Diese drei ersten Bauhaus-Meister waren: der jetzt in New York lebende 80jährige Maler und Musiker Lionel Feininger, der deutsche Bildhauer Gerhard Marcks und der Schweizer Maler und Pädagoge Johannes Itten, der jetzige Direktor der Zürcher Kunstgewerbeschule und des Kunstgewerbemuseums. In den folgenden Jahren vervollständigte sich das Professoren-Kollegium durch die Maler Paul Klee (gest. 1940). Oskar Schlemmer (gest. 1943), Lothar Schreyer und Georg Muche. Dann folgten der 1944 in Paris fast 80jährig verstorbene Wassily Kandinsky und der Ungar Lásló Moholy-Nagy (gest. 1945 in Chicago). Um 1925 rückten noch einige der früheren Bauhaus-Studierenden als Meister nach: Josef Albers, Marcel Breuer, Herbert Bayer, Hinrik Scheeper, Joost Schmidt.

Die eigentliche Grundlage der Bauhaus-Lehre und der Bauhaus-Arbeit war die Erkenntnis, dass Kunst und Technik zu einer Einheit werden müssen, dass der künstlerisch befähigte Mensch, auf Grund und unter Ausnützung der technischen und ökonomischen Gegebenheiten, zum Nutzen der menschlichen Gesellschaft sinnvolle, zweckmässige und zudem schöne Geräte formen soll bis zur fertigen Architektur. Dem diente die Erziehungsmethode, die von Johannes Itten schon in seiner Wiener Schule erfolgreich angewandt wurde und die im «Vorkurs» darauf hinzielte, dem Studierenden jedes Vorurteil gegenüber jedem Material zu nehmen und ihn aus eigener Erfahrung zu dessen Gesetzlichkeiten und Möglichkeiten zu führen. Dieser «Vorkurs» wurde weitergeführt in der «Formlehre», der «Farbenlehre» und der «Gestaltungslehre».

Der Einfluss, den das «Bauhaus» mit den Jahren in zunehmendem Masse auf die Entwicklung der Industrieprodukte in Deutschland ausübte, machte es zu einem Eckpfeiler des deutschen Werkbundes. Vor allem ist sein Einfluss auf die formale Gestaltung der serienmässig hergestellten Gebrauchsgeräte kaum zu überschätzen, und eine Darstellung würde weit über den heutigen Hinweis hinaus zu stilkritischen Untersuchungen führen.

In einer Atmosphäre, wie sie in ihrer Konzentriertheit kaum in einem grossen künstlerischen Zentrum, wie etwa Paris, möglich ist, waren einige der experimentellsten Künstlerpersönlichkeiten unserer Zeit umgeben von einer vorwärtsdrängenden, aus allen Ländern der Welt zusammengeströmten studierenden Jugend, der keine künstlerischen Schranken auferlegt waren und die eine Kraft entfaltete, die den guten Bürger von Weimar seinen nahen Weltuntergang ahnen liess, so dass dem «Bauhaus» in Weimar der Kredit entzogen wurde und sein Lehrkörper mitsamt den Studierenden 1925 nach Dessau übersiedelte. Diese Industrie- und Kunststadt gestattete Gropius den bekannten Neubau für das «Bauhaus», Hochschule für Gestaltung: Programm und Realisation in einem.

1928, nach 10jährigem verdienstvollen Wirken, zog sich Walter Gropius von der Leitung des Bauhauses zurück, und als sein Nachfolger wurde der Basler Architekt Hannes Meyer gewählt. Er versuchte die Produktion der Bauhaus-Werkstätten zu heben, vor allem, um dadurch wenig bemittelten Studierenden das Studium am «Bauhaus» zu ermöglichen. Doch in jenen Jahren zunehmender politischer Spannungen, in denen erstmals der «Kulturbolschewismus» als schwarzes Schreckgespenst an den Himmel Deutschlands gemalt wurde, verabschiedete ein neu gewähltes Dessauer Stadtparlament Hannes Meyer und ersetzte ihn durch den Architekten Ludwig Mies van der Rohe. Als dann 1932 die

Nationalsozialisten in Dessau endgültig die Mehrheit erlangten, wurde das «Bauhaus» geschlossen. Ein Versuch, es in Berlin auf privater Basis noch weiterzuführen, dauerte nur noch einige Monate, dann wurde es von den Nazis geschlossen. Seine Lehrer und Studierenden wurden als Staatsfeinde erklärt, verfolgt und zur Untätigkeit verurteilt.

Nach 15jähriger Tätigkeit wurde diese fortschrittlichste Kulturstätte Europas 1933 in die grosse Versenkung gelassen. Aber die Spuren sind geblieben, kaum ein gutes modernes Gebrauchsgerät unserer Zeit zeigt nicht die Merkmale, die einst in Deutschland als «Bauhaus-Stil» verschrien und später begehrt waren. Kaum eine Kunstgewerbeschule des «germanischen Kulturkreises» hat nicht in ihrem Lehrkörper bis hinauf zum Direktor Kräfte, die am «Bauhaus» gewirkt haben. Die bedeutendsten Schulen Amerikas werden von «Bauhaus»-Leuten geleitet. In Deutschland kommen wieder in vermehrtem Masse die «Bauhaus»-Leute, als die repräsentativsten, schöpferischen Kräfte zur Geltung.

Eine zukunftsgläubige junge Republik hatte das «Bauhaus» entstehen lassen: «Die Kunst der Allgemeinheit», «Verbindung von Kunst und Leben» waren die Parolen. Eine reaktionäre, kurzsichtige Autokratie zerstampft es als einen ihrer ersten Beiträge zum riesigen Trümmerhaufen, den sie über ganz Europa anrichtete.

Die Idee, die Walter Gropius im Bauhaus verwirklicht hat, ist noch heute lebendig. Nach 12 Jahren der Unterdrückung und Zerstörung, in denen nur noch einige Inseln in Europa und in den Vereinigten Staaten die Bauhaus-Idee hochhielten, ist nun das Interesse am Bauhaus wieder sehr gewachsen. Verschiedentlich wurde seither versucht, «Bauhaus-ähnliche» Institutionen zu gründen. Doch ohne überzeugendes Resultat. Die Fehler aller dieser Versuche liegen darin, dass aus dem Ganzen der Bauhaus-Idee einzelne Teile herausgebrochen werden, die für sich allein wohl eine pädagogische Weiterentwicklung sein könnten, die jedoch niemals das ersetzen können, was am Bauhaus wesentlich war.

Meines Erachtens war am Bauhaus von Walter Gropius für die damalige Zeit ein Idealzustand erreicht, indem führende Künstler sich bereit erklärten, an der Lösung praktischer Aufgaben mitzuwirken. Dass also ein in höchstem Masse qualifizierter Lehrkörper den Tagesproblemen die Priorität gab, ohne den Wert der echten künstlerischen Leistung in Frage zu stellen. Diese Verbindung von wirklicher, fortschrittlicher Kunst und wirklicher fortschrittlicher Problemstellung auf den Gebieten der Architektur, Gebrauchsgütergestaltung, Typographie usw. ist das Entscheidende am Bauhaus. Auch wenn manchen Resultaten dieser heroischen Pionierzeit eine damals noch zeitbedingte, unbewusste Kunstgewerblichkeit anhaftet, so ist nicht dies das Wesen der Bauhausbewegung, sondern vielmehr sind es jene allgemeinen Grundlagen, die am Bauhaus gelehrt wurden, die es einer grossen Zahl von jungen, suchenden Menschen ermöglichten, einen Weg zu finden für ihr eigenes Schaffen.

Eine Weiterentwicklung der Bauhaus-Idee kann nur auf dieser erprobten Basis erfolgen. Ich bin nach wie vor davon überzeugt, dass der freien Kunst das Primat zukommt innerhalb der Gestaltung, dass die fortschrittlichsten Maler und Bildhauer die autonomen Werke des zeitgenössischen Geistes schaffen. Diese sind Anregung und Mass für alle andern schöpferischen Gestaltungen. Ich bin auch überzeugt davon, dass nicht unfähige Maler und Bildhauer («schlechte Künstler») sich der Massenproduktion der Konsumgüter bewältigen dürfen, sondern dass verantwortungsbewusste, wirkliche Künstler an diesen dringenden Aufgaben mitarbeiten sollen.

Die Generation der Bauhausmeister war noch gespalten in Künstler und Techniker. Meine Generation hat jenen Typ des Gestalters hervorgebracht, dem die Kunst eine Lebensfrage ist, dem aber die Mitarbeit an den Aufgaben der Gesellschaft, an den täglich zu lösenden Problemen mit zur Lebensaufgabe geworden ist.

Die Hochschule für Gestaltung in Ulm betrachtet sich als die wirkliche Fortsetzung des Bauhauses. Ihr Entstehen geht auf die Initiative von Frau Inge Aicher-Scholl zurück, und Trägerin ist die von ihr – im Gedenken an ihre von den Nazis ermordeten Geschwister – gegründete Geschwister-Scholl-Stiftung. Viel zur Verwirklichung dieser Pläne hat der damalige amerikanische Hochkommissar John J. McCloy beigetragen durch einen Gründungs-Beitrag des amerikanischen Volkes, der vereinigt mit einer zusätzlichen Sammlung aus der deutschen Öffentlichkeit, zusammen mit privaten Spenden, die Grundlage ergab für die Bauten und Einrichtungen der Schule. Schon vor einigen Jahren waren Inge Scholl und Otl Aicher mit mir in Verbindung getreten, und die Geschwister-Scholl-Stiftung hat mich später als zukünftigen Rektor berufen und zum Leiter der Architekturabteilung und zum Architekt der Bauten bestimmt.

Wir betrachten die Kunst als höchste Ausdrucksstufe des Lebens und erstreben, das Leben als ein Kunstwerk einzurichten. Wir wollen, ähnlich wie es seinerzeit Henry van de Velde proklamierte, gegen das Hässliche ankämpfen, mit Hilfe des Schönen, Guten, Praktischen. Als Nachfolgerin von Van de Veldes Weimarer Kunst-Institution hatte das Bauhaus dasselbe Ziel. Wenn wir etwas weiter gehen als damals, indem wir in Ulm einerseits der Gestaltung von Gegenständen noch mehr Wert beimessen, den Stadtbau und die Planung weiter ausbauen, die Abteilung Visuelle Gestaltung auf den heutigen Stand bringen und schliesslich eine Abteilung Information angegliedert haben, so kommt dies aus den natürlichen Bedürfnissen unserer Zeit.

Erfahrene Künstler und Theoretiker, junge hoffnungsvolle Kräfte werden nach Ulm kommen, um dort zu lehren und zu experimentieren, innerhalb einer übernationalen Arbeitsgemeinschaft. Ich hoffe, dass wir damit die Erwartungen erfüllen können, die man in uns setzt: dem heimatlosen Bauhaus-Geist wieder eine Stätte zu geben, um den jungen Menschen eine Ausbildungsstätte zu schaffen, in der sie ihre Fähigkeiten zum schöpferischen Gestalten in fördernder Umgebung entwickeln können.

Max Bill, Zürich

4. Aus dem ersten gedruckten Programm der Hochschule für Gestaltung (1952)

Die Hochschule für Gestaltung in Ulm ist eine Neugründung der Geschwister-Scholl-Stiftung.

Die Schule ist die Weiterführung des «Bauhaus» (Weimar-Dessau-Berlin). Neu hinzu kommen jene Aufgabengebiete, denen vor 20 bis 30 Jahren im Rahmen der Gestaltung noch nicht die heutige Bedeutung beigemessen wurde. Die Erziehungsgrundlage der Schule ist eine Fachausbildung auf universeller Basis, in Verbindung mit einer zeitnahen Allgemeinbildung. Lehre und Forschung, individuelles Experiment und Gruppenarbeit ergänzen sich.

Die Hochschule für Gestaltung ist bestrebt, den in der Jugend zur Auswirkung drängenden Unternehmungsgeist zu lenken und die Jugend zur Mitarbeit und Mitverantwortung am gesellschaftlichen Leben zu erziehen, zur Verwirklichung von sozial bedeutenden Gestaltungsaufgaben und zur Kultivierung der Lebensform unseres technischen Zeitalters.

Die Ausbildung basiert sowohl auf der Bearbeitung konkreter Aufgaben der Praxis als auch auf der Vermittlung der nötigen theoretischen Kenntnisse. Die Studierenden arbeiten in Gruppen und in engem Kontakt mit den lehrenden Fachkräften. Dies gewährleistet eine individuelle Erziehung. Um sie nach methodischem Denken und selbständigem Handeln zu erziehen, werden die Studierenden angehalten, ihre Arbeit dauernd zu rechtfertigen.

Der innere Aufbau der Schule ist ähnlich einem freien Zusammenschluss sich ergänzender Ateliers, Labors, Werkstätten und Studios zu gemeinsamer Arbeit. Die Hochschule wird auf dem «Oberen Kuhberg» bei Ulm erbaut. Sie umfasst Studios und Werkstätten, sowie Wohnbauten für Lehrer und Studierende.

Lehrer und Studierende wohnen auf dem Schulgelände. Daraus entsteht eine lebendige Arbeitsgemeinschaft, an deren Verwaltung die Studierenden mitwirken. Die Zusammensetzung dieser Arbeitsgemeinschaft gibt der Schule einen übernationalen Charakter.

Ausbildungsabteilungen
Die Lehrgebiete bilden einen in sich geschlossenen Kreis, dessen Sektoren sich teilweise überschneiden.

Voraussetzung für die Aufnahme in eine Ausbildungsabteilung ist die absolvierte Grundlehre. Diese soll die individuellen Fähigkeiten durch vielseitige elementare Übungen frei entfalten und die Voraussetzung für die Aufnahme in eine Ausbildungsabteilung schaffen. Im übrigen ist die zur Aufnahme in eine Ausbildungsabteilung nötige Vorbildung je nach Lehrgebiet verschieden.

Die Ausbildungsabteilungen sind:

Information
Die Ausbildung wird in der Art einer Redaktion oder der Werbeabteilung eines Betriebes durchgeführt. Die publizistischen Grundlagen und Arbeitsweisen werden so erlernt, wie es die Praxis erfordert. Eine Erweiterung der Abteilung in Richtung Rundfunk und Fernsehen wird vorbereitet. Als Vorbildung in diese Abteilung wird gefordert: Abitur oder entsprechende Ausbildung in bezug auf die Beherrschung der Sprache. Gute Allgemeinbildung.

Visuelle Gestaltung
Die Abteilung ist aufgebaut wie ein graphisches Atelier. Die wichtigsten Darstellungstechniken, wie Graphik, Photographie, Typographie und Ausstellungsgestaltung, werden in ihrem Zusammenhang gelehrt. Die Beschäftigung mit Film und Fernsehen ist für später ins Auge gefasst. Als Fortsetzung der Abteilung Visuelle Gestaltung ist ein Atelier für künstlerische Gestaltung vorgesehen. Voraussetzung für die Aufnahme in diese Abteilung ist eine praktische Tätigkeit, wenn möglich in einem graphisch-technischen Fach.

Produktform
Die Ausbildung geschieht in enger Zusammenarbeit mit dem «Institut für Produktform», in welchem die Studierenden ihre praktischen und theoretischen Kenntnisse für die Formgebung

von Gebrauchsgütern erproben. Die Studierenden erlernen in den Werkstätten die verschiedenen Techniken, die ihnen ermöglichen, Modelle selbständig zu entwickeln und auszuführen. Zur Ausbildung Produktform gehören die Werkstätten: Holz, Kunststoffe, Metall, Keramik, Oberflächenbehandlung.

Als Fortsetzung der Abteilung Produktform ist ein Atelier für künstlerische Gestaltung vorgesehen.

Die Aufnahme in diese Abteilung setzt praktische Tätigkeit in einem handwerklichen Beruf oder Teilstudium auf dem Gebiet des Bauens, des Maschinenbaues oder ähnlichem voraus.

Architektur

Die Ausbildung erfolgt in gemeinsamer Arbeit im Atelier anhand praktischer Aufgaben, also ohne die sonst übliche Semester-Spezifizierung. Die theoretischen Fächer werden nach Massgabe des Ausbildungsstandes und in direktem Zusammenhang mit den praktischen Aufgaben gelehrt. Vorausgesetzt wird Architekturstudium, Bauzeichnerlehre, Studium an einer Bauschule oder praktische Tätigkeit in einem technisch-handwerklichen Beruf.

Stadtbau

Die Ausbildung geschieht im Atelier anhand praktischer Aufgaben der Stadt- und Landesplanung. Die theoretischen Fächer werden in direktem Zusammenhang mit den zu lösenden Aufgaben gelehrt.

Als Vorbildung wird ein abgeschlossenes Architekturstudium oder eine ebenbürtige Ausbildung verlangt.

Allgemeinbildung

Die Ausbildung in den Spezialabteilungen wird ergänzt durch die parallel laufende Allgemeinbildung in Soziologie, Ökonomie, Politik, Psychologie, Philosophie, Zeitgeschichte und Kunst. Sie erweitert die fachliche Arbeit im Hinblick auf ihre gesellschaftlichen Funktionen und gibt eine zusammenhängende Sicht der heutigen Lebensprobleme. Je nach Lehrgebiet ist eine Vertiefung der sprachlichen Kenntnisse und eine eingehendere, ausgedehntere Beschäftigung mit kulturellen und naturwissenschaftlichen Problemen vorgesehen.

Institut für Produktform
Das Institut für Produktform ist eine Gründung der Geschwister-Scholl-Stiftung zum Zweck der Forschung auf dem Gebiet der Formgebung. Das Institut ist der Hochschule für Gestaltung angegliedert und untersteht ihrer Leitung. Das Institut übernimmt Aufträge der Wirtschaft und führt eigene Forschungs- und Entwurfsarbeiten durch. Es erarbeitet die Grundlagen für die Gestaltung technisch richtiger, im Gebrauch zweckmässiger und ästhetisch ansprechender Erzeugnisse. Damit erfüllt es ein Bedürfnis der Wirtschaft, die auf Grund der Entwicklung auf dem Weltmarkt eine Koordination der technischen, ästhetischen und ökonomischen Faktoren benötigt.

Das Institut steht in Verbindung mit anderen Institutionen des In- und Auslandes, die sich der Forschung auf diesen Gebieten widmen.

Die Zusammenarbeit zwischen der Hochschule und ihrem Institut für Produktform bezweckt die Erziehung qualifizierter Entwerfer.

5. Reden zur Eröffnung der Bauten der HfG in Ulm, 2. Oktober 1955

a) Walter Gropius: Die Notwendigkeit des Künstlers in der demokratischen Gesellschaft[1]

(Mit freundlicher Erlaubnis des Bauhaus-Archivs Berlin)

Es ist fast 30 Jahre her, dass ich mich in einer ähnlichen Lage befand wie heute Professor Max Bill, gelegentlich der Eröffnung des selbstentworfenen Bauhausgebäudes in Dessau im Jahre 1926. Meine innere Anteilnahme an dieser heutigen Feier geht aber viel weiter, denn die im Bauhaus einst begonnene Arbeit und seine Grundidee hat hier in Ulm eine neue deutsche Heimat und ihre organische Weiterentwicklung gefunden. Wenn das Institut seiner geistigen Aufgabe treu bleibt und wenn die politische Entwicklung der Zeit stabiler sein wird als in der Zeit des Bauhauses, dann kann die künstlerische Ausstrahlung der 'Hochschule für Gestaltung' über die Grenzen Deutschland hinausgehen und die Welt von der Notwendigkeit und Bedeutung des künstlerischen Menschen für das Gedeihen echter, fortschrittlicher Demokratie überzeugen. Darin sehe ich seine grosse, erzieherische Aufgabe.

In unserem Zeitalter der Wissenschaft wurde der Künstler fast vergessen, oft sogar verlacht und in seinem wahren Wesen unterschätzt, als wäre er nur ein entbehrliches Luxusmitglied der Gesellschaft. Welche zivilisierte Nation fordert heute noch schöpferische Kunst als einen wesentlichen Bestandteil ihres Volkslebens? Deutschland hat die grosse, kulturelle Chance, in echter Abfolge seiner eigenen Geschichte, bewusst wieder die Bedeutung des Magischen gegenüber dem Logischen unserer Zeit zu betonen, d.h. den Künstler wieder zu legitimieren und in den modernen Produktionsprozess leitend einzubauen. Die Hypertrophie der Wissenschaften hat ja das Magische in unserem Leben verdrängt, der Poet und der Prophet wurden zu Stiefkindern des überpraktischen Zweckmenschen infolge des beispiellosen Siegeszuges der logischen Wissenschaft. Ein prägnantes Wort von Einstein beleuchtet das Ergebnis dieser

1 Bauhaus-Archiv Berlin.

einseitigen Entwicklung: 'Vollendete Werkzeuge, aber verworrene Ziele kennzeichnen unsere Zeit'.

Das geistige Klima, das noch zu Ende des 19. Jahrhunderts vorherrschte, hatte noch einen mehr oder weniger geschlossenen, statischen Charakter, getragen von einem anscheinend unwandelbaren Glauben an die sog. 'ewigen Werte'. Dieser Glaube ist dem neuen Begriff von einer Welt der unaufhörlichen Wandlung, der Relativität aller Phänomene gewichen. Die hieraus resultierenden, tiefen Veränderungen des Lebens haben meist während des letzten halben Jahrhunderts industrieller Entwicklung stattgefunden und in dieser kurzen Zeitspanne eine umfassendere Umwandlung aller menschlichen Lebensbedingungen bewirkt, als die Summe der Geschehnisse aller Jahrhunderte seit Christi Geburt. Dieses Wirbelwindtempo hat viele Menschen in einen Zustand unglücklicher Verwirrung gebracht, hat viele Nerven zerrüttet. Die natürliche Trägheit des menschlichen Herzens kann diesem Tempo nicht standhalten. So müssen wir uns gegen die Erschütterungen wappnen, die unvermeidlich sind, solange die Lawine wissenschaftlicher und philosophischer Erkenntnis so schnell mit uns dahinrast. Was wir offensichtlich am dringendsten brauchen, um unsere wackelige Welt zu stützen, ist eine Neuorientierung auf der kulturellen Ebene. Ideen sind allmächtig. Die geistige Richtung der Menschheitsentwicklung ist immer durch den Denker und den Künstler massgeblich beeinflusst worden, deren Schöpfungen jenseits logischer Zweckmässigkeit stehen. Ihnen müssen wir uns immer wieder zuwenden, denn ihr Einfluss kann nicht wirksam werden, wenn das Volk indolent und unempfänglich nicht auf sie lauscht. Nur wo die Menschen spontan den Samen einer neuen, eigenen Kultur empfingen, konnte sich dieser verwurzeln und verbreiten. Nur wo schliesslich jede Facette des öffentlichen Lebens von den neuen, schöpferischen Kräften bestimmt wurde, konnte sich eine einheitliche, der Echtheit des sozialen Gefüges entsprechende Gesellschaftshaltung entwickeln, die so unentbehrlich für kulturelles Wachstum ist.

Noch vor wenigen Generationen war unsere Gesellschaft tatsächlich eine ausbalancierte Einheit, in der jedermann seinen Platz fand und eingewurzelte Gebräuche ihre selbstverständliche Geltung hatten. Kunst und Architektur entwickelten sich organisch und in langsamem Wachstum als anerkannte Zweige der Kultur. Die Gesellschaft war noch ein Ganzes. Dann, mit dem Beginn des Zeitalters der Wissenschaft, mit der Entwicklung der Maschine, zerbröckelte die alte Gesellschaftsform. Die Werkzeuge der Zivilisation wuchsen uns allmählich über den Kopf. Anstatt durch moralische Initiative zu führen, entwickelte die Moderne eine sog. 'Gallup-Poll Mentalität', die sich mechanistisch auf Quantität statt auf Qualität stützt und nur dem Zweckmässigen dient, anstatt ein neues geistiges Vertrauen aufzubauen. Selbst diejenigen, die sich gegen diese Einseitigkeit und Entgeistigung des Lebens stellten, wurden oft völlig missverstanden und gerade dessen verdächtigt, was sie beschlossen hatten zu bekämpfen. Darf ich dies im Hinblick auf diese Hochschule mit meinen eigenen Erfahrungen illustrieren: Nicht nur am Bauhaus, sondern während meines ganzen Lebens habe ich mich persönlich gegen den Vorwurf einseitigen 'Rationalismus' wehren müssen. Sollte nicht allein die Wahl meiner Mitarbeiter am Bauhaus und ihre intuitiven Künstlerqualitäten mich vor dieser Missdeutung bewahrt haben? Aber nein, auch Le Corbusier verfiel demselben falschen Verdacht, weil er das Schlagwort von der 'Wohnmaschine' predigte. Kann man sich aber einen Architekten von grösserem Umfang, von stärkerer Magie vorstellen als ihn? Trotzdem wurde ein falsches Portrait der Pioniere der modernen Bewegung entworfen, das sie als fanatische Anhänger starrer, mechanistischer Prinzipien zeigte, die die Maschine verherrlichten und im Dienst der 'Neuen Sachlichkeit' gleichgültig gegen tiefere, menschliche Werte geworden seien. Da ich selbst zu diesen Ungeheuern gehöre, staune ich nachträglich darüber, wie wir es fertig gebracht haben sollten, auf einer so kümmerlichen Basis zu existieren. In Wirklichkeit stand natürlich das Problem der Vermenschlichung der Maschine und der Suche nach einer neuen Lebensform im Vordergrund, das auch diese Schule bewegt und sie ähnliche Kämpfe kosten wird. Um neue Mittel in den Dienst menschlicher Zwecke zu stellen, machte das Bauhaus damals den Versuch, praktisch zu demonstrieren was es predigte und ein neues Gleichgewicht zu finden zwischen den praktischen und den ästhetisch-psychologischen Ansprüchen der Zeit. Ich entsinne mich der Vorbereitung für unsere erste Ausstellung im Jahre 1923, die die Vielseitigkeit unserer Auffassung zeigen sollte. Ich hatte ihr den Namen 'Kunst und Technik eine neue Einheit' gegeben, was nicht gerade nach mechanistischer Auffassung klingt. Funktionalismus war für uns **nicht** gleichbedeutend mit rationellem Vorgehen allein; er umfasste ebenso die psychologischen Probleme. In unserer Vorstellung sollte die Gestaltung im physischen wie im psychologischen Sinne 'funktionieren'. Wir waren uns klar darüber, dass emotionelle Bedürfnisse ebenso zwingend sind wie praktische und ebenso nach Erfüllung verlangen. Aber die Idee des Funktionalismus wurde und ist noch heute missdeutet von denjenigen, die nur seine mechanistische Seite sahen. Natürlich waren die Maschinen und die neuen wissenschaftlichen Möglichkeiten von höchstem Interesse für uns, aber die Betonung lag weniger auf der Maschine selbst, als auf dem Wunsch, sie intensiver dem Leben dienstbar zu machen.

Zurückblickend muss ich sagen, dass unsere Generation sich eher zu wenig als zu viel mit der Maschine auseinandergesetzt hat und dass die neue Generation erst sie sich ganz zum willigen Gestaltungswerkzeug machen muss um geistig triumphieren zu können.

Alle Fragen der Schönheit, der Form, sind solche einer psychologischen Funktion. In einer universalen Kultur gehören sie untrennbar zum gesamten Produktionsprozess, für den täglichen Gebrauchsgegenstand wie für den grossen Bau. Während es die Aufgabe des Ingenieurs ist, die technisch funktionierende **Konstruktion** zu finden, sucht der Architekt, der Künstler, nach dem **Ausdruck.** Er **bedient** sich dazu der Konstruktion, aber erst jenseits des Technisch-Logischen offenbart sich das Magisch-Metaphysische seiner Kunst, wenn er überhaupt die Gabe zu optischer Dichtung besitzt.

Angeborenes Talent muss erst durch schöpferische Erziehung frei gemacht werden. Erziehung bedeutet nicht viel, wenn wir darunter nur die Aneignung von Kenntnissen verstehen. Intensität der Überzeugung und Gesinnung, ebenso wie die Bereitwilligkeit dem Ganzen zu dienen, Erziehung der Sinne, nicht nur des Verstandes, sind die wesentlichen Ziele. Alle professionelle, technische u. wissenschaftliche Information muss sich der Erziehung zur Gesinnungshaltung unterordnen. Ein fruchtbares Mittel die natürliche Anmassung, deren Gefahren wir ja alle begegnen, abzulegen, ist die Arbeit in Teams, in der die Mitglieder lernen, die Sache dem eigenen Interesse überzuordnen. Hierdurch wird der Entwerfer zu einer Haltung vorbereitet, die ihn in den Stand setzt, später Mitglied des Produktionsteams in der Industrie zu werden, gleichberechtigt mit dem Kaufmann, dem Wissenschaftler, dem Ingenieur und voll verantwortlich für die Formentwicklung, für den Ausdruck des Produkts oder des Bauwerks. Ich schliesse nämlich den Architekten, der noch so unbeweglich auf seinem alten Backsteinhaufen sitzt und Gefahr läuft seine Chancen innerhalb der industriellen Produktion zu verlieren, in diesen Teamvorschlag ein. Wenn wir den Produktionscharakter der heutigen Arbeitswelt analysieren, so finden wir ähnliche Gegensätze am Werk, wie im Kampf des Individuums gegen den Massengeist. Im Gegensatz zum wissenschaftlichen Prozess mechanisierter Vervielfältigung durch die Maschine – wir sprechen heute von Automation – besteht die Arbeit des Künstlers in einer unvoreingenommenen Suche nach Lösungen, die uns die Phänomene des täglichen Lebens symbolisieren. Seine Arbeit ist grundlegend wichtig für eine echte Demokratie und für eine Vereinheitlichung der Zielsetzung, denn er ist der Prototyp des universalen Menschen. Seine intuitiven Eigenschaften retten uns vor der Gefahr der Übermechanisierung. Mechanisierung ist bestimmt kein Selbstzweck, sonst wäre sie nur ein Unglück, das das Leben seiner Fülle und Vielfalt berauben und die Menschen zu Automaten verkümmern lassen würde. Breite Erziehung muss den Weg weisen für die richtige Art der zukünftigen Zusammenarbeit zwischen dem Künstler, dem Wissenschaftler und dem Geschäftsmann. Nur zusammen können sie einen Produktionsstandard entwickeln, der den Menschen zum Mass hat, d.h. der die Imponderabilien unseres Daseins ebenso ernst nimmt, wie physische Bedürfnisse. Ich glaube an die wachsende Bedeutung der Arbeit in Teams für die Vergeistigung des Lebensstandards in der Demokratie. Zwar entzündet sich der Funke des Einfalls, der einem Werk erst das Leben verleiht, im schöpferischen Individuum, aber in enger Arbeit zusammen mit anderen, im Team, im gegenseitigen Ideenaustausch und angespornt durch das Feuer der Kritik ergeben sich die grössten Resultate. Gemeinsamkeit der Arbeit für ein hohes Ziel begeistert und steigert die Intensität aller.

Ich möchte Max Bill, Inge Scholl, der Fakultät und der Studentenschaft wünschen, dass sie in sich die schöpferischen Kräfte zu mobilisieren vermögen, die notwendig sind für die Idee der Einheit, eine **Gruppe** aufzubauen, die sich gegenüber allen Herausforderungen behaupten und in unvermeidlichen Kämpfen das hohe Niveau halten kann, das sie sich gesteckt hat, nämlich nicht einem Stil nachzujagen, sondern das Experiment zu pflegen, in ständiger Haltung des Suchens nach neuem Ausdruck, nach neuer Wahrheit. Ich weiss wie schwer es ist, diese Linie zu halten, wenn Ihnen wieder und wieder das Formprodukt von Gewohnheit und Beharrungsvermögen als Wille des Volkes vorgehalten wird. Experiment braucht absolute Freiheit und Stützung durch weitsichtige Behörden und Private, die den oft schwer verständlichen Geburtswehen des Neuen wohlwollend zusehen. Gebt der 'Hochschule für Gestaltung' Zeit, sich in der Stille zu entwickeln. Eine organische Kunst verlangt ständige Erneuerung.

Die Geschichte zeigt, dass sich die Vorstellung von der Schönheit mit der Entwicklung des Geistes und der Technik ständig gewandelt hat; immer wenn der Mensch glaubte **ewige** Schönheit gefunden zu haben, verfiel er in Nachahmung und Unfruchtbarkeit. Echte Tradition ist das Ergebnis ungebrochener Entwicklung, ihre Qualität muss, um den Menschen als unerschöpflicher Anreiz zu dienen, **dynamisch,** nicht statisch sein. Es gibt in der Kunst nichts endgültiges, nur beständigen Wandel, Hand in Hand mit dem Wechsel im Sozialen und Technischen.

Auf einer Weltreise im vergangenen Jahr habe ich die orientalische Geisteshaltung kennen gelernt in Japan, Siam, Indien, die sich so anders, mehr verinnerlicht-magisch offenbart als die logisch-praktische des westlichen Menschen. Wird die Zukunft mit der grösseren Freizügigkeit auf der Erde die allmähliche Durchdringung dieser beiden Geisteshaltungen bringen und damit zur reiferen Demokratie der Balance führen zwischen dem seelisch-traumhaften und dem geistig-logischen? Der künstlerische Mensch mit seiner Veranlagung zu menschlicher Gänze ist dazu prädestiniert, diese Durchdringung zu fördern und an sich selbst zu vollziehen, ein Ziel das wahrhaft der Begeisterung wert ist.

b) Max Bill: Aufgabe und Ziel der Hochschule für Gestaltung
(aus: Schwäbische Donau-Zeitung, 1. Oktober 1955)

Nach einer Vorbereitungszeit von fast sechs Jahren können wir heute die Hochschule für Gestaltung offiziell eröffnen. Schon vor vier Jahren wurde hier in Ulm das erste Arbeitsteam gebildet, in das schon damals ein paar noch heute hier mitwirkende Studierende aufgenommen wurden. Als wir im August 1953 offiziell den Beginn der ersten Grundlehre bekanntgaben, es war an einem Schwörmontag und die Stadt war beflaggt (– natürlich nicht unseretwegen –!) da waren seit längerer Zeit schon einige Dozenten und Studierende in den Abteilungen Architektur und Produktform tätig an Vorbereitungsarbeiten für die Baudurchführung. Aus diesem Team, das sich in turbulenter Entwicklungszeit gebildet hatte, formte sich dann im Laufe eines Jahres der Kern der Schule, die zu Anfang des Jahres 1955 mit einer zweiten Grundlehre in den neuen Gebäuden ihre Arbeit beginnen konnte. Dieses zweite Studienjahr ist jetzt beendet und gegen Ende Oktober beginnt die dritte Grundlehre und gleichzeitig wird es nun möglich, in allen Abteilungen mit der regulären Tätigkeit zu beginnen. Wenn gleichzeitig mit der offiziellen Eröffnungsfeier der Hochschule nun für einige Tage in einem noch nicht ausgebauten Teil der Bauten eine Ausstellung gezeigt wird, die einen Überblick gibt über das bisher geleistete, so geschieht dies mit dem ausdrücklichen Vorbehalt, dass während einer so kurzen Zeitspanne noch wenig fertige Ergebnisse hervorgebracht werden konnten. Denn man konzentrierte sich zeitweise vollständig auf den Bau und auf den Aufbau eines pädagogischen Systems.

Wohl kann die Grundlehre gewisse anschauliche Resultate aufweisen, aber diese sind nur ein geringer Teil dessen, was in den verschiedenen Kursen erarbeitet wurde. Diese Arbeit diente dazu, den an die Hochschule kommenden jungen Menschen eine Grundlage zu geben, die es ihnen gestattet, ihre Persönlichkeit zu bilden und zu begreifen, was Sinn und Ziel der Hochschule sind. Die Architekturabteilung hat den Bau selbst vorzuweisen und ausserdem den in Ulm vielgeschmähten, dafür auswärts um so mehr gepriesenen Pavillon auf der Landesausstellung, in dessen Innerem die Abteilung Visuelle Kommunikation die Darstellungen durchgeführt hatte. Auch sonst ist vielleicht die Abteilung Visuelle Kommunikation bisher am sichtbarsten hervorgetreten, vor allem auch in Ulm durch die Mitarbeit an der 1100-Jahr-Feier, die Plakate der Volkshochschule, die Werbefenster der Städtischen Volksbücherei und durch die Gestaltung der sehr erfolgreichen Wanderausstellung des Ulmer Museums «Gutes Spielzeug». Auf den Messen in Hannover und Frankfurt wurden Ausstellungen für Ulmer Firmen eingerichtet. Eine der bemerkenswertesten Arbeiten der letzten Zeit war der demontable Ausstellungspavillon auf der Düsseldorfer Radio- und Fernsehmesse für die Firma Max Braun, womit vor allem für die neuen Radiomodelle und Plattenspieler geworben wurde, die von der Abteilung Produktform entwickelt, einen vielbeachteten Einbruch bedeuten in die Flut der herkömmlichen protzigen Radiogehäuse, die wir als Musterbeispiele des schlechten Geschmacks bezeichnen möchten. Noch andere Ergebnisse der Arbeit in der Abteilung Produktform werden in der Ausstellung gezeigt: Die Federflächen für Schaumgummimatratzen, ein auf seine doppelte Grösse ausziehbares Bett, Kindermöbel, Leuchten, Türdrücker-Entwicklungen und Waschbeckenstudien, dass heisst eine Reihe von Modellen, die schon fertig sind, deren Produktion schon läuft oder vorbereitet ist. Also Modelle, für die Schutzrechte schon angemeldet sind und die deshalb öffentlich gezeigt werden dürfen. Wer sich auskennt auf dem Gebiet der Entwicklung neuer Modelle wird erkennen, dass schon verhältnismässig vieles fertig vorliegt und wird abmessen können, dass noch viel mehr im Stadium der Bearbeitung ist. Man kann bald damit rechnen, dass die Tätigkeit der Hochschule, schon allein durch die Ergebnisse der Abteilung Produktform, voll gerechtfertigt sein wird und dass die Auswirkungen weit grösser sein werden als dies im allgemeinen vermutet wird.

Für die nun beginnende Tätigkeit der Abteilung Information und deren Zusammenarbeit mit der Abteilung Visuelle Kommunikation zeugt die nachfolgende Berichterstattung über den Bau der Hochschule, verbunden mit Angaben über die am Bau beteiligten Firmen und die Darlegung der Absichten der Architekturabteilung. Dadurch werden die üblichen Reklamen ersetzt durch Informationen, die für jedermann von Interesse sein können.

Die hier erwähnten und in der Ausstellung gezeigten sichtbaren Ergebnisse sagen mehr aus über die Ziele und Aufgaben der Hochschule als noch so schöne Theorien über gute, zweckmässige und kulturell wertvolle Formen. Doch ist es möglich, dass sich durch das Gezeigte viele noch nicht überzeugen lassen und dass sie denken, es werde um diese unscheinbaren Dinge zu viel Aufhebens gemacht. Ob diese Skeptiker, oder ob wir recht behalten, wird erst die Zukunft beweisen. Wir haben jedoch gute Gründe zu glauben, dass wir den richtigen Weg beschreiten.

Es gibt auf der ganzen Welt keine Institution, die in gleicher Weise, mit gleicher Konsequenz dasselbe Ziel verfolgt wie das Team unserer Hochschule, nämlich ohne unlautere Nebenabsichten am Aufbau einer wirklichen und in die Breite gehenden Kultur des täglichen Lebens unseres Zeitalters zu arbeiten. Diese in die Breite gehende Kultur des täglichen Lebensbedarfs vorerst jener einfachen, nützlichen Dinge, die allenthalben fehlen und die meist von den Entwerfern und den Produzenten missachtet und als kulturelle Faktoren nicht ernst genommen werden. Jede uns bekannte Institution läuft immer wieder Gefahr, durch brillante Lösungen im vornherein über die wahren Sachverhalte zu täuschen. Die Hochschule für Gestaltung ist entschlossen, solchen Schein nicht zu dulden auf das Risiko hin, dass wir vorerst weniger glänzend dastehen werden. Es ist möglich, dass der Schein mehr Erfolg aufweisen kann, aber unser Erfolg wird ein moralischer sein und er wird auf die Dauer mehr als jedes andere Vorgehen in die Tiefe und in die Breite wirken. Schein trügt!

Wir wollen durch unsere ehrliche Arbeit, nach unserer wohlfundierten Überzeugung helfen, für möglichst viele Menschen eine den Möglichkeiten und Bedürfnissen unserer Zeit entsprechende Umgebung zu gestalten. Da seit Jahrzehnten an dieses gleiche Streben grosse Mühe gewandt wurde, haben wir versucht, uns darüber klar zu werden, was an den bisherigen Bestrebungen falsch und was richtig war. Unser Bestreben besteht nun darin, aus der Geschichte zu lernen, das Falsche nicht zu tun, dafür aber mit um so grösserer Überzeugung das Richtige weiterzuführen. Dies braucht einige Zeit und nicht nur unseren eigenen guten Willen, sondern auch andauernde Unterstützung von seiten der interessierten Kreise, vor allem auch von seiten der Öffentlichkeit.

6. Herausbildung einer gestalterischen Methode

Max Bill: *Umweltgestaltung nach morphologischen Methoden.* (Publiziert in: Werk und Zeit: Düsseldorf, Nr. 11, November 1956).

was ich heute hier vortrage, ist – für mich schon fast berüchtigte tradition – ein polemischer diskussionsbeitrag.

das bedeutet, dass das, was ich sage, noch keine abgeschlossene erkenntnis mit festen formulierungen ist. es sind vielmehr arbeitshypothesen, nach denen ich hoffe vorgehen zu können. es ist auch keineswegs die doktrin der hochschule, geschweige denn könnte man schon fertige resultate zeigen, um daran die theorie beweisen zu können. aber nach ähnlichen systemen wird hier vor allem innerhalb der abteilungen architektur und produktform gesucht.

wie schon früher, lass ich meine gedanken vielleicht etwas zu früh aus der retorte, ohne dass das ergebnis gefestigt ist. aber ich verbinde damit die hoffnung, dass vielleicht hier und anderswo daraus anregungen gewonnen werden, die zu neuen erkenntnissen führen. (...)

man könnte annehmen, umweltgestaltung würde in sich fast automatisch den prozess, die methoden enthalten, die auf jeden einzelnen fall innerhalb der umweltgestaltung angewandt werden könnten. dies ist nun durchaus nicht so. wir brauchen neue methoden, nämlich solche der morphologie. die morphologie ist die vergleichende lehre von den gestalten oder formen innerhalb eines sach- oder sinnbereiches. die bezeichnung morphologie wurde eingeführt vom vergleichenden anatomen, embryologen und physiologen burdach um das jahr 1800. goethe erweiterte die anwendung dieses begriffs auf die planzenwelt, und er hat später in allen seinen morphologischen schriften neue gesichtspunkte angefügt. es ist das verdienst von zwicky, den begriff der morphologischen arbeitsmethode in den bereich der technik, in die astronomie und astrophysik eingeführt zu haben.

war die morphologie bis vor kurzem noch eine vergleichende lehre der bestehenden gestalten und formen, so wird sie von zwicky und von mir beansprucht als lehre von den möglichen und wahrscheinlichen gestalten. dies bedeutet, dass anstelle der ordnenden funktionen, indem die realen tatbestände vergleichend geordnet werden, ein schöpferischer prozess tritt, den zwicky im bereich des technischen vertritt, währenddem er in der astronomie noch den von goethe abgeleiteten naturwissenschaftlich-ordnenden prozess anwendet, allerdings, indem er mit morphologischen methoden zu neuen forschungsmöglichkeiten gelangt. ich habe seit einiger zeit versucht, die morphologie auf den ästhetischen prozess anzuwenden. ein grosser teil meiner bilder und plastiken wäre ohne die untersuchung der möglichen und wahrscheinlichen gestalten gar nicht denkbar und sind gerade darin in beschränktem ausmass ein beweis für die anwendbarkeit der morphologie. desgleichen versuche ich auch bei der gestaltung anderer gegenstände nach morphologischen gesichtspunkten voranzugehen, ohne dass mir dies bisher ganz befriedigend gelungen wäre. (...)

die morphologische methode ist wahrscheinlich geeignet, eine verwissenschaftlichung des vorgehens herbeizuführen und persönliche bevorzugungen weitgehend auszuschalten. indem die morphologie ein feld aller möglichen komponenten und darin eine grosse zahl verschiedener möglichkeiten hervorbringt, entstehen kontrollmöglichkeiten, die fehlleistungen weitgehend ausschliessen. die morphologie ermöglicht also die bestellung eines einheitlichen feldes, innerhalb dessen die wahl getroffen werden kann. dieses feld ermöglicht es, die wahrscheinlichen möglichkeiten zu finden. vorerst unter ausschaltung persönlicher bevorzugungen. dadurch kommen die möglichen lösungen der wahrscheinlichkeit allgemeiner gültigkeit näher als bisher.

voraussetzung für eine sinnvolle anwendung der morphologie ist die exakte problemstellung. nun ist es bekannt, dass die problemstellung selbst im vornherein eine einschränkung der möglichkeiten mit sich bringt. wenn man als problem stellt, ein feuerzeug zu entwickeln, ist es schon durch diese tatsache allein ausgeschlossen, dass ein flugzeug oder ein gartenzwerg entsteht.

das war natürlich immer so, und insofern ist die exakte problemstellung eine angelegenheit der vernunft, des gesunden menschenverstandes. überhaupt kann man die morphologische methode als eine systematisierung des gesunden menschenverstandes und der vernunft bezeichnen. eine methode, mit deren hilfe man vorerst die entscheidungsfreiheit einschränkt zugunsten vermehrter sicherheit, um jedoch der letzten entscheidung um so mehr freiheit gewähren zu können. (...)

die morphologische methode bedingt vorerst eine klare problemstellung, die erarbeitet werden muss. auf grund davon wird ein feld angelegt, das alle möglichen einflüsse umfasst, die zu lösungen führen.

dies kann beispielsweise folgendermassen vor sich gehen: 1. man schlägt vorerst eines der herkömmlichen verfahren ein, um zu einem gegenstand zu gelangen, das zwischenresultat, das sich aus diesem vorgehen ergibt, wird nun analysiert und belegt ein feld, bestehend aus allen komponenten dieser ersten lösung. in der technik wendet zwicky ein system von parametern an. ein parameter ist eine einzelne komponente, isoliert für sich betrachtet. um dies zu illustrieren, können wir ein feld eines einfachen gegenstandes aufstellen und dabei folgendermassen vorgehen:

nehmen wir einen bestehenden löffel. wir stellen fest, dass er aus silber ist, dass er aus laffe und stiel besteht, dass er einer mittleren preisklasse angehört, dass er in kleinen serien hergestellt wird und dass die laffe aus einer eiförmigen form besteht, deren breiterer teil in den runden stiel übergeht. dieses schema ist nun eine analyse, die man noch viel weiter teilen kann. auf diese weise erhalten wir eine reihe von parametern als charakteristiken, die zusammengenommen diesen speziellen löffel bestimmen. wir wissen, dass es viele löffel-lösungen geben kann und dass allein aus diesem grund dieser spezielle löffel und seine erscheinung nicht unbedingt die beste lösung sein muss. nun können wir das feld ergänzen und darin neue komponenten einführen. vorerst müssen wir jedoch feststellen, welches das exakte problem ist, nämlich: ein gerät zu schaffen, das dazu dient, vornehmlich kleine mengen, vor allem flüssigkeiten, von grösseren mengen abzutrennen, sei es, um sie zu essen oder lediglich von einem gefäss ins andere zu transportieren. unsere erfahrung sagt uns, dass das vermittels eines löffels in der grössten zahl von fällen bewerkstelligt werden kann. aber es könnte vielleicht auch eine andere lösung sein. die erfahrung ist allerdings in diesem fall schon so alt, dass die möglichkeit des ersatzes des löffels durch eine andere gegenstandslösung sehr unwahrscheinlich ist. doch verhält sich dies bei anderen gegenständen, insbesondere bei komplizierten, nicht unbedingt gleich. das heisst, schon die problemstellung allein führt zu weitgehenden untersuchungen, bei denen morphologische methoden zweckmässigerweise ebenfalls anwendung finden können.

wenn nun also die problemstellung und die analyse vorliegen, handelt es sich um die ausweitung des feldes, das heisst es werden andere möglichkeiten mit einbezogen. andere materialien, z.b. metall verchromt oder vernickelt, chromnickelstahl, holz, porzellan, verschiedene kunststoffe etc. es werden alle möglichen methoden für die herstellung notiert. es werden alle möglichen löffelformen notiert und alle stielquerschnitte und so fort, bis das ganze feld eine möglichst grosse ausdehnung aufweist. innerhalb dieses feldes können nun lösungen gesucht und gefunden werden, die zu überraschenden neuen resultaten führen, denn die kombinationsmöglichkeiten sind vorerst theoretisch fast unbegrenzt. allerdings werden sie, wie wir sehen werden, eingeschränkt durch verschiedene faktoren.

das hier beschriebene schema ist grundsätzlich gleichermassen anwendbar auf irgendeine maschine oder einen gebrauchsgegenstand aus dem bereich der umweltgestaltung. es zeigt vorerst den sichtbaren teil der morphologischen methode an und für sich. daraus resultiert die grundlage für eine reine zweckerfüllung. der wert dieses schemas besteht vorerst einmal darin, dass alle fehlleistungen nach möglichkeit ausgeschlossen werden. denn durch gewohnheiten, persönliche vorhaben für diese oder jene lösung und ähnliche einwirkungen wird der weg zu neuen und besseren lösungen, die weitgehend objektiv richtig wären, oft versperrt. diese objektiv möglichst vollkommenen lösungen halte ich für erstrebenswert, und deshalb empfehle ich die anwendung morphologischer methoden zu deren gewinnung. nun entsteht jedoch bei ihnen gewiss der eindruck, auf diese weise würde alles uniformiert und jeder gestaltenden freiheit beraubt. dies ist nicht so. ja, es könnte selbst dann wohl kaum ein solcher zustand erreicht werden, wenn man ihn anstreben würde.

es gibt zwei entscheidende momente bei der schaffung von gegenständen der umweltgestaltung, nämlich voraus die exakte problemstellung und zum schluss das auswählen aus den möglichen lösungen. sowohl zu beginn wie am schluss ist die entscheidungsfreiheit weitgehend offen. dies sind auch die punkte, an denen sich die frage nach der ästhetischen funktion stellt. und diese wiederum unterliegt der freien entscheidung. (...)

wir wissen, dass jeder gegenstand in einer funktionellen beziehung zum menschen steht. es sind dies meist ganz praktische beziehungen, wie zum beispiel beim löffel. diese beziehung, soweit sie rational erfassbar ist, wird innerhalb des aufgezeigten feldes berücksichtigt. ich habe jedoch noch keine methode gefunden, die andere reale beziehung, die jedoch nicht praktischer natur ist, zwischen mensch und gegenstand rational zu fixieren, nämlich die psychische funktion.

nun ist es jedoch gerade diese psychische funktion, die den massgebenden unterschied hervorruft zwischen den nur-errechenbaren, technischen bereichen und dem bereich der gestaltung. müsste und könnte diese psychische funktion nicht berücksichtigt werden, so würde die gesamte werkbundarbeit mit ihren oft hochgesteckten zielen, die gesamte kunst, die gesamte umweltgestaltung sinnlos. (...)

wenn wir nun nach den ästhetischen funktionen der gegenstände der umwelt suchen, so erkennen wir, dass es sich um funktionen handelt, die neben der reinen zweckerfüllung ebenfalls psychischer art sind, das heisst, der mensch empfindet mehr oder weniger intensiv die erscheinung der gegenstände und damit ihre ästhetischen wirksamkeiten, ob bewusst oder unbewusst, jedoch zwangsläufig. das heisst, ob er will oder nicht. erst auf grund dieser empfindungen ist er in der lage, auch die zusammenhänge zu erfahren und damit seine erkenntnisse zu erweitern, das heisst im fall eines ästhetischen gegenstandes, mit ästhetischen funktionen, sein ästhetisches bewusstsein.

in diesem sinn ist etwas, das man allgemein als «kunstwerk» bezeichnet, ein psychischer gebrauchsgegenstand, der gleichzeitig träger einer erkenntnis sein kann. die feststellung seiner ästhetischen existenz ist jedoch lediglich quantitativer natur, noch nicht qualitative zuordnung. nun ist jedoch fast unbestritten die qualität eines ästhetischen ereignisses für seine wertung von entscheidender bedeutung. wieweit diese gelingt, ist noch ungewiss. ansätze sind vorhanden. ich habe das beispiel der reinen ästhetischen funktion im psychischen gebrauchsgegenstand, dem bild oder der plastik, allgemein genannt «kunstwerk», lediglich als extreme grenze einer eindeutigen funktion angeführt, denn ein solchermassen gearteter gegenstand ist zur erfüllung anderer funktionen gänzlich unbrauchbar.

es ist jedoch leicht zu erkennen, dass jeder andere gegenstand ebenfalls eine komponente enthält, die ihn zum psychischen gebrauchsgegenstand macht, wenngleich seine praktischen funktionen meist dominieren. diese übrigen funktionen können nun weitgehend verwissenschaftlicht werden mit hilfe morphologischer methoden. der rest jedoch, der bleibt, die ästhetische funktion, weicht dieser verwissenschaftlichung bisher aus, d.h. sie ist der freien entscheidung überlassen. es ist überhaupt fraglich, ob es je dazu kommen wird, dass eine so weitgehende verwissenschaftlichung möglich sein wird, oder ob die schaffens-enden immer weiter zurückweichen. doch ob wir nun wollen oder nicht, es ist eine unaufhaltsame entwicklung, die zu dieser verwissenschaftlichung führt und hin zum typus. es ist eine logische folge der industrialisierung und der automatisierung. es braucht nicht unsere sorge als werkbündler zu sein, die produktionsweisen zu beeinflussen. unsere sorge sei es, anstelle einer nivellierung auf einem niedrigen, ethisch und moralisch anfechtbaren niveau, methoden zu finden, um eine umwelt zu gestalten, die der technischen und ästhetischen perfektion entgegenstrebt. wenn wir überhaupt an eine ethische aufgabe der werkbünde und der umweltgestaltung glauben können, dann nur durch die bejahung der technischen hilfsmittel und damit zwangsläufig der ausschaltung des individualistischen in der zielsetzung. dazu muss eine intensive bejahung der ästhetischen seite treten, die den entscheidenden beitrag bilden soll für die einwirkung auf die heutige im klinischen sinn psychisch kranke gesellschaft. in der überzeugung, dass die psychischen einflüsse, die von der umwelt auf den menschen einwirken, doch von grösserer tragweite sind als im allgemeinen angenommen wird und dass wir hierin wiederum einen neuen beitrag zu leisten imstande sein müssten, bejahen wir nach wie vor das eigentliche ziel des werkbundes, nämlich die umweltgestaltung in ihrer funktionellen einheit.

Bibliographie

(Publikationen in Zeitschriften ohne Nennung des Autors sind unter dem Namen der Zeitschrift aufgeführt.)

Joseph ABRAM: *Paul Nelson: Le crible de la raison.* In: Bulletin d'Informations Architecturales: Paris, Institut français d'Architecture, April 1989, S.5-9.

Inge AICHER-SCHOLL: *Abschiedsworte an Ellen McCloy.* In: Die Neue Zeitung: München, Juli 1952.

Inge AICHER-SCHOLL: *Finanzgebahren wird sorgfältig überwacht.* In: Schwäbische Donau-Zeitung: Ulm, 28. Januar 1953.

Inge AICHER-SCHOLL: *Die Ulmer Vh und die HfG.* In: Württemberger Land: April 1953, S.43.

Inge AICHER-SCHOLL: *Anfang und Weg.* In: Schwäbische Donau-Zeitung: Ulm, 1. Oktober 1955. (Sonderbeilage zur Eröffnung der HfG.)

Otto AICHER: *Ulm im Jahr 2000.* In: Das junge Wort: Ulm, Nr.2, 1947, S.5/6, 10/11. (1. Preis im Preisausschreiben der Ulmer Volkshochschule.)

Otl AICHER: *Versuch zur falschen Zeit in der falschen Landschaft.* In: Südwest Presse: Ulm, 9. Januar 1971.

Otl AICHER: *Die Hochschule für Gestaltung. Neun Stufen ihrer Entwicklung.* In: Archithese: Niederteufen, Nr.15, 1975, S.12-16.

François ALBERA: Interview mit Max Bill. In: Art press: Paris: Nr.12, Juni/August 1974, S.24-27.

Lawrence ALLOWAY: (Einleitung). In: Ausstellungskatalog: *Max Bill.* Buffalo: Albright-Knox Art Gallery, 28. September bis 17. November 1974, S.11-18.

Valentina ANKER: *Max Bill ou la recherche d'un art logique. Essay d'une analyse structurale de l'oeuvre d'art.* Lausanne: Edition l'Age d'Homme, 1979.

ARCHITECTURAL REVIEW. (o.N.): *The New Empiricism in Denmark.* In: Architectural Review: London, Vol.103, Nr.618, Juni 1948, S.234-240.

L'ARCHITECTURE D'AUJOURD'HUI: Paris, Vol.16, Nr.4, Januar 1946, S.88.

L'ARCHITECTURE D'AUJOURD'HUI: Paris, Vol.20, Nr.28, Februar 1950. (Sondernummer über Walter Gropius)

ARCHITHESE: *HfG Ulm. Ein Rückblick.* In: Archithese: Niederteufen, Nr.15, 1975. (Sondernummer)

Jean ARP: *Art concret.* In: Ausstellungskatalog: *Konkrete Kunst.* Basel: Kunsthalle, 18-3 bis 16-4-1944, S.12.

AUSSTELLUNGSKATALOG: *Zeitprobleme in der Schweizer Malerei und Plastik.* Zürich: Kunsthaus, 13. Juni bis 22. Juli 1936.

AUSSTELLUNGSKATALOG: *konkrete kunst.* Basel: Kunsthalle, 18. März bis 16. April 1944.

AUSSTELLUNGSKATALOG: *Die gute Form.* Basel: 1949. (Sonderschau des Schweizerischen Werkbundes SWB an der Basler Mustermesse. Idee und Plan von Max Bill.)

 AUSSTELLUNGSKATALOG: *Max Bill.* Ulm: Museum, Oktober 1956.

AUSSTELLUNGSKATALOG: *Max Bill.* Leverkusen: Städtisches Museum, Schloss Morsbroich, 19. Juni bis 26. Juli 1959.

AUSSTELLUNGSKATALOG: *Konkrete Kunst. 50 Jahre Entwicklung.* Zürich: Helmhaus, 8. Juli bis 14. August 1960.

AUSSTELLUNGSKATALOG: *50 Jahre Bauhaus.* Stuttgart: Kunstgebäude am Schlosspark, 5. Mai bis 28. Juli 1968.

AUSSTELLUNGSKATALOG: *Theo van Doesburg 1883-1931.* Basel: Kunsthalle, 9. August bis 7. September 1969.

AUSSTELLUNGSKATALOG: *Konfrontation 2 - mathematisch-konkrete Kunst/ Surrealismus.* Aarau: Kunsthaus, 23. Januar bis 14. Februar 1971.

AUSSTELLUNGSKATALOG: *Max Bill.* Buffalo: Albright-Knox Art Gallery, 28. September bis 17. November 1974.

AUSSTELLUNGSKATALOG: *Um 1930 in Zürich. Neues Denken neues Wohnen neues Bauen.* Zürich: Kunstgewerbemuseum, 3. September bis 6. November 1977.

AUSSTELLUNGSKATALOG: *Abstraction Création 1931-1936.* Münster: Westfälisches Landesmuseum, 2. April bis 4. Juni 1978. (Einleitung von Gladys C. Fabre.)

AUSSTELLUNGSKATALOG: *10 immagini per Venezia.* Venedig: Ala Napoleonica, 1. bis 30. April 1980.

AUSSTELLUNGSKATALOG: *Dreissiger Jahre Schweiz. 1936 - Eine Konfrontation.* Aarau: Aargauer Kunsthaus, 13. September bis 18. Okober 1981.

AUSSTELLUNGSKATALOG: *Art concret suisse: mémoire et progrès.* Dijon: Musée des beaux arts, 9. Januar bis 21. Februar 1982.

AUSSTELLUNGSKATALOG: *Design - Formgebung für Jedermann. Typen und Prototypen.* Zürich: Kunstgewerbemuseum, 16. Juni bis 18. September 1983.

AUSSTELLUNGSKATALOG: *System - Design Bahnbrecher. Hans Gugelot 1920-1965.* München: Die Neue Sammlung, April-Juni 1984.

AUSSTELLUNGSKATALOG: *L'Esprit Nouveau. Le Corbusier und die Industrie 1920-1925.* Hrsgg. v. Stanislaus von Moos. Zürich: Museum für Gestaltung, 1987.

AUSSTELLUNGSKATALOG: *Bauhaus Utopien. Arbeiten auf Papier.* Hrsgg. v. Wulf Herzogenrath. Köln: Kunstverein, 15. Juli bis 4. September 1988.

Oskar BAETSCHMANN: *Malerei der Neuzeit.* Bd.6. Ars Helvetica. Disentis: Desertina, 1989.

Joost BALJEU: *Theo van Doesburg.* London: Studio Vista, 1974.

Reyner BANHAM: *Cool on the Kuhberg.* In: The Listener, 21. Mai 1959, S.884/885.

Reyner BANHAM: *Design by Choice. Ideas in Architecture.* London: Academy Ed., 1981.

BAÜN UND WOHNEN: Zürich, Vol.3, Nr.6, Juni 1948, S.156-159.

Eduard BEAUCAMP: *Verdrängte Geschichte? Zu einer Kontroverse über deutsche Kunst nach 1945.* In: Frankfurter Allgemeine Zeitung: Frankfurt, 29. Juni 1985.

Eva BECHSTEIN: *Die Häuser von Max Bill in Zürich-Höngg und Zumikon.* In: Eduard Hüttinger (Hrsg.): *Künstlerhäuser von der Renaissance bis zur Gegenwart.* Zürich: Waser, 1985, S.255-267.

Adolf BEHNE: *Der moderne Zweckbau.* Berlin u.a.O.: Drei Masken Verlag, 1926.

Max BENSE: *Aesthetica. Einführung in die neue Aesthetik.* Baden-Baden: Agis-Verlag, 1965. (erstmals in 4 Bde., 1954-1960)

Max BENSE: *Aspekte Hegels in einer Ausstellung von Max Bill.* In: Ausstellungskatalog: *Max Bill.* Hannover: Kestner-Gesellschaft, 14. Juni bis 14. Juli 1968, S.22/23.

Fritz von BERGMANN: *Die Hilfe der USA für die Freie Universität Berlin.* Berlin: 1963.

Christoph BIGNENS: *Kinos. Architektur als Marketing.* Dissertation, Universität Zürich. Zürich: Rohr, 1988.

Max BILL: *Über Gebäudebeschriftung.* In: Schweizer Reklame: Zürich, Vol.5, Nr.3, August 1933, S.64/65.

Max BILL: *Ausstellungs-Reklamebauten. Halb Prospekt, halb Architektur.* In: Schweizer Reklame: Zürich Vol.6, Nr.4, Oktober 1934/1935, S.80/81.

Max BILL: *Konkrete Gestaltung.* In: Ausstellungskatalog: *Zeitprobleme in der Schweizer Malerei und Plastik. Zürich: Kunsthaus, 13. Juni bis 22. Juli 1936, S.9.*

Max BILL: Über konkrete Kunst. In: Werk: Zürich, Vol.25, Nr.8, August 1938, S.250-256.

Max BILL (Hrsg.): *Le Corbusier & P. Jeanneret. Oeuvre complète 1934-1938.* Bd.3. Zürich: Artemis 1967. (erstmals 1939, Vorwort von Max Bill.)

Max BILL: *Die Beherrschung des Raumes.* In: Almanach neuer Kunst in der Schweiz. Zürich: Allianz, (1940), S.13/14. (Manuskript: April 1939).

Max BILL u.a. (Hrsg.): *Moderne Schweizer Architektur (MSA).* Teil II, 1.-5. Lieferung. Basel: Verlag Karl Werner, 1942-1947.

Max BILL: *Ausstellung «Unsere Wohnung» im Kunstgewerbemuseum Zürich.* In: Neue Zürcher Zeitung: Zürich, 14. März 1943.

Max BILL: *Ein Standpunkt.* In: Ausstellungskatalog: *Konkrete Kunst.* Basel: Kunsthalle, 18. März bis 16. April 1944, S.9/10.

Max BILL: *Zum 25. Gründungstag des Staatlichen Bauhauses in Weimar: 1. April 1919.* In: Werk: Zürich, Vol.31, Nr.4, Chronik, April 1944, p.10/11.

Max BILL: *Wiederaufbau. Dokumente über Zerstörungen Planungen Konstruktionen.* Erlenbach/Zürich: Verlag für Architektur, 1945.

Max BILL: *Erfahrungen bei der Formgestaltung von Industrieprodukten.* In: Werk: Zürich, Vol.33, Nr.5, Mai 1946, S.168-170.

Max BILL: *Der architektonische Ausdruck von reinen Betonbauwerken.* In: Cementbulletin: Wildegg, Vol.14, Nr.7, Juli 1946.

Max BILL: *Laszlo Moholy-Nagy (1895-1946).* In: Neue Zürcher Zeitung: Zürich, 27. November 1946.

Max BILL: *Worte rund um Malerei und Plastik (über den Sinn theoretischer Artikel, Werktitel und Begriffe).* In: Ausstellungskatalog: *Allianz.* In: Ausstellungskatalog: Zürich: Kunsthaus, 18. Oktober bis 23. November 1947, (o.S.).

Max BILL: *Robert Maillart.* Zürich: Artemis, 1969. (erstmals 1949)

Max BILL: *Konkrete Kunst.* In: Ausstellungskatalog: *Zürcher konkrete Kunst.* Stuttgart: Galerie Lutz & Meyer, April-Mai 1949. (Überarbeitete Fassung des Textes «*Konkrete Gestaltung*» von 1936, abgedruckt in Hüttinger: *Max Bill,* 1977, S.61.)

Max BILL: *Die mathematische Denkweise in der Kunst unserer Zeit.* In: Werk: Zürich, Vol.36, Nr.3, März 1949, S.86-91. (Eine verbesserte Fassung erschien im Ausstellungskatalog: *Pevsner, Vantongerloo, Bill.* Zürich: Kunsthaus, 15. Oktober bis 13. November 1949; diese ist abgedruckt in Hüttinger: *Max Bill,* 1977, S.105-116.)

Max BILL: *Schönheit aus Funktion und als Funktion.* In: Werk: Zürich, Vol.36, Nr.8, August 1949, S.272-274. (Überarbeitete Fassung eines Vortrags, gehalten an der Tagung des «Schweizerischen Werkbundes» vom 23/24. Oktober 1948.)

Max BILL: *Bei uns kann man nicht Maler werden ... Gedanken zu einer Hochschule für Gestaltung.* In: Die Neue Zeitung: München, 11. September 1951.

Max BILL: *Form. Eine Bilanz über die Formentwicklung um die Mitte des XX. Jahrhunderts.* Basel: Karl Werner, 1952.

Max BILL: *Ein Denkmal.* 1952. (Erläuterungen zum Wettbewerbs-Projekt für das «Denkmal eines unbekannten politischen Gefangenen», 1952. Abgedruckt in: Spirale: Bern, Nr.3, Januar 1954; ebenso in: Werk: Zürich, Vol.44, Nr.7, Juli 1957, S.250-254; und in: Hüttinger: *Max Bill,* 1977, S.118-125.)

Max BILL: *Bauhaus-Chronik. Vom Bauhaus in Weimar zur Hochschule für Gestaltung in Ulm.* In: Deutsche Universitätszeitung: Göttingen, Vol.7, Nr.23/24, 22-12-1952, S.14/15.

Max BILL: *Konstanz und Veränderung.* In: Schweizerischer Werkbund (Hrsg.): *Das Konstante und das Modische.* Winterthur: 1954, S.26-38. (Vortrag an der Tagung des SWB in Biel 1953.)

Max BILL: *De la surface à l'espace.* In: Architecture: Brüssel, Nr.7, Februar 1953, S.239-246. (deutsche Fassung: *Vom Flächigen zum Räumlichen.* In: Spirale: Bern, Nr.3, Januar 1954, S.6-11.)

Max BILL: *Report on Brazil.* In: Architectural Review: London, Vol.116, Nr.694, Oktober 1954, S.238/239.

Max BILL: *Mies van der Rohe.* Mailand: Il balcone, 1955.

Max BILL: *Form, Funktion, Schönheit.* In: Tomas Maldonado: *Max Bill.* Buenos Aires: Nueva Vision, 1955, S.119/120.

Max BILL: *Grundlage und Ziel der Ästhetik im Maschinenzeitalter.* In: Baukunst und Werkform: Frankfurt a.M., Vol.8, Nr.9, September 1955, S.558-561.

Max BILL: *Aufgabe und Ziel der Hochschule für Gestaltung.* In: Schwäbische Donau-Zeitung: Ulm, 1. Oktober 1955. (Sonderbeilage zur Eröffnung der HfG; Rede am offiziellen Festakt.)

Max BILL: *Zum heutigen Stand der Baukunst.* In: Neue Zürcher Zeitung: Zürich, 11. November 1955. (englisch: *The Beginning of a New Epoch in Architecture.* In: Architectural Design: London, Vol.25, Nr.11, November 1955, S.335-338.)

Max BILL: *[Form, Funktion, Schönheit] = [Gestalt].* In: Ausstellungskatalog: *Max Bill.* Ulm: Museum, Oktober 1956, S.18-20. (Entstanden zw. 1953 und 1956)

Max BILL: *Umweltgestaltung nach morphologischen Methoden.* In: Werk und Zeit: Düsseldorf, Nr.11, November 1956, S.4/5. (Vortrag an der Tagung des Schweizerischen und des Deutschen Werkbundes von 1956 als Gäste der HfG in Ulm.)

Max BILL: *Anmerkungen.* In: Quadrum: Brüssel, Nr.3, 1957, S.87-92. (Kommentar zu Staber: *Experiment Ulm.* Ebenda.)

Max BILL: *Der Modellfall Ulm. Zur Problematik einer Hochschule für Gestaltung.* In: Form: Köln, Nr.6, 1959, S.18/19.

Max BILL: (Texte zu verschiedenen Werken). In: Ausstellungskatalog: *Max Bill.* Leverkusen: Städtisches Museum/Schloss Moisbroich, 19. Juni bis 26. Juli 1959.

Max BILL: *Zu Marcel Duchamp.* In: Ausstellungskatalog: *Dokumentation über Marcel Duchamp.* Zürich: Kunstgewerbemuseum, Juni-August 1960, S.5-11.

Max BILL: *Architettura Italiana.* In: Casabella continuità: Mailand, Nr.251, Mai 1961, S.8. (Antworten auf 6 Fragen zur italienischen Architektur.)

Max BILL: *Vorfabriziertes Bauen - Freiheit oder Bindung?* In: Form: Köln, Nr.24, November 1963, S.8-17.

Max BILL: *Das Individuelle und das Allgemeine in der Architektur.* In: Bauen und Wohnen: Zürich, Vol.20, Nr.8, August 1966, Chronik p.1-4.

Max BILL: *Struktur als Kunst? Kunst als Struktur?* In: Gyorgy Kepes (Hrsg.): *Struktur in Kunst und Wissenschaft.* Brüssel: La connaissance, 1967, S.150. (englisch 1965).

Max BILL: *Das Behagen im Kleinstaat.* In: Neue Zürcher Zeitung: Zürich, 24. Dezember 1968. (Rede vom 21. Dezember 1968, anlässlich der Verleihung des Kunstpreises der Stadt Zürich.)

Max BILL: *Radio-Studio Zürich - Erweiterungsbauten.* In: Werk: Zürich, Vol.60, Nr.10, Oktober 1973, S.1223-1227.

Max BILL: Interviewt von François Albéra. In: Art press: Paris: Nr.12, Juni-August 1974, S.24-27.

Max BILL: *Malerei, Architektur. Plastik. Kunst im halbierten Jahrzehnt.* In: Max Rutishauser, Walter Schelling (Hrsg.): *Die 40er Jahre.* Zofingen: Ringier, 1976, S.106-112.

Max BILL: *Die Welt ist noch in Ordnung? Eine Entgegnung auf Gottfried Sellos Artikel.* In: Die Zeit: Hamburg, 26. März 1976.

Max BILL: *Vom Bauhaus bis Ulm.* In: Du: Zürich, Vol.36, Nr.6, Juni 1976, S.12-21.

Max BILL: *Feststellungen 1974-1976.* In: Eduard Hüttinger: *Max Bill.* Zürich: abc Verlag, 1977, S.212.

Max BILL: *Meine 30er Jahre.* In: Ausstellungskatalog: *Um 1930 in Zürich. Neues Denken neues Wohnen neues Bauen.* Zürich: Kunstgewerbemuseum, 3. September bis 6. November 1977, S.186-188.

Max BILL: *«abstraction création» 1932-1936.* In: Ausstellungskatalog: *Hans Erni. Art non figuratif 1933-1938. Abstraction-création.* Luzern: Musée Erni im Verkehrshaus, 1982, S.7/8.

Max BILL: *Die Schweizer Abteilung an der Triennale di Milano 1936.* In: Ausstellungskatalog: *Dreissiger Jahre Schweiz. 1936 - Eine Konfrontation.* Aarau: Aargauer Kunsthaus, 13. September bis 18. Dezember 1981, S.95.

Linus BIRCHLER u.a. (Hrsg.): *Moderne Schweizer Architektur. (MSA)* Basel: Verlag Karl Werner, (1939).

Marc BÖHLEN: *Material Medium und Methode. Beuys' und Duchamps plastische Prinzipien abgeleitet aus ihren Werkmaterialien und Arbeitsmethoden.* Unveröffentlichte Lizentiatsarbeit. Zürich: Universität, 1990.

Bibliographie

Willy BÖSIGER (Hrsg.): *Le Corbusier et Pierre Jeanneret. Oeuvre complète de 1929-1934.* Bd.2. Zürich: Artemis, 1964. (erstmals: 1934)

Jorge Luis BORGES: *Das Duell.* In: Gesammelte Werke; Bd.2, Erzählungen. München, Wien: Hanser, 1981, S.188-194.

Christian BORNGRÄBER: *Stil nuovo: Design in den 50er Jahren. Phantasie und Phantastik.* Frankfurt a.M: Fricke, 1979.

Christian BORNGRÄBER: *Zwischen Biederkeit und Schrippendale. Herausragendes Design der 50er Jahre.* In: Der Spiegel: Hamburg, Vol.38, Nr.14, 2. April 1984, S.238.

Jos BOSMAN (Hrsg.): *Le Corbusier und die Schweiz. Dokumente einer schwierigen Beziehung.* Zürich: gta/Ammann, 1987.

Andrea BRANZI: *La tecnologia nuda.* In: Modo: Mailand, Vol.9, Nr.76, Januar/Februar 1985, S.16-21. (Gespräch mit Tomas Maldonado und Ettore Sottsass.)

Andrea BRANZI: *Fuori dal mitico olimpo.* In: Modo: Mailand, Vol.10, Nr.102, November 1987, S.22-25.

Karl BRUNNER: *Hochschule für Gestaltung und Volkshochschule Ulm.* In: Aufbau: Wien, Vol.8, 1957, S.162-164.

Peter BÜRGER: *Theorie der Avantgarde.* Edition Suhrkamp 727. Frankfurt a.M.: Suhrkamp, 1974.

Jack BURNHAM: *Kunst und Strukturalismus. Die neue Methode der Kunst-Interpretation.* Köln: DuMont Schauberg, 1973. (englisch 1971)

Ernst CASSIRER: *Wesen und Wirkung des Symbolbegriffs.* Darmstadt: Wissenschaftliche Buchgesellschaft, 1976. (erstmals 1956)

Alberto CAMENZIND (Hrsg.): *Eine Ausstellung bauen.* Lausanne: Marguerat, 1964.

Serge CHERMAYEFF: *L'architecture au «bauhaus» de Chicago.* In: L'architecture d'aujourd'hui: Paris, Vol.20, Nr.28, Februar 1950, S.50-55.

Beatriz COLOMINA: *Modernism versus Mass Culture: the (American) Production of Le Corbusier.* In: Ottagona: Mailand, Nr.92, September 1989, S.51-70.

Francesco DAL CO, Manfredo Tafuri: *Architektur der Gegenwart.* Bd.11, Weltgeschichte der Architektur, hrsgg. v. Pier Luigi Nervi. Stuttgart: Belser, 1977. (italienisch 1976)

DEUTSCHE STUDENTEN-ZEITUNG. gh: *Hochschule entlässt ihren Schöpfer. Studenten protestieren gegen das Ausscheiden Max Bills aus der Ulmer Hochschule für Gestaltung.* In: Deutsche Studenten-Zeitung, 8. Mai 1957, S.3-5.

Walter DIRKS: *Das Bauhaus und die weisse Rose. Über die neuste deutsche Hochschule.* In: Frankfurter Hefte: Frankfurt a.M., Vol.10, 1955, S.769-773.

Peter DISCH: *Max Bill: Scultura-architettura. La scultura-padiglione a Zurigo.* In: Revista Tecnica della Svizzera italiana: Lugano, Vol.75, Nr.1/2, Januar/Februar 1984, S.27-32.

Marion Gräfin DÖNHOFF: *Ein fairer Freund der Deutschen.* In: Die Zeit: Hamburg, Nr.14, 29.März 1985, S.9.

Theo van DOESBURG: *Tot een Beeldende Architektuur.* In: De Stijl: Leiden, Vol.6, Nr.6/7, Serie XII, 1924, S.78-83. Reprint hrsgg. von Ad Petersen. Bd.2. Amsterdam: Atenaeum, 1968, S.387-390. (deutsche Fassung: *«Grundsätze der neuzeitlichen (gestaltenden) Architektur».* In: Hagen Bächler, Herbert Letsch (Hrsg.): *De Stijl. Schriften und Manifeste.* Leipzig: Kiepenheuer, 1984, S.189-201.)

Theo van DOESBURG: *Het Einde der Kunst.* In: De Stijl: Leiden, Vol.6, Nr.9, Serie XII, 1924/1925, S.135-136. Reprint hrsgg. von Ad Petersen. Bd.2. Amsterdam: Atenaeum, 1968, S.428. (englische Fassung: »*The end of art*». In: Joost Baljeu: Theo van Doesburg. London: Studio Vista, 1974, S.149-151.)

Theo van DOESBURG: *Schilderkunst en plastiek. Elementarisme (Manifest-fragment).* In: De Stijl: Leiden, Vol.7, Nr.78, Serie XII, 1926/1927, S.82-87. Reprint hrsgg. von Ad Petersen. 2. Bd. Amsterdam: Atenaeum, 1968, S.517-520. (deutsche Fassung: »*Malerei und Plastik. Elementarismus (Manifest-Fragment).* In: Hagen Bächler, Herbert Letsch (Hrsg.): *De Stijl. Schriften und Manifeste.* Leipzig: Kiepenheuer, 1984, S.202-207.)

Theo van DOESBURG: *Farbe in Raum und Zeit.* In: De Stijl: Leiden, Nr.87-89, Serie XV, 1928, S.26-36. Reprint hrsgg. von Ad Petersen. 2. Bd. Amsterdam: Atenaeum, 1968, S.621-626. (Abgedruckt in: Hagen Bächler, Herbert Letsch (Hrsg.): *De Stijl. Schriften und Manifeste.* Leipzig: Kiepenheuer, 1984, S.216-221.)

Theo van DOESBURG (mit Carlsund, Hélion, Tutundjian, Wantz): *Base de la peinture concrète.* In: Art Concret: Paris, Vol.1, Nr.1, April 1930, S.1. (Abgedruckt in: Ausstellungskatalog: *Art concret Suisse: mémoire et progrès.* Dijon: Musée des beaux-arts, 9-1 bis 21-2-1982, S.81.)

Theo van DOESBURG: *Commentaires sur la base de la peinture concrète.* In: Art Concret: Paris, Vol.1, Nr.1, April 1930, S.2-4. (Abgedruckt in: Ausstellungskatalog: *Art concret Suisse: mémoire et progrès.* Dijon: Musée des beaux-arts, 9. Januar bis 21. Februar 1982, S.82; deutsche Fassung in Ausstellungskatalog: *Konkrete Kunst. 50 Jahre Entwicklung.* Zürich: Helmhaus, 8. Juli bis 14. August 1960, S.23/24.)

Theo van DOESBURG: *The Fundamental Spirit of Contemporary Architecture.* In: Joost Baljeu: *Theo van Doesburg.* London: Studio Vista, 1974, S.198-204. (2. Teil eines Vortrags von 1930 gehalten in Barcelona und Madrid.)

DOMUS. (o.N.): *Piccole Ville in Svizzera.* In: Domus: Mailand, Vol.21, Nr.187, Juli 1943, S.301-307.

DOMUS. (o.N.): *Il giardino et la casa di Max Bill.* In: Domus: Mailand, Nr.494, Nr.1, Januar 1971, S.16-21.

Allan DOIG: *Theo van Doesburg. Painting into architecture, theory into practice.* Bd.10, Cambridge Urban and Architectural Studies. Cambridge: University Press, 1986.

Hans ECKSTEIN: *Die Hochschule für Gestaltung in Ulm.* Bauen und Wohnen: Zürich, Vol.10, Nr.1, Januar 1956, Chronik p.3.

Peter EISENMAN: *Post-Functionalism.* In: Oppositions: Cambridge MIT, Nr.6, Fall 1976, Editorial.

Peter ERNI: *Die gute Form. Eine Aktion des Schweizerischen Werkbundes. Dokumentation und Interpretation.* Baden: LIT-Verlag, 1983.

Michael ERLHOFF: *Bundes-Bauhaus.* In: Westermanns Monatshefte: Braunschweig, Vol.126, Nr.7, Juli 1985, S.22-29.

Hannes EYCHMÜLLER: *Das graphische Gesicht der vh.* In: Ulmer Monatsspiegel: Ulm, Nr.8, April 1956, S.22-27.

Gladys C. FABRE: (Einleitung). In: Ausstellungskatalog: *Abstraction Création 1931-1936.* Münster: Westfälisches Landesmuseum, 2. April bis 4. Juni 1978, S.5-40.

Giovanni FANELLI: *Stijl-Architektur. Der niederländische Beitrag zur frühen Moderne.* Stuttgart: DVA, 1985. (italienisch 1983)

Konrad FARNER: *Max Bill oder die Gerade in der Spirale.* In: Tendenzen: Vol.7, Nr.39, August 1966, S.91-96. (Wieder gedruckt in: Vorwärts: Zürich, 26. Januar 1984)

Konrad FARNER: *Der Aufstand der Abstrakt-Konkreten oder die «Heilung durch den Geist». Zur Ideologie der spätbürgerlichen Zeit.* Bd.13, Slg. Luchterhand. Neuwied, Berlin: Luchterhand, 1970.

Wend FISCHER: *Tägliche Kultur, nicht Extrakultur.* In: Werk und Zeit: Düsseldorf, Nr.10, 1955.

Kenneth FRAMPTON: *On Max Bill. A review of the Albright-Knox Exhibition Catalog.* In: Oppositions: Cambridge MIT, Nr.4, Oktober 1974, S.154-157.

Kenneth FRAMPTON: *Ulm. Ideologie eines Lehrplans.* In: Archithese: Niederteufen, Nr.15, 1975, S.26-37.

Kenneth FRAMPTON: *Die Architektur der Moderne. Eine kritische Baugeschichte.* Stuttgart: DVA, 1983. (englisch 1980)

Josef FRANK: *Was ist modern?* In: Der Baumeister: München, Vol.28, Nr.10, Oktober 1930, S.388-411.

Stanislaus FUMET: *Un nouveau concret, but de l'abstraction.* In: Spazio: Rom, Nr.7, Dezember/Januar 1952/53, S.28-30.

Karl GERSTNER: *Kalte Kunst? Zum Standort der heutigen Kunst.* Teufen: Niggli, 1957.

Karl GERSTNER: *Kunst seit Mondrian.* In: Werk: Zürich, Vol.45, Nr.2, Februar 1958, S.64-69.

Karl GERSTNER: *Das Apollinische in der Kunst. Max Bill zum 80.* In: Du: Zürich, Nr.10, Oktober 1988, S.26-35.

Sigfried GIEDION: *Raum, Zeit, Architektur. Die Entstehung einer neuen Tradition.* Ravensburg: Maier, 1965. (englisch 1941)

Sigfried GIEDION: *Stromlinienstil und industrielles Entwerfen in USA.* In: Werk: Zürich, Vol.33, Nr.5, Mai 1946, S.155-162.

Sigfried GIEDION: *A Decade of New Architecture.* Zürich: Ed. Girsberger, 1951.

Eugen GOMRINGER: *Hochschule für Gestaltung, Ulm.* In: Werk: Zürich, Vol.41, Nr.8, August 1954, S.326-327.

Eugen GOMRINGER (Hrsg.): *Max Bill. Festschrift zum 50. Geburtstag.* Teufen/AR: Niggli, 1958. (Mit Beiträgen von E. Gomringer, W. Grohmann, R.P. Lohse, E. Rogers u.a.m.).

Eugen GOMRINGER: *Max Bill: Vielfalt und Einheit der gestalteten Welt.* In: Werk: Zürich, Vol.47, Nr.8, August 1960, S.289-291.

Günter GRASS: *Geschenkte Freiheit. Versagen, Schuld, vertane Chance.* In: Die Zeit: Hamburg, Nr.20, 10. Mai 1985, S.20/21. (Rede vom 6. Mai 1985 vor der Akademie der Künste in Berlin zum 40. Jahrestag der deutschen Kapitulation.)

Vittorio GREGOTTI: *Complessità di Max Bill.* In: Casabella continuità: Mailand, Nr.228, Juli 1959, S.33-39. (Inklusive Titelblatt)

Vittorio GREGOTTI: *Il disegno del prodotto industriale, Italia 1860-1980.* Milano: Electa, 1986.

Will GROHMANN: *Max Bill und die Synthese.* In: Werk: Zürich, Vol.44, Nr.7, Juli 1957, S.247-249.

Walter GROPIUS: *Blueprint of an architects training.* In: L'architecture d'aujourd'hui: Paris, Vol.20, Nr.28, Februar 1950, S.71-75. (Sondernummer über Gropius)

Walter GROPIUS: *Meine Konzeption des Bauhaus-Gedankens.* In: Walter Gropius: *Wege zu einer optischen Kultur.* Nr.127, Fischer-Bücherei. Frankfurt a.M.: Fischer, 1956, S.15-25. (englisch 1955)

Walter GROPIUS: *Discorso di Gropius alla inauguratione della scuola di Ulm (1955).* In: Domus: Mailand, Nr.315, Februar 1956, S.1-4. (Deutsches Typoskript: Bauhaus-Archiv Berlin)

Romano GUARDINI: *Das Ende der Neuzeit.* Basel: Hess, 1950.

Jacques GUBLER: *Nationalisme et Internationalisme dans l'Architecture Moderne de la Suisse.* Lausanne: L'Age d'Homme, 1975.

Jacques GUBLER: *ABC. Architettura e avantguardia 1924-1928.* Mailand: Electa, 1983.

Richard HAMILTON: *Not quite architecture. U-L-M spells HfG.* In: The Architects' Journal: London, Vol.128, Nr.3307, 17. Juli 1958. (Abgedruckt in: Richard Hamilton: *Collected Words 1953-1982.* London: Thames and Hudson, 1982, S.161.)

Richard HAMILTON: *Ulm.* In: Design: London, Vol.11, Juni 1959, S.53-57. (Abgedruckt in: Richard Hamilton: *Collected Words 1953-1982.* London: Thames and Hudson, 1982, S.157-160.)

Martin HEIDEGGER: *Bauen Wohnen Denken.* In: Otto Bartning (Hrsg.): *Mensch und Raum.* Bd.2, Darmstädter Gespräch 1951. Darmstadt: Neue Darmstädter Verlagsanstalt, 1952, S.72-84.

Joachim HEIMBUCHER/Peter Michels: *Bauhaus - HfG - IUP. Dokumentation und Analyse von drei Bildungsinstitutionen im Bereich der Umweltgestaltung.* Unveröffentlichte Diplomarbeit am Institut für Umweltplanung (IUP), Ulm, der Universität Stuttgart. Ulm: April 1971.

Heinrich HENNING: *Wettbewerb Deutschhausgelände Ulm.* In: Die neue Stadt: Frankfurt a.M., Vol.5, Nr.1, Januar 1951, S.2-9.

Jacques HERZOG: *The piece and the entirety. (Der Teil und das Ganze, der ganzheitliche Teil und das teilbare Ganze.)* In: Quaderns: Barcelona, Nr.175, Oktober/November 1985, S.10-17.

Henry-Russell HITCHCOCK: *Architecture. Nineteenth and Twentieth Centuries.* Bd.15, The Pelican History of Art, hrsgg.v. Nikolaus Pevsner. Harmondsworth: Penguin Books, 1968. (erstmals 1958)

Dieter HOFFMANN-Axthelm: *Deutschland 1945-1980. Der Architekt ohne Architektur.* In: Arch+: Aachen, Nr.56, April 1981, S.13-21.

Eduard HUETTINGER: *Max Bill.* Zürich: abc Verlag, 1977.

Max IMDAHL: *Serras 'Right Angle Prop' und 'Tot'. Konkrete Kunst und Paradigma.* In Ausstellungskatalog: *Richard Serra. Arbeiten 1966-77.* Tübingen: Kunsthalle, 8. März bis 2. April 1978, S.164-168.

Max IMDAHL: *Probleme der Optical Art: Delaunay - Mondrian - Vasarely.* In: Max Imdahl: *Bildautonomie und Wirklichkeit. Zur theoretischen Begründung moderner Malerei.* Mittenwald: Mäander, 1981, S.51-68.

Max IMDAHL: *«Is it a Flag, or is it a Painting?» - Über mögliche Konsequenzen der konkreten Kunst.* In: Max Imdahl: *Bildautonomie und Wirklichkeit. Zur theoretischen Begründung moderner Malerei.* Mittenwald: Mäander, 1981, S.69-96.

Ulrike JEHLE-Schulte Strathaus, Bruno Reichlin: *Monumento ai Caduti nei Campi di Germania.* In: Ulrike Jehle-Schulte Strathaus, Bruno Reichlin (Hrsg.): *Das architektonische Urteil. Annäherungen und Interpretationen von Architektur und Kunst.* Bd.23, Schriftenreihe gta. Basel u.a.O.: Birkhäuser, 1989, S.9-63.

Philip JOHNSON: *Mies van der Rohe.* New York: Museum of Modern Art, 1947.

Asger JORN: *Plädoyer für die Form. Entwurf einer Methodologie der Kunst.* München: Boer, 1990. (französisch 1958)

Gert KAEHLER: *Architektur als Symbolverfall. Das Dampfermotiv in der Baukunst.* Nr.59, Bauwelt Fundamenten. Braunschweig: Vieweg, 1981.

Wolfgang KAHLE: *Die Geschichte der «Geschwister-Scholl-Stiftung». Vor den Toren Ulms entsteht eine neuartige Hochschule.* In: Die Neue Zeitung: München, 23. Juni 1952.

Ernst KALLAI: *Zehn Jahre Bauhaus.* In: Die Weltbühne: Berlin, Nr.21, Januar 1930. Zitiert in: Hans M. Wingler: *Das Bauhaus. 1919-1933 Weimar Dessau Berlin und die Nachfolge in Chicago seit 1937.* Bramsche: Gebr. Rasch, 1975, S.168/169. (3. und erweiterte Auflage, erstmals 1962)

Robin KINROSS: *Herbert Read's Art and Industry: a history.* In: Journal of Design History: Oxford, Vol.1, Nr.1, S.35-50.

Norbert KORREK: *Die Hochschule für Gestaltung Ulm.* Dissertation. Weimar: Hochschule für Architektur und Bauwesen, 1985.

Friedrich KROELL: *Bauhaus 1919-1933. Künstler zwischen Isolation und kollektiver Praxis.* Bd.17, Schriftenreihe: *Gesellschaft und Kommunikation.* Dissertation an der Universität Erlangen-Nürnberg. Düsseldorf: Bertelsmann Uni-Verlag, 1974.

Karl-Heinz KRUG: *Hochschule für Gestaltung in Ulm.* In: Form und Zweck: Berlin, Jahrbuch des Instituts für angewandte Kunst, 1962, S.43-51.

Mario LABO: *Le sezioni straniere alla VI Triennale di Milano.* In: Casabella continuità: Vol.9, Nr.104, August 1936, S.12-17.

Herbert LINDINGER (Hrsg.): *Hochschule für Gestaltung, Ulm. Die Moral der Gegenstände.* Berlin: Wilhelm Ernst & Sohn, 1987.

Richard P. LOHSE: *Neue Ausstellungsgestaltung. 75 Beispiele neuer Ausstellungsform.* Erlenbach-Zürich: Verlag für Architektur, 1953.

Tomas MALDONADO: *Max Bill.* Buenos Aires: Nueva Vision, 1955.

Tomas MALDONADO: *Neue Entwicklungen in der Industrie und die Ausbildung des Produktgestalters.* In: Ulm: Ulm, Nr.2, Oktober 1958, S.25-40. (Rede vom 18. September 1958 an der Weltausstellung in Brüssel.)

Tomas MALDONADO: *Die Krise der Pädagogik und die Philosophie der Erziehung.* In: Merkur: Baden-Baden, Nr.139, September 1959.

Tomas MALDONADO: *La tecnologia nuda.* In: Modo: Mailand, Vol.9, Nr.76, Januar/Februar 1985, S.16-21. (Gespräch mit Andrea Branci und Ettore Sottsass.)

J.L. MARTIN: *'Hands to Work and Hearts to God'.* In: Architectural Review: London, Vol.52, Nr.608, August 1947, S.39-42.

Bernd MEURER (Hrsg.): *HfG Ulm: Labor der Moderne.* Nachwort zu: Bernhard Ruebenach: *Der rechte Winkel von Ulm. Ein Bericht über die Hochschule für Gestaltung.* Darmstadt: Georg Büchner Buchhandlung, 1987. S.60-78.

Bernd MEURER, Hartmut Vinçon: *Industrielle Ästhetik. Zur Geschichte und Theorie der Gestaltung.* Bd.9, Werkbund-Archiv. Giessen: Anabas, 1983.

Peter MEYER: *Notizen von der VI. Triennale Mailand.* In: Werk: Zürich, Vol.23, Nr.10, Oktober 1936, S.312-315.

P(eter) M(EYER): *Moderne Kunst in der Schweiz.* In: Werk: Zürich, Vol.25, Nr.3, März 1938, S.74-83.

Hannes MEYER: *Bundesschule des Allgemeinen Deutschen Gewerkschaftsbundes, Bernau bei Berlin, 1928-1930.* In: Claude Schnaidt: *Hannes Meyer. Bauten, Projekte und Schriften.* Teufen/AR: Niggli, 1965, S.40-48.

Peter MICHELS/Joachim Heimbucher: *Bauhaus - HfG - IUP. Dokumentation und Analyse von drei Bildungsinstitutionen im Bereich der Umweltgestaltung.* Unveröffentlichte Diplomarbeit am Institut für Umweltplanung (IUP), Ulm, der Universität Stuttgart. Ulm: April 1971.

Laszlo MOHOLY-NAGY: *Vision in Motion.* Chicago: Theobald, 1947.

Piet MONDRIAN: *Neue Gestaltung Neoplastizismus Nieuwe Beelding.* Reihe der Neuen Bauhausbücher. Mainz: Kupferberg, 1974. (Faksimile-Nachdruck der Ausgabe von 1925).

Stanislaus von MOOS: *Le Corbusier. Elemente einer Synthese.* Frauenfeld u.a.O.: Huber, 1968.

Stanislaus von MOOS: *Das Schiff - eine Metapher der modernen Architektur.* In: Neue Zürcher Zeitung: Zürich, 23/24. August 1975.

Stanislaus von MOOS: *Bemerkung über Max Bill als Architekt.* In: Werk/ Archithese: Zürich, Vol.65, Nr.23/24, November/Dezember 1978, S.81.

Stanislaus von MOOS: *Eine Avantgarde geht in die Produktion. Die Zürcher CIAM-Gruppe und der 'Wohnbedarf'.* In: Helmuth Gsöllpointner, Angela Hareiter, Laurids Ordner (Hrsg.): *Design ist unsichtbar.* Wien: Löcker, 1981, S.195-208.

Stanislaus von MOOS: *Standard und Elite. Le Corbusier, die Industrie und der «Esprit Nouveau».* In Ausstellungskatalog: *Die Nützlichen Künste. Gestaltende Technik und Bildende Kunst seit der Industriellen Revolution.* Berlin: Messegelände am Funkturm, 15-5 bis 21-6 1981, S.306-323.

Stanislaus von MOOS: *Alfred Roth und die «Neue Architektur».* In: Alfred Roth: *Architekt der Kontinuität.* Zürich: Waser, 1985, S.9-33.

Stanislaus von MOOS: *Schweizer Architektur. Von der Utopie zur Realität und zurück.* In: Schweizer Journal, Nr.1/2, Januar/Februar 1985, S.73-79.

Stanislaus von MOOS: *Im Vorzimmer des 'Machine Age'. Anmerkungen zum Thema der Ausstellung.* In Ausstellungskatalog: *L'Esprit Nouveau. Le Corbusier und die Industrie 1920-1925.* Hrsgg. von Stanislaus von Moos. Zürich: Museum für Gestaltung, 1987, S.12-25.

Stanislaus von MOOS: *Entre «art froid» et «science chaude».* Faces: Genf, Nr.15, Frühjahr 1990, S.4-7.

Fritz MOSER: *Ein Denkmal freiheitlichen Geistes. Zehn Jahre Amerika-Gedenkbibliothek.* Berlin: Hartmann, 1964.

MÜLLER-Schöll: *Zwischen Hochstimmung und rauher Wirklichkeit.* In: Ulmer Nachrichten: Ulm, 26-6-1952.

Hermann MUTHESIUS: *Wo stehen wir.* In: Jahrbuch des Deutschen Werkbundes 1911: *Die Durchdringung der Deutschen Arbeit.* Jena: Diederichs, 1912, S.11-17. (Vortrag, gehalten an der Jahresversammlung des Deutschen Werkbundes in Dresden 1911.)

Andrei NAKOV: *Abstrait/Concret. Art non-objectif russe et polonais.* Paris: Presses d'Eurographic, 1981.

Die NEUE ZEITUNG. (o.N.): *McCloy bekundet erneut sein Vertrauen zur Demokratie in Deutschland. Hochkommissar verweist auf Deutsch-Amerikaner und würdigt Geschwister Scholl.* Die Neue Zeitung: München, 28. Januar 1950.

Die NEUE ZEITUNG. (H.L.): *Ein Mädchen - Symbol für Deutschland. Interview mit Inge Scholl, von der McCloy in Boston sprach.* In: Die Neue Zeitung: München, 29. Januar 1950.

NEU-ULMER ZEITUNG. (o.N.): *Erhält Ulm eine Volksakademie? Unterstützung hervorragender in- und ausländischer Persönlichkeiten gesichert. Inge Scholl vor weitreichenden Plänen.* In: Neu-Ulmer Zeitung, 1.Februar 1950.

(Amedée) OZENFANT: *Leben und Gestaltung.* Potsdam: Müller und Kiepenheuer, 1931.

Erich PFEIFFER-Belli: *Avantgarde in der Zitadelle.* In: Süddeutsche Zeitung: München, 8/9.Oktober 1955.

Joachim PETSCH: *Die Bauhausrezeption in der Bundesrepublik Deutschland in den fünfziger Jahren.* In: Wissenschaftliche Zeitschrift der Hochschule für Architektur und Bauwesen: Weimar, Vol. 26, Nr.4/5, 1979, S.433-437. (Beitrag zum Bauhauskolloquium.)

Josef PONTEN: *Architektur die nicht gebaut wurde.* Stuttgart: DVA, 1987. (erstmals 1925)

RASSEGNA: *Il contributo della scuola di Ulm.* In: Rassegna: Bologna, Vol.6, Nr.19, September 1984. (Sonderheft über die HfG)

Herbert READ: *Kunst und Industrie. Grundsätze industrieller Formgebung.* Teufen/AR: Niggli, (1957). (englisch: *Art and Industry. The Principles of Industrial Design.* London: Faber & Faber, 1934.)

Herbert READ: *A New Humanism.* In: Architectural Review: London, Vol.78, Oktober 1935, S.150/151.

Bruno REICHLIN: *Das Einfamilienhaus von Le Corbusier und Pierre Jeanneret auf dem Weissenhof. Eine Strukturanalyse.* In: Katharina Medici-Mall (Hrsg.): *Fünf Punkte in der Architekturgeschichte.* Festschrift für Adolf Max Vogt. Basel u.a.O.: Birkhäuser, S.150-187. (Verkürzte Fassung in: Werk/Bauen und Wohnen: Zürich, Vol.74/41, Nr.1/2, Januar/Februar 1987, S.29-35.)

Bruno REICHLIN: *Objekthaft.* In Ausstellungskatalog: *Herzog & de Meuron. Architektur Denkform.* Basel: Architekturmuseum, 1-10 bis 20-11-1988, S.20-26.

Bruno REICHLIN, Ulrike Jehle-Schulte Strathaus: *Monumento ai Caduti nei Campi di Germania.* In: Ulrike Jehle-Schulte Strathaus, Bruno Reichlin (Hrsg.): *Das architektonische Urteil. Annäherungen und Interpretationen von Architektur und Kunst.* Bd.23, Schriftenreihe gta. Basel u.a.O.: Birkhäuser, 1989, S.9-63.

Bruno REICHLIN: *L'art concret au travail.* In: Faces: Genf, Nr.15, Frühjahr 1990, S.18-21.

Hans Werner RICHTER: *Literatur im Interregnum.* In: Der Ruf: München, Vol.1, Nr.15, 15. März 1947, S.10/11.

Hans Werner RICHTER: *Von Erfahrungen und Utopien. Briefe an einen jungen Sozialisten.* Frankfurt a.M.: 1981.

Albert RIESTER: *Kann in Ulm eine Hochschule errichtet werden? Stellungsnahme deutscher Universitäten und Hochschulen zum Projekt «Geschwister-Scholl-Hochschule» in Ulm.* In: Ulmer Nachrichten: Ulm, 14. Dezember 1950.

Hans N. ROERICHT: *HfG-Synopse.* Eröffnungsausgabe. Ulm: 1982.

Ernsto ROGERS: (ohne Titel). In: Ausstellungskatalog: *Max Bill.* Ulm: Museum, Oktober 1956, S.14-17.

Alfred ROTH (Hrsg.): *Zwei Wohnhäuser von Le Corbusier und Pierre Jeanneret.* Stuttgart: Krämer, 1977. (erstmals 1927)

Alfred ROTH: *Die Neue Architektur 1930-1940. Dargestellt an 20 Beispielen.* Zürich: Artemis, 1975. (erstmals 1940)

Alfred ROTH: *Das Neue Schulhaus.* Zürich: Girsberger, 1950.

Alfred ROTH: *Zeitgemässe Architekturbetrachtungen.* In: Werk: Zürich, Vol.38, Nr.3, März 1951, S.65-76.

A(lfred) R(OTH): *Der Schweizer Pavillon an der 9. Triennale in Mailand 1951.* In: Werk: Zürich, Vol.38, Nr.9, September 1951, S.266-268.

A(lfred) R(OTH): *Der Pavillon der Stadt Ulm an der Landesausstellung Baden/ Württemberg in Stuttgart.* In: Werk: Zürich, Vol.42, Nr.9, September 1955, S.287/288.

Alfred ROTH: *Eröffnung der Hochschule für Gestaltung in Ulm,* In: Werk: Zürich, Vol.42, Nr.11, November 1955, Chronik p.221/222.

Colin ROWE, Robert Slutzky: *Transparenz.* Nr.1, Le Corbusier Studien. Bd.4, Schriftenreihe gta. Basel u.a.O.: Birkhäuser, 1968. (englisch 1955/1956)

Willy ROTZLER: *Konstruktive Konzepte. Eine Geschichte der konstruktiven Kunst vom Kubismus bis heute.* Zürich: abc Verlag, 1977.

Willy ROTZLER: *Max Bill (Der Zürcher Künstler wird heute 70 Jahre alt.)* In: Luzerner Neuste Nachrichten: Luzern, 22. Dezember 1978.

Bernhard RÜBENACH: *Der rechte Winkel von Ulm. Ein Bericht über die Hochschule für Gestaltung.* Darmstadt: Georg Büchner Buchhandlung, 1987. (Radiofeature, gesendet 1959 vom Südwestfunk Baden-Baden. Unverkürzt veröffentlicht und mit einem Vorwort versehen von Bernd Meurer.)

Arthur RÜEGG: *Der Pavillon de l'Esprit Nouveau als Musée imaginaire.* In Ausstellungskatalog: *L'Esprit Nouveau. Le Corbusier und die Industrie 1920-1925.* Hrsgg.v. Stanislaus von Moos. Zürich: Museum für Gestaltung, 1987, S.134-141.

Walter SCHAER: *Die Ulmer Schule im Grenzgebiet des Zeitgeistes.* In: Helmuth Gsöllpointner, Angela Hareiter, Laurdis Ordner (Hrsg.): *Design ist unsichtbar.* Wien: Löcker, 1981, S.209-216.

SCHAFFHAUSER NACHRICHTEN: (o.N.): *Cinévor. Neuhausen am Rheinfall.* Schaffhausen, 5. Dezember 1957.

Friedrich W.J. SCHELLING: *Philosophie der Kunst - 1803-1817.* Reihe: Schellings Werke, hrsgg. von Manfred Schröter. München: Beck & Oldenburg, 1959.

Friedrich SCHILLER: *Über die ästhetische Erziehung des Menschen in einer Reihe von Briefen.* Universal Bibliothek Nr.8994(2). Stuttgart: Reclam, 1965. (erstmals 1795)

(Hans SCHMIDT): *Die Baukunst und der liebe Gott.* In: ABC. Beiträge zum Bauen: Basel, Serie 2, Nr.1, 1926, S.7/8. (Abgedruckt in photomechanischer Verkleinerung in Gubler: *ABC.* 1983, S.103/104)

Claude SCHNAIDT: *Hannes Meyer. Bauten, Projekte und Schriften.* Teufen/AR: Niggli, 1965.

Mathias SCHREIBER: *Die Befreiung vom Bunker. Warum siegte nach 1945 die Moderne?* In: Frankfurter Allgemeine Zeitung: Frankfurt, 25. Mai 1985.

SCHWÄBISCHE DONAU-ZEITUNG. (o.N.): *Stürmische Debatte um die Geschwister-Scholl-Hochschule. Finanzminister Dr. Frank wünschte Streichung der Mittel. Mehrheit im Landrat für das Projekt.* In: Schwäbische Donau-Zeitung: Ulm, 30. April 1953.

SCHWÄBISCHE DONAU-ZEITUNG: *Eröffnung der Hochschule für Gestaltung Ulm.* In: Schwäbische Donau-Zeitung: Ulm, 1. Oktober 1955. (Sonderbeilage zur Eröffnung der HfG)

SCHWÄBISCHE DONAU-ZEITUNG. (o.N.): *Hochschule im Spiegel der deutschen Presse.* In: Schwäbische Donau-Zeitung: Ulm, 8. Oktober 1955.

SCHWEIZERISCHE BAUZEITUNG. (o.N.): *Wettbewerb für einen Saalbau in Grenchen. Übersicht über angekaufte und nicht prämierte Entwürfe.* In: Schweizerische Bauzeitung: Zürich, Vol.68, Nr.5, 4. Februar 1950, S.45-49.

Eva von SECKENDORFF: *Die Hochschule für Gestaltung in Ulm. Gründung (1949-1953) und Aera Max Bill (1953-1957).* Bd.1, Schriftenreihe des «club of ulm». Marburg: Jonas, 1989. (1986 als Dissertation an der Universität Hamburg eingereicht.)

Eva von SECKENDORFF: *HfG. Ausser Bauhaus nichts gewesen? Das New Bauhaus, Chigaco und die Hochschule für Gestaltung, Ulm.* In: Ausstellungskatalog: *New Bauhaus, Chicago.* Berlin: 1987, S.87-91.

Hartmut SEELING: *Die Grundlehre an der HfG Ulm, ein heute noch brauchbares Modell?* In: Werk und Zeit: Düsseldorf, Nr.3/4, 1984, S.47-50.

Hartmut SEELING: *Geschichte der Hochschule für Gestaltung Ulm. 1953-1968. Ein Beitrag zur Entwicklung ihres Programms und der Arbeiten im Bereich der visuellen Kommunikation.* Dissertation. Köln: Universität, 1985.

Gert SELLE: *Die Geschichte des Design in Deutschland von 1870 bis heute.* Köln: Du Mont, 1978.

Michel SEUPHOR: *L'art abstrait, ses origines, ses premiers maîtres.* Paris: Maeght, 1950.

Robert SLUTZKY, Colin Rowe: *Transparenz.* Nr.1, Le Corbusier Studien. Bd.4, Schriftenreihe gta. Basel u.a.O.: Birkhäuser, 1968. (englisch 1955/1956)

Alison und Peter SMITHSON: *Without Rhetoric. An Architectural Aesthetic. 1955-1972.* London: Latimer, 1976. (Teilweise übersetzt von Stanislaus von Moos in: Werk/Archithese: Zürich, Vol.64, Nr.1, Januar 1977, S.10-21.)

Ettore SOTTSASS: *La tecnologia nuda.* In: Modo: Mailand, Vol.9, Nr.76, Januar/Februar 1985, S.16-21. (Gespräch mit Tomas Maldonado und Andrea Branci.)

Hans Eugen SPECKER (Hrsg.): *Tradition und Wagnis. Ulm 1945-1972.* Bd.12, Forschungen zur Geschichte der Stadt Ulm. Stuttgart: 1974.

Der SPIEGEL. (o.N.): *Inge Scholl.* In: Der Spiegel: Hannover, Vol.4, Nr.6, 2. Februar 1950.

(Margit) ST(ABER): *Hochschule für Gestaltung.* In. Schwäbische Donau-Zeitung: Ulm, 26. Februar 1955.

(Margit) ST(ABER): *Hochschule für Gestaltung Ulm. Die Grundlehre.* In: Schwäbische Donau-Zeitung: Ulm, 9. April 1955.

(Margit) ST(ABER): *Hochschule für Gestaltung Ulm. Abteilung Visuelle Gestaltung.* In: Schwäbische Donau-Zeitung: Ulm, 28. Mai 1955.

(Margit) ST(ABER): *Hochschule für Gestaltung Ulm. Abteilung Produktform.* In: Schwäbische Donau-Zeitung: Ulm, 14. September 1955.

Margit STABER: *Der Bau und die Architekturabteilung der Hochschule für Gestaltung.* In: Schwäbische Donau-Zeitung: Ulm, 1. Oktober 1955. (Sonderbeilage zur Eröffnung der HfG)

Margit STABER: *Der Bau und die Architekturabteilung der Hochschule für Gestaltung.* In: Schwäbische Donau-Zeitung: Ulm, 1. Oktober 1955. (Sonderbeilage zur Eröffnung der HfG)

Margit STABER: *Hochschule für Gestaltung Ulm.* In: Bauen und Wohnen: Zürich, Vol.13, Nr.11, November 1959, S.400-405.

Margit STABER: *Die Anfänge der Konkreten Kunst.* In: Werk: Zürich, Vol.47, Nr.10, Oktober 1960, S.367-374.

Margit STABER: *Max Bill und die Umweltgestaltung. Über die Wechselwirkung von Theorie und Praxis.* In: Zodiac: Mailand, Nr.9, 20. Januar 1962, S.61-95.

Margit STABER: *La Scuola di Ulm.* In: Casabella continuità: Mailand, Nr.259, Januar 1962, S.2-(27).

Margit STABER: *Konkrete Malerei als strukturelle Malerei.* In: Gyorgy Kepes (Hrsg.): *Kunst und Wissenschaft.* Brüssel: La connaissance, 1967, S.165-185. (englisch 1965)

Margit STABER: *Max Bill - Umweltgestaltung nach morphologischen Methoden.* In: Kunst Nachrichten: Luzern, Vol.4, Nr.3, November 1967, (o.S.).

Dominic R. STONE: *The Ulmer Hochschule für Gestaltung: Ideology and Methodology.* V&A/RCA Design History MA Course. (London): Mai 1989.

(Egidius) STR(EIFF): *Die Schweizer Abteilung an der Triennale in Mailand 1936.* In: Werk: Zürich, Vol.23, Nr.8, August 1936, S.245/246 & S.252-255.

Martin STEINMANN: *Internationale Kongresse für Neues Bauen. (CIAM) Dokumente 1928-1939.* Bd.11, Schriftenreihe des gta. Basel u.a.O.: Birkhäuser, 1979.

Otto SUDROW: *Skizzen zur Geschichte der Designausbildung. Ausser Bauhaus und HfG nichts gewesen?* In: Werk und Zeit: Düsseldorf, Nr.3/4, 1984.

SÜDDEUTSCHE ZEITUNG. (o.N.): *«Keine bessere Tradition als die der Geschwister Scholl.» Hochkommissar John McCloy übergibt in Ulm Millionenscheck für Hochschulprojekt.* In: Süddeutsche Zeitung: 24. Juni 1952.

Manfredo TAFURI: *Kapitalismus und Architektur. Von Corbusiers 'Utopia' zur Trabantenstadt.* Analysen zum Planen und Bauen 9. Hamburg: VSA, 1977. (italienisch 1973)

Manfredo TAFURI, Francesco Dal Co: *Architektur der Gegenwart.* Bd.11, Weltgeschichte der Architektur, hrsgg. v. Pier Luigi Nervi. Stuttgart: Belser, 1977. (italienisch 1976)

Angela THOMAS-JANKOWSKI: *Max Bill und seine Konzeption von konkreter Kunst: Die Anfänge in Zürich.* In: Tages Anzeiger: Zürich, 9. Januar 1982.

Felix THÜRLEMANN: *Kandinsky über Kandinsky. Der Künstler als Interpret eigener Werke.* Hrsgg. von der Stiftung von Schnyder von Wartensee. Bern: Benteli, 1986.

TIME. (o.N.): *Germany: The Good ... and the Bad.* In: Time: New York, 27.Februar 1950.

Nancy J. TROY: *The De Stijl Environment.* Cambridge (Mass.), London: MIT, 1983.

David THISTLEWOOD: *Herbert Read: Formlessness and Form. An introduction to his aesthetics.* London: Routledge & Kegan Paul, 1984.

ULM. Vierteljahresbericht der Hochschule für Gestaltung / Zeitschrift der HfG. Nr.1-21. Ulm, Oktober 1958 bis April 1968.

ULMER NACHRICHTEN. (o.N.): *Volksuniversität in Ulm?* In: Ulmer Nachrichten: Ulm, 4. Februar 1950.

ULMER NACHRICHTEN. (o.N.): *Wird Fort Oberer Kuhberg neue Hochschule? Bauhaus, Hochschulsender, Internat, Sporthalle. Widersprechende Nachrichten und Dementis.* In: Ulmer Nachrichten: Ulm, 11. Februar 1950.

ULMER NACHRICHTEN. (o.N.): *Zukunftsweisend oder nur ein Durchgang? Pressestimmen zur Münchner Max-Bill-Ausstellung.* In: Ulmer Nachrichten: Ulm, 1957.

Henry van de VELDE: *Formen. Die reine zweckmässige Form.* In: Werk: Zürich, Vol.36, Nr.8, August 1949, S.247-250.

Hartmut VINCON, Bernd Meurer: *Industrielle Ästhetik. Zur Geschichte und Theorie der Gestaltung.* Bd.9, Werkbund-Archiv. Giessen: Anabas, 1983.

VOLKSHOCHSCHULE ULM (Hrsg.): *Der Geist weht wo er will.* (Ulm): Zero-Verlag 1948. (Kalender für das Jahr 1949.)

M(argit) W(EINBERG)-S(taber): *Zum Ausstellungskapitel III, Hocker (Sitze).* In: Ausstellungskatalog: *Design - Formgebung für Jedermann. Typen und Prototypen.* Zürich: Kunstgewerbemuseum, 16. Juni bis 18. September 1983, S.154-159.

Margit WEINBERG-Staber: *Schöne Ziele, schnöde Wirklichkeit. Die Hochschule für Gestaltung Ulm.* Du: Zürich, Nr.5, Mai 1984, S.40-43.

Hannah WEITEMEIER u.a. (Hrsg.): *Laszlo Moholy-Nagy.* Stuttgart: Hatje, 1974.

WERK. (o.N.): *Wohnhaus in Bremgarten.* In: Werk: Zürich, Vol.30, Nr.3, März 1943, S.95/96.

WERK. (o.N.): *Projekt für Turmhäuser. Wettbewerbsentwurf für Zürich von Max Bill SWB, Architekt, Zürich.* In: Werk: Zürich, Vol.37, Nr.8, August 1950, S.253.

WERK: *Vorschau auf die Expo 1964.* In: Werk: Zürich, Vol.51, Nr.2, Februar 1964, S.41-76. (Sondernummer)

Clara WEYERGRAF: *Piet Mondrian und Theo van Doesburg. Deutung von Werk und Theorie.* Bd. 39, Theorie und Geschichte der Literatur und der Schönen Künste. München: W. Fink Verl., 1979.

Herbert WIEGANDT: *10 Jahre Ulmer Volkshochschule.* In: Ulmer Monatsspiegel: Ulm, Nr.8, April 1956, S.9-21.

Herbert WIEGANDT: *Das kulturelle Geschehen.* In: Hans E. Specker (Hrsg.): *Tradition und Wagnis.* Bd.12, Forschungen zur Geschichte der Stadt Ulm. Stuttgart 1974, S.92-136.

Hans M. WINGLER: *Das Bauhaus. 1919-1933 Weimar Dessau Berlin und die Nachfolge in Chicago seit 1937.* Bramsche: Gebr. Rasch, 1975 (3. erweiterte Aufl., erstmals 1962)

Klaus-Jürgen WINKLER: *Der Architekt Hannes Meyer. Anschauung und Werk.* Berlin: VEB für Bauwesen, 1989.

Bruno ZEVI: *Spazî dell' architettura moderna. Dalle origini al 1950.* Turin: Einaudi, 1973.

Werner ZINKAND: *Max Bill und die Ulmer Schule.* Unveröffentlichte Magisterarbeit. München: Ludwig-Maximilians-Universität, April 1985.

Carl ZUCKMAYER: *Es war nicht umsonst. Ein Brief von Carl Zuckmayer an Inge Scholl zum 22. Februar 1950.* In: Die Neue Zeitung: München, 22. Februar 1950.

Carl ZUCKMAYER: *Aufruf zum Leben - Porträts und Zeugnisse aus bewegten Zeiten.* Frankfurt a.M.: Fischer, 1976.

Nachweise:

- Architecture d'aujourd'hui, Paris, Februar 1950: S. 48 o.; S. 71 u.
- Archiv Max Bill: S. 71 o.; S. 75; S. 79.
- Archiv Peter Disch: S. 14; S. 98 m.; S. 105 u.; S. 115 u.
- Archiv C.W. Voltz: S. 48 u.; S. 76.
- Ausstellungskatalog «Zeitprobleme in der Schweizer Malerei und Plastik», Kunsthaus Zürich, 1936: S. 172.
- Ausstellungskatalog «Max Bill», Kunsthaus Zürich, 1968: S. 170 u.; S. 234 u.
- Ausstellungskatalog «Art concret Suisse», Dijon, 1982: S. 147 o.
- Ausstellungskatalog «Theo van Doesburg», 's-Gravenhage, 1983: S. 145 u.l.; S. 147 u.
- Ausstellungskatalog «Paul Klee», Kunstmuseum Bern, 1987: S. 97 o.
- Ausstellungskatalog «Herzog & de Meuron», Architekturmuseum Basel, 1989: S. 258 u.
- Ausstellungskatalog «Theo van Doesburg», Strassburg, 1989: S. 145 u.r.
- Baljeu: Theo van Doesburg, 1974: S. 145 o.
- Bauen und Wohnen, Zürich, Mai 1949: S. 234 m.l.
- Bauhaus-Archiv Berlin: S. 57; S. 87; S. 95; S. 98 u.; S. 100 o.; S. 105 u.; S. 108 o.; S. 125 u.r.; S. 214 u.r.
- Bill: Robert Maillart, 1949: S. 208
- Bill: Form, 1952: S. 80 o. & m.; S. 90 u.; S. 183; S. 188; S. 189; S. 234 r.
- Casabella, Mailand, August 1936: S. 170 m.
- Casabella, Mailand, Juli 1959: S. 234 o.; S. 238; S. 239 o.
- Casabella, Mailand, Januar 1962: S. 86 u.; S. 93 o.r. & u.; S. 97 u.; S. 98 o.; S. 100 u.; S. 115 o.
- Camenzind: Eine Ausstellung bauen, 1965: S. 251 o. & u.
- Form, Köln, Nr.4, 1958: A.241 o. & u.
- Form, Köln, Nr.24, November 1963: S. 250 o.
- HfG-Archiv Ulm: S. 90; S. 101; S. 108 u.; S. 109; S. 121 u.; S. 125 o. & u.l.; S. 207; S. 210; S. 235
- Hüttinger: Max Bill, 1976: S. 195; S. 199; S. 201; S. 218; S. 232; S. 234 o.l.; S. 256 o.
- Hüttinger: Künstlerhäuser, 1985: S. 255
- Institut für Geschichte und Theorie der Architektur, ETH Zürich: S. 80 u.; S. 221 u.
- Johnson: Mies van der Rohe, 1947: S. 93 l.o.
- Lindinger: HfG Ulm, 1987: S. 19 o.r.; S. 108 m.
- Lohse: Neue Ausstellunsgestaltung, 1953: S. 224 u.; S. 243
- Mardaga: De Stijl, 1985: S. 156 u.
- MSA, Moderne Schweizer Architektur, 2. Teil, 1942: S. 219; S. 228
- Rassegna, Mailand, Nr.19, 1982: S. 246
- Read: Art and Industry, 1934: S. 140; S. 163
- Roth: Zwei Wohnhäuser von Le Corbusier und Pierre Jeanneret, 1977: S. 221 o.
- Schädlich: Gropius, 2.Bd, 1986: S. 121 o.
- Schwäbische Donau-Zeitung, Ulm, 1.Oktober 1955: S. 86 o.
- Schweizer Reklame, Zürich, Oktober 1934: S. 170 o.
- Stadtarchiv Ulm: S. 83; S. 84; S. 85; S. 111; S. 113
- Stadtarchiv Zürich: S. 214 o. & u.l.
- Ulmer Monatsspiegel, April 1956: S. 19 u.
- Volkshochschule Ulm: Kalender für das Jahr 1949: S. 19 o.l.; S. 37
- Werk, Zürich, September 1955: S. 262 o.
- Werk, Zürich, Oktober 1973: S. 256 u.
- Wismer: Mondrians ästhetische Utopie, 1985: S. 156 o.
- Zodiac: Mailand, Nr. 9, Januar 1962: S. 239 u.; S. 249; S. 250 u.